図解即戦力

はじめて実務する人にも
カラーで見やすく親切！

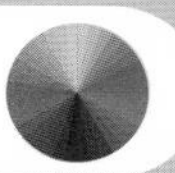

給与計算

の手続きがこれ1冊でしっかりわか

特[illegible]社会保険労務士
南 栄一
監修

技術評論社

ご注意：ご購入・ご利用の前に必ずお読みください

はじめに

給与計算は、単純に足し引きすればよいわけではありません。社会保険料や雇用保険料、税金を控除し、通勤手当や時間外労働手当などの各種手当を反映させる必要もあります。会社によっては、独自の手当を支給している場合もあるので、それらの確認も必要です。どんな給与形態を採用しているかによっても、計算方法が違ってきます。

また、給与を計算して支給するだけでなく、それに伴う各種手続きが発生します。控除した社会保険料や税金の各機関への納付や従業員情報に変更があれば変更手続きも必要になります。従業員が入社したり退職したりすれば、その都度対応しなければなりませんし、年末には、年末調整という作業が待っています。

給与計算には労働基準法や社会保険・税金に関する知識が必要です。これらの法令は改正されることも多いので、常に情報を把握しておかないと、法令違反となる恐れがあります。給与は従業員一人ひとりの生活の糧となるものであり、社会保険料や税金の納付は法令に基づくものなので、ミスは許されません。

本書は、給与計算のしくみと進め方について、初めて給与計算業務を行う人たちにも理解しやすいように、体系的にわかりやすく解説しています。また、細かく節に分けてあるので、事典のように必要な業務のページを参照するという使い方もできるでしょう。

給与計算は、会社にとってなくてはならない業務のひとつです。本書を通じて、正しい知識を身につけて、滞りなく業務を遂行できるようになってください。本書がその一助になれば幸いです。

2022年12月

特定社会保険労務士　南　栄一

CONTENTS

Chapter 2

月次の給与計算① 従業員情報を確認する

Chapter 3

月次の給与計算② 勤怠情報を収集する

Chapter 4

月次の給与計算③ 支給項目を計算する

Chapter 5

月次の給与計算④ 控除項目を計算する

Chapter 6

給与の支給と支給後の作業

Chapter 7

賞与の計算と支給

Chapter 8

年末調整と終了後の手続き

Chapter 9

年間スケジュールと社会保険の届け出・手続き

本書の使い方

本書の構成

本書は、基本的に見開き２ページ単位の解説と、関連する書式の記入例で１つの節を構成しています。まず左ページの解説を読み、その後に、右ページの図解や表を確認すると理解が深まります。その後、記入例を参考にして自らの事情に合わせて書類を作成していってください。

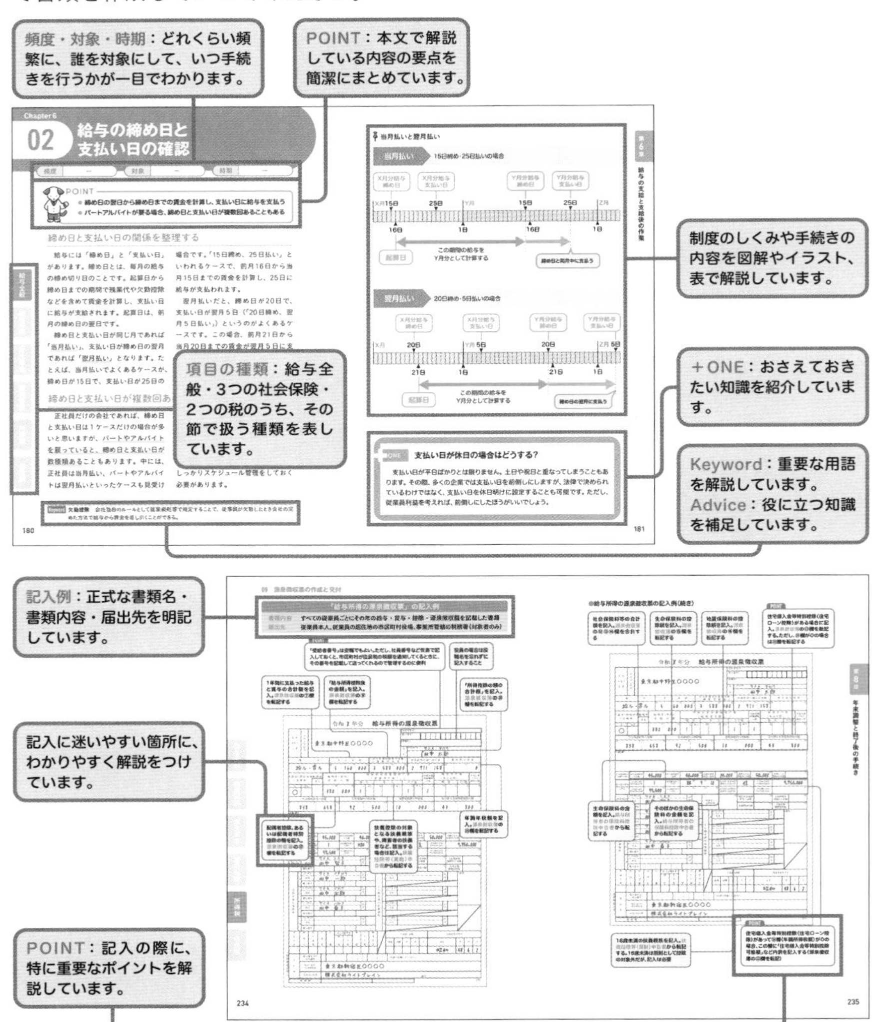

頻度・対象・時期：どれくらい頻繁に、誰を対象にして、いつ手続きを行うかが一目でわかります。
POINT：本文で解説している内容の要点を簡潔にまとめています。
Chapter 6
02 給与の締め日と支払い日の確認
制度のしくみや手続きの内容を図解やイラスト、表で解説しています。
項目の種類：給与全般・3つの社会保険・2つの税のうち、その節で扱う種類を表しています。
＋ONE：おさえておきたい知識を紹介しています。
支払い日が休日の場合はどうする？
Keyword：重要な用語を解説しています。
Advice：役に立つ知識を補足しています。
180
181
記入例：正式な書類名・書類内容・届出先を明記しています。
記入に迷いやすい箇所に、わかりやすく解説をつけています。
POINT：記入の際に、特に重要なポイントを解説しています。
234
235

ダウンロードできる書式シート

給与計算に役立つ書式シート、仕事の漏れを防ぐチェックシートをまとめました。本書のサポートページからダウンロードできますので、有効活用してください。

●ダウンロードURL
https://gihyo.jp/book/2023/978-4-297-13214-9/support

●ダウンロードできる書類一覧

解説ページ	ファイル名	概要
1章P42	**賃金台帳**(xlsx)	法定三帳簿のひとつで、各従業員に賃金を、いつ、いくら支払ったのかを記録する台帳です。すべての従業員について作成し、賃金を支払うたびに記入します。
1章P42	**労働者名簿**(xlsx)	法定三帳簿のひとつで、各従業員の人事情報を記録する名簿です。派遣社員と日雇い労働者を除く従業員について作成します。
1章P42	**出勤簿**(xlsx)	法定三帳簿のひとつで、各従業員の毎日の勤務時間の記録簿です。給与計算はもちろん過労防止にも労働時間の記録書類を保存する必要があります。
1章P50	**マイナンバーチェックリスト**(docx)	従業員のマイナンバーを取得・利用・提供・保管する際の要点を一覧にしたものです。
2章P54	**入社・退職の手続き一覧**(xlsx)	従業員が入社・退職する際に必要となる手続きを一覧にしたものです。
4章P114	**家族手当申請・変更届**(docx)	従業員の家族構成や扶養家族に変更があったときに、家族手当の支給を開始するために提出してもらう書類です。
5章P154	**従業員名簿(年齢確認シート)**(xlsx)	従業員の年齢を管理するシートです。保険料徴収の節目となる40歳・60歳・65歳・70歳・75歳になる従業員がその月にいないか、ひと目でわかるようになっています。
5章P174	**賃金控除に関する協定書**(docx)	財形貯蓄や社宅費、親睦会費などを給与から天引き（協定控除）する際に、必要な労使協定を結ぶための書類のひな型です。
6章P182	**給与口座振込依頼書**(docx)	従業員の同意を得て口座振込による給与支払いを行うために、従業員に提出してもらう書類です。

ダウンロード書類の使い方

ダウンロードファイルはZIP形式で圧縮されていますので、展開してご利用ください。展開するにはWindowsの場合、ファイルを右クリックして「すべて展開」を選択します。展開されたフォルダーに前ページの複数のファイルが現れます。

書類は、用途に応じてWord形式またはExcel形式で作成されています。ファイルを開いて記入内容を編集するには、お使いのパソコンにMicrosoft Officeアプリケーションが別途必要です。

同じ書類のPDF形式を用意していますので、印刷して手書きで記入する場合はご利用ください。PDFファイルはAdobe Acrobat Reader（無料）で開くことができます。

●ダウンロードできる書類例

賃金台帳

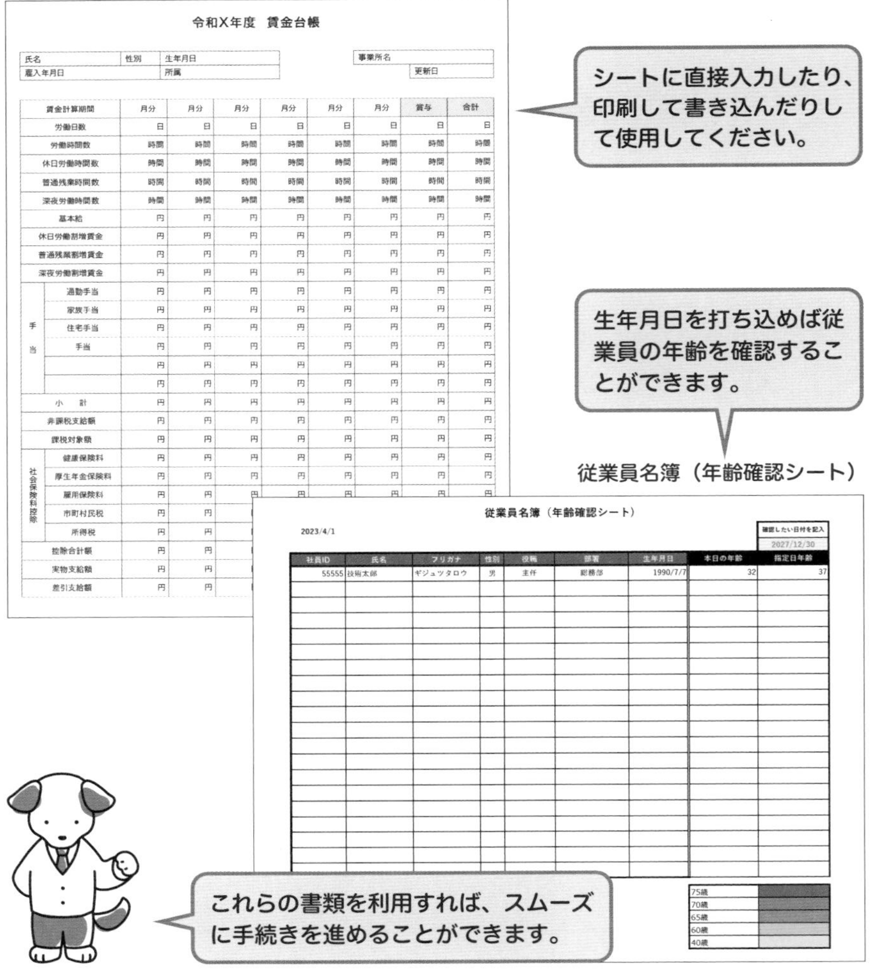

令和X年度　賃金台帳

氏名	性別	生年月日
雇入年月日		所属

事業所名
更新日

賃金計算期間	月分	月分	月分	月分	月分	月分	賞与	合計
労働日数	日	日	日	日	日	日	日	日
労働時間数	時間	時間	時間	時間	時間	時間	時間	時間
休日労働時間数	時間	時間	時間	時間	時間	時間	時間	時間
普通残業時間数	時間	時間	時間	時間	時間	時間	時間	時間
深夜労働時間数	時間	時間	時間	時間	時間	時間	時間	時間
基本給	円	円	円	円	円	円	円	円
休日労働割増賃金	円	円	円	円	円	円	円	円
普通残業割増賃金	円	円	円	円	円	円	円	円
深夜労働割増賃金	円	円	円	円	円	円	円	円
手当　通勤手当	円	円	円	円	円	円	円	円
手当　家族手当	円	円	円	円	円	円	円	円
手当　住宅手当	円	円	円	円	円	円	円	円
手当　手当	円	円	円	円	円	円	円	円
手当	円	円	円	円	円	円	円	円
手当	円	円	円	円	円	円	円	円
小　計	円	円	円	円	円	円	円	円
非課税支給額	円	円	円	円	円	円	円	円
課税対象額	円	円	円	円	円	円	円	円
社会保険料控除　健康保険料	円	円	円	円	円	円	円	円
社会保険料控除　厚生年金保険料	円	円	円	円	円	円	円	円
社会保険料控除　雇用保険料	円	円						
社会保険料控除　市町村民税	円	円						
社会保険料控除　所得税	円	円						
控除合計額	円	円						
実物支給額	円	円						
差引支給額	円	円						

従業員名簿（年齢確認シート）

従業員名簿（年齢確認シート）

2023/4/1

確認したい日付を記入
2027/12/30

社員ID	氏名	フリガナ	性別	役職	部署	生年月日	本日の年齢	指定日年齢
55555	技術太郎	ギジュツタロウ	男	主任	総務部	1990/7/7	32	37

75歳
70歳
65歳
60歳
40歳

シートに直接入力したり、印刷して書き込んだりして使用してください。
生年月日を打ち込めば従業員の年齢を確認することができます。
これらの書類を利用すれば、スムーズに手続きを進めることができます。

第 1 章

給与計算の基本をおさえる

第１章では、給与計算の基本について解説していきます。給与は従業員の生活を守るために非常な重要なものであるとともに、その計算は社会保険料や税金といった国へ納めるお金の計算でもあります。ひとつのミスが従業員の生活に影響を与えるだけでなく、法令違反につながってしまう恐れもあります。

01 給与計算の仕事とは?

── 毎月のスケジュール、給与体系の把握

頻度	―	対象	―	時期	―

POINT

- 従業員に報酬を支払い、税や社会保険料を納付する
- 毎月の給与計算、年数回の賞与計算、年1回の年末調整がある

給与の支払いと税や保険料の納付が給与計算の目的

給与計算を行う目的は、大きく分けて2つあります。1つ目は、会社の役員、正社員、パートタイマーなどへの労働報酬の支払い。2つ目は、税金や社会保険料の納付です。

前者では、従業員の異動や勤怠をチェックして就業規則や労働契約に基づき総支給額を計算します。そこから税金や社会保険などの**控除額**を計算し、差し引いたものを支払います。後者は、個人にかかる税金や社会保険料の納付手続きを会社が代行します。

給与計算の作業には、毎月、年間の定期・不定期がある

毎月の作業は、従業員の給与の計算と保険料、税金の納付です。総支給額を出し、そこから税金や社会保険料などの控除項目を差し引いたものを従業員に支払うと同時に、徴収した税金や保険料を関係機関に納めます。

年間の定期の作業には、年1～2回の賞与計算、社会保険料や労働保険料、住民税の手続きがあります。健康保険料や厚生年金保険料は、年に一度9月に変更（翌月給与からの控除の場合は10月から新しい保険料で控除）し、住民税は6月に変更します。

年末調整も1年に一度の大きな作業です。所得税は毎月の収入を仮に計算して1年間算出した金額なので、もし給与額や扶養家族に変動があると、総所得に対する税額と控除額に差が出てしまいます。その差額を調整する作業が年末調整です。

不定期の作業には、従業員が入社、退社したときの社会保険の取得喪失手続きがあります。月の途中での入社や退社があった場合は給与の日割り計算も必要になります。また、従業員に支払う給与に大きな変動があった場合、社会保険料の変更手続きが必要になります。

Keyword **控除額**　控除とは「金額などを差し引く」こと。よって、給与計算における控除額とは、いわゆる額面給与から天引き徴収する源泉所得税や社会保険料などの金額を指す。

給与計算関連の主な作業

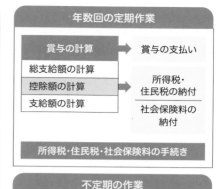

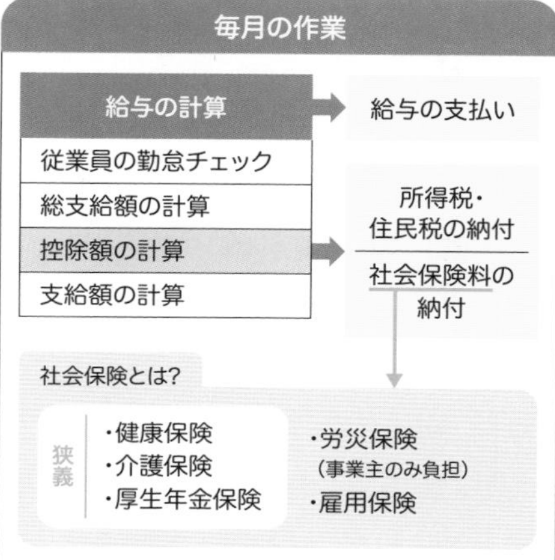

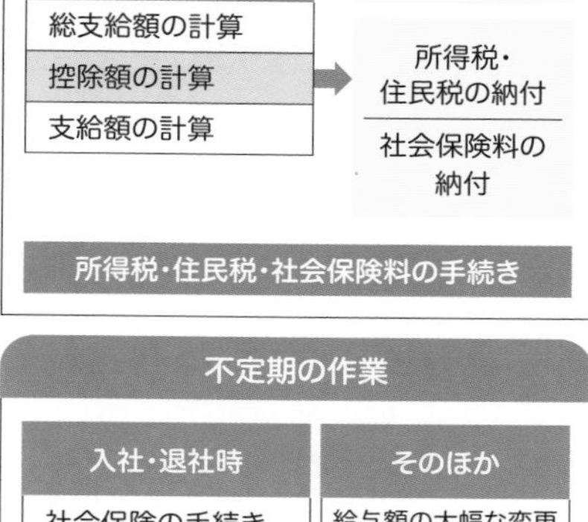

年1回の作業

- 年末調整 → 所得税の過不足を精算
- 労働保険料の納付

不定期の作業

入社・退社時	そのほか
社会保険の手続き	給与額の大幅な変更による社会保険の手続き
住民税の手続き	
給与の日割り計算	家族構成の変化や転居に伴う各種手当の見直しなど
退職金の計算(退職時)	

給与計算の年間スケジュール

1月

・法定調書の提出(税務署)
・給与支払報告書の提出(市区町村)
・労働保険料の納付(労働基準監督署)
※源泉徴収所得税特例納付(税務署)

2月

—

3・4月

・入社、退社する従業員の給与設定や事務処理
・健康保険料率・介護保険料率(控除額)の変更

5月

・4月入社従業員の社会保険料控除開始

6月

・住民税(控除額)の変更
※住民税の特例納付(市区町村)

7月

・賞与の計算、支給
・賞与支払届、算定基礎届、月額変更届の提出(年金事務所など)
・労働保険料申告書の提出、労働保険料の納付(労働基準監督署など)
※源泉徴収所得税特例納付(税務署)

8月

・4月昇給による随時改定者の社会保険料改定

9月

・厚生年金保険料率の変更(現在は固定)

10月

・7月に算定基礎届を提出した従業員の社会保険料(控除額)の変更
・労働保険料の納付(労働基準監督署)

11月

・年末調整準備(従業員に必要書類を配布)

12月

・賞与の計算、支給
・年末調整実施
・源泉徴収票の発行
※住民税の特例納付(市区町村)

※は従業員10人未満の会社の特例制度

02 給与計算の流れを知ろう

頻度 ー　対象 ー　時期 ー

POINT
- 従業員の勤怠の締め日までに支給・控除項目に変更がないか確認
- 総支給額を計算し、税金などを控除して手取り額を出す

前月の支給・控除項目から変更がないかを確認

毎月の給与計算はルーティンの作業ともいえます。従業員の勤怠の締め日後、短時間で作業を行うことが必要ですから、できるだけスムーズに効率よく進めることが求められます。

それには事前準備として、勤怠の締め日までに前月の支給・控除項目、たとえば家族手当や社会保険料、住民税などに変更がないかなど、基本的な項目については確認しておきましょう。

勤怠情報を収集し、固定項目・変動項目を計算

勤怠締め日からできるだけ早く行いたいのが、従業員の勤怠情報の収集です。これはタイムカードや出勤簿から集計します。

最近は、オンラインで従業員の勤怠管理を行うクラウド型勤怠管理システムもあります。そういったシステムが導入されていれば、計算しなくても必要な情報を得られます。

一方、タイムカードで管理していたり、出勤簿が手書きであったりする場合は、それらのデータを給与計算用の表計算ソフトなどに転記する作業が伴うはずです。給与計算のスケジュールを立てる際は、こうした時間も考慮する必要があります。

情報が集まったら、基本給や家族手当、通勤手当など毎月決まった**固定項目**を計算します。

続いて、歩合などで支給される手当、時間外・休日・深夜勤務手当など、毎月金額が変わる**変動項目**を計算し、残業手当などの割増賃金を計算します。そして、固定項目と変動項目を合わせた賃金から遅刻・早退・欠勤などによる金額を控除し、総支給額を算出します。

最後に総支給額から社会保険料や税金などを控除して手取り額を算出します。ここまでが月々の給与計算の主な流れです。

Keyword **固定項目**　基本給や各種手当など、原則として毎月の支給金額が変わらない項目。
変動項目　時間外手当や休日勤務手当など、月により支給金額が変わる項目。

給与計算の流れ

ステップ	主なタスクと関係する手当等
事前準備 (前月の支給・控除項目から変更がないか確認)	●基本給、役員報酬などの金額 ●固定的な手当の金額 ①業務に関するもの　役職手当、営業手当など ②業務に関係しないもの　住宅手当、家族手当、通勤手当など ●社会保険料、住民税などの変更 ●財形貯蓄、積立金など(協定控除)の変更

ステップ	主なタスクと関係する手当等
勤怠情報の収集	●出勤簿やタイムカード、勤怠管理システムから変動項目の情報を収集 勤務日数、欠勤・遅刻・早退など

ステップ	主なタスクと関係する手当等
総支給額の計算 Ⓐ	●固定支給項目の計上 基本給、役員報酬、住宅手当、家族手当、業務手当など ●変動項目の計上 ①業務に関するもの：歩合計算の営業手当、通勤手当など ②勤怠に関係するもの：残業手当など ●不就労控除項目の計算 欠勤・遅刻・早退などによる金額を差し引く

ステップ	主なタスクと関係する手当等
控除項目の計算 Ⓑ	●社会保険料・税金を計算 健康保険、厚生年金保険、介護保険、雇用保険、所得税、住民税 ●協定控除項目 財形貯蓄、積立金など

差引支給額(手取り額) ＝ **Ⓐ総支給額** － **Ⓑ控除合計額**

03 給与計算の対象者と関係先を知ろう

頻度	ー	対象	ー	時期	ー

POINT

- 給与計算の対象は役員および雇用契約を結んでいる人
- 従業員の入社や退社の手続きも重要な業務

給与計算は会社と雇用契約のある人が対象

給与計算の対象となるのは、役員および会社と雇用契約を結んでいるすべての人です。

役員には取締役、執行役、監査役、会計参与、理事などがあり、給与ではなく、役員報酬が支払われます。雇用契約を結んでいる人とは、正社員、契約・嘱託社員、パートタイマー、アルバイトなどです。会社によっては、アルバイトやパートタイマーをパートナー社員と呼んでいたり、準社員という雇用形態を設けたりしていることもあるので、就業規則で社員区分を確認しましょう。

一方、給与計算が不要なのは、個人事業主（フリーランス）など業務委託契約を結んで働いている人や派遣労働者です。

業務委託契約は多くの場合、個人が会社から一定の仕事を請け負い、その対価として報酬を受け取る形態になっています。また派遣労働者が雇用契約を結んでいるのは派遣会社とです。いずれも、当該企業と雇用契約を結んでいるわけではないので、給与計算の対象外となります。

金融機関のほか、関係機関への手続きも大切な業務

給与計算は社内で完結するものではありません。外部の関係先とのやり取りも給与計算の業務に含まれます。

従業員の給与から控除した社会保険料や源泉所得税、住民税は、各関係機関に決まった時期までに納付します。

それには、事前の事務手続きも必要になります。従業員が入社・退社する際には、年金事務所やハローワークへ、健康保険・厚生年金保険・雇用保険の資格取得届や資格喪失届を出さなければなりません。こうした書類の作成や手続きも、給与計算に関連する大切な業務です。

Keyword **業務委託契約**　企業が自社内で対応できない業務などを外部の業者や個人に委託すること。

給与計算の対象者と給与形態

区分			対象者	定義	給与形態			
					役員報酬	年俸／月給制／月給日給制	日給月給制	週給制日給制時給制
使用人			役員	会社の経営を委任されている者。取締役、執行役、監査役、会計参与、会長、理事（執行役員は役員に含まない）	○			
労働者	正規雇用	無期雇用	正社員	雇用期間を定めないで会社と労働契約を直接結んだ社員。フルタイム正社員、所定労働時間の短い短時間正社員		○		
労働者	非正規雇用	有期雇用	契約社員	雇用期間の定めのある有期労働契約を結んだ社員。契約期間は原則3年まで		○	○	○
労働者	非正規雇用	有期雇用	嘱託社員	法律上の定義はなく、一般的には定年退職後も勤務先と再雇用契約を結んだ者		○	○	○
労働者	非正規雇用	有期雇用 無期雇用	パートタイマー・アルバイト	1週間の所定労働時間が正社員に比べて短い者で、時給制が多い				○

給与形態	内容
役員報酬	会社法で定められた報酬。年単位で金額が固定され、一定額を毎月支払う
年俸制	従業員の成果・業績に応じて1年単位で給与総額を決定し、12カ月に分割して支払う
月給制	欠勤の有無に関係なく固定的な金額を毎月支給
月給日給制	賃金が月単位で決められているが、欠勤・遅刻・早退による賃金控除が可能
日給月給制	1日単価が定められ、毎月1回まとめて支払う制度。欠勤・遅刻・早退による賃金控除が可能
週給制・日給制・時給制	それぞれ1週、1日、1時間あたりの単価が定められ、出勤した週数、日数、時間数に応じて支給

給与計算の関係先

社会保険

日本年金機構

社会保険料の納付

年金事務所

入社・退社の手続き、賞与支払届・算定基礎届・月額変更届の提出

健康保険組合

社会保険料の納付、入社・退社の手続き、賞与支払届・算定基礎届・月額変更届の提出

労働保険

ハローワーク

入社・退社の手続き

労働基準監督署

労働保険料申告書の提出、労働保険料の納付

税金

税務署

所得税の納付、法定調書の提出

市区町村

住民税の納付、給与支払報告書の提出

04 基本給＋諸手当が給与になる

頻度	ー	対象	ー	時期	ー

POINT
- 法律で定められた手当と会社が定める手当がある
- 手当は、固定的賃金と非固定的賃金に分けられる

毎月変動する基本給もある

給与は、基本給と諸手当で構成されます。月給制の場合、基本給は毎月固定ですが、時給制や日給制の契約社員やパートタイマーなどの基本給は毎月変動します。

手当には労働基準法で定められている手当と、会社が支給要件を決めているものがあります。労働基準法で定められている手当は、時間外労働手当、休日労働手当、深夜労働手当の３つ。会社が定めて支給する手当には、通勤手当、住宅手当、家族手当、役職手当などさまざまなものがあります。

手当の多くは、毎月の額が変わらない固定的賃金ですが、毎月変動となる非固定的賃金もあります。労働基準法で定められている3つの手当のほか、従業員の勤務状況に対して支給される皆勤手当などが非固定的賃金に当たります。

手当を割増賃金の算定に含めるかどうかは実態で判断

詳しくは4章で触れますが、手当には残業代など割増賃金の計算の基礎になる「基準内賃金」と、計算の基礎に含まない「基準外賃金」があります。

たとえば、家族手当が「家族がいる従業員に一律2万円」というように、個々の従業員の事情にかかわらず、一律に支給される手当は基準内賃金とする場合が多いようです。ただし子どもの人数など扶養家族に応じて支給額が変わる場合は基準外賃金とするケースがあります。

通勤手当も、従業員が通勤にかかる費用や距離に関係なく一律の支給額が決まっている場合は基準内賃金、費用や距離に応じて定期券代を支給するという場合は基準外賃金となります。名称ではなく実態に応じて判断されるので、就業規則などで確認しましょう。

Keyword
扶養家族　給与所得者の収入で養っている家族のこと。
就業規則　労働条件や職場内の規律やルールを定めた規則のこと。

給与の構成要素

	支給項目	支給内容	基準内賃金
基本給		残業代など各種手当や賞与、インセンティブなどを除く基本となる賃金。一般的には、年齢や勤続年数、スキルなどで決まる	○
会社が決める主な手当	役職手当	課長、部長など役職に応じて支給	○
	家族手当	扶養する家族がいる場合に支給	△
	住宅手当	住宅にかかる費用を補填	△
	通勤手当	通勤にかかる費用を補填	△
	資格手当	取得した資格に応じて支給	○
	精皆勤手当	勤務状況の良好な人に支給	○
	地域手当	物価地域差などを埋める目的で支給	○
	別居手当（単身赴任手当）	転勤などで家族と別居する場合に支給	×
法律で定める手当	時間外労働手当	所定労働時間を超えた労働に対して支給。法定労働時間（1日8時間、週40時間）を超えた場合、割増率は25%以上	—
	深夜労働手当	22時から5時までの労働に対して支給。割増率は25%以上	—
	休日労働手当	法定休日（週1日）の労働に対して支給。割増率は35%以上	—
不就労控除	遅刻控除	遅刻した分の時間に応じて差し引く（次ページ参照）	—
	早退控除	早退した分の時間に応じて差し引く（次ページ参照）	—
	欠勤控除	欠勤日数に応じて差し引く（次ページ参照）	—

給与から差し引くものだが、支給項目として処理する

△：一律に支給される場合は基準内賃金、個々の事情（家族手当では扶養家族の人数、住宅手当、通勤手当では実際の費用）により支給額が異なる場合は基準外賃金

基本給 ＋ 手当 － 不就労控除 ＝ 総支給額（額面金額）

※次ページ参照

05 給与計算には勤怠・支給・控除の3要素がある

頻度	ー	対象	ー	時期	ー

POINT

- 給与（支給）明細書に記載されている項目に注目
- 自社独自の支給項目、控除項目も把握しておこう

給与明細書から給与計算の構造が把握できる

給与計算の結果は、最終的には従業員に給与を支払うときに発行する給与明細書に記載されます。見方を変えれば、給与明細書を見れば、給与計算の構造を理解することができます。

給与明細書は、大きく勤怠・支給・控除の3つのカテゴリーに分かれています。

勤怠項目には、出勤日数、欠勤日数、遅刻・早退時間、有給取得日数、時間外労働時間など、支給項目の基礎となる時間が集計されています。

支給項目には、基本給、各種手当、勤怠項目をもとに計算された時間外手当（残業手当）の金額が記載されます。欠勤や遅刻・早退があれば、その額を差し引いたものが総支給額になります。

控除項目には、総支給額から差し引く各種控除が記載されます。具体的には、従業員が負担する社会保険料（健康保険、介護保険、厚生年金保険、雇用保険）と税金（所得税、住民税）、さらに会社が独自に決めている項目（財形貯蓄、労働組合費など）などです。

総支給額から、控除項目の合計額を差し引いた額が、差し引き支給額です。この金額が手取り額として従業員に支払われます。

自社の給与体系、勤怠管理の方法、支給項目を知る

一般的な給与計算のしくみをおおまかに理解したら、実際に自社の給与計算の構造がどのようになっているのかを把握することが大切です。

役員報酬や固定月給、日給、時給などを支払っている対象者数の把握に始まり、基本給以外の手当などにどんな支給項目があるのか。また、勤怠管理においては、有給休暇の取得日数や残数なども、給与明細書に記載するのかどうかなど、自社の給与システムを正しく理解しましょう。

Keyword **財形貯蓄**　正式名称は勤労者財産形成貯蓄という。会社員が加入できる積立制度で、加入すると毎月の給与から一定額が天引きされる。

給与(支給)明細書

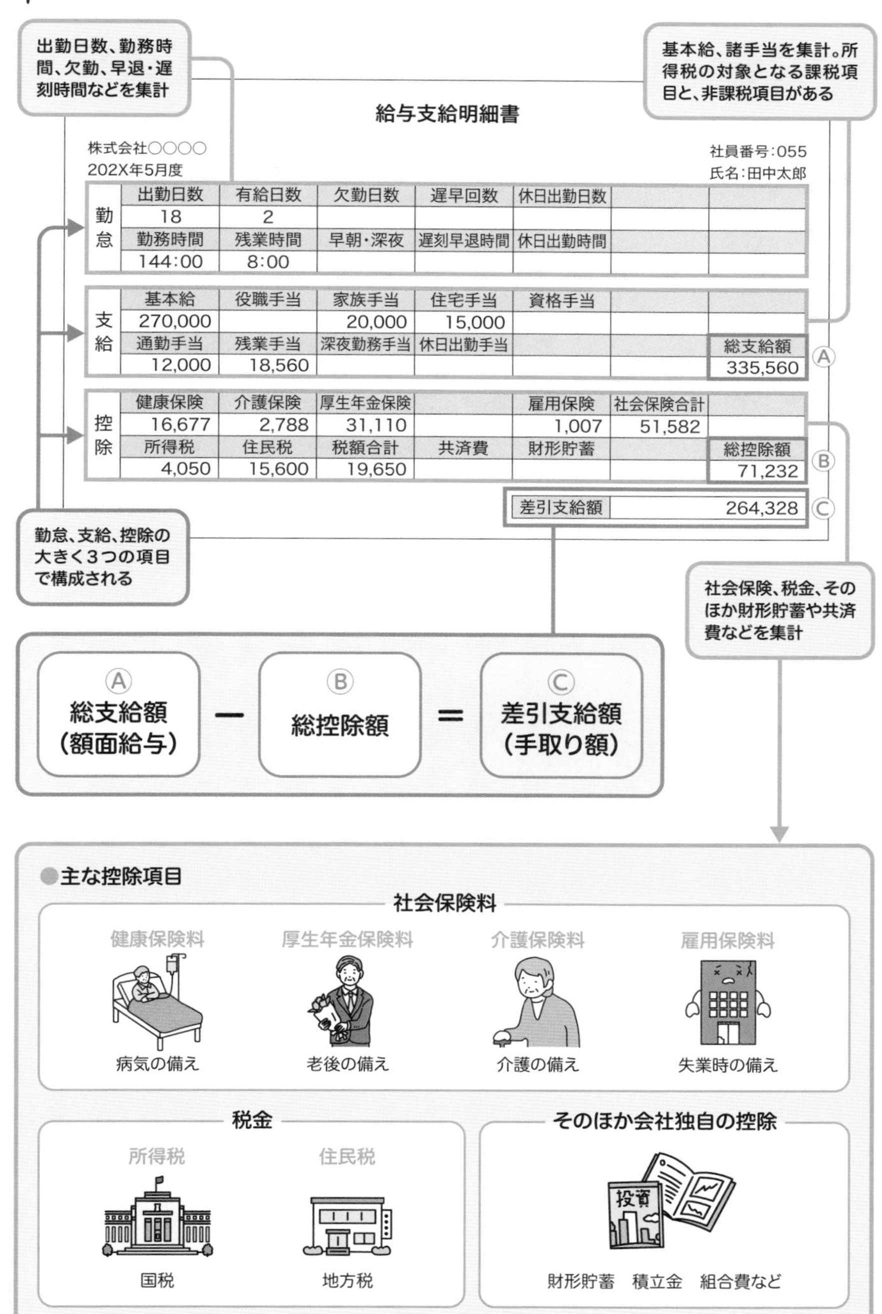

給与支給明細書

株式会社○○○○
202X年5月度

社員番号:055
氏名:田中太郎

勤怠	出勤日数	有給日数	欠勤日数	遅早回数	休日出勤日数		
	18	2					
	勤務時間	残業時間	早朝・深夜	遅刻早退時間	休日出勤時間		
	144:00	8:00					

支給	基本給	役職手当	家族手当	住宅手当	資格手当		
	270,000		20,000	15,000			
	通勤手当	残業手当	深夜勤務手当	休日出勤手当			総支給額
	12,000	18,560					335,560 Ⓐ

控除	健康保険	介護保険	厚生年金保険		雇用保険	社会保険合計	
	16,677	2,788	31,110		1,007	51,582	
	所得税	住民税	税額合計	共済費	財形貯蓄		総控除額
	4,050	15,600	19,650				71,232 Ⓑ

差引支給額	264,328 Ⓒ

06 ノーワーク・ノーペイの原則とは

頻度	ー	対象	ー	時期	ー

POINT
- 賃金は労働の対価なので、働いていない分は控除できる
- 不就労控除の控除方式や計算方法は会社が任意で決定できる

働かない時間は賃金を支払わなくて構わない

従業員が働いていない時間は、賃金の支払い義務は発生しない、というのがノーワーク・ノーペイの原則です。

労働基準法第11条に「賃金とは、賃金、給料、手当、賞与その他名称の如何を問わず、労働の対償として使用者が労働者に支払うすべてのものをいう。」とあり、賃金は労働の対価として支払われるもの、と定義しています。つまり、働いていない部分の賃金は発生せず、支払われる給与から差し引いてもよいことになります。

ノーワーク・ノーペイの原則が適用されるのは、労働契約上、働くことになっている時間帯に、従業員の都合で欠勤、早退・遅刻をした場合です。始業時間9：00のところを9：30に出社したら、30分の賃金を差し引くことになります。早退の場合も同様に、不就労時間分の賃金を控除できます。

不就労控除には定めがなく会社ごとに決める

労働基準法では、時間外労働による割増賃金の計算方法について定義していますが、不就労時間の賃金の計算方法については何も定めていません。控除方法や除外する手当などは、会社ごとの規定で行われているのが現状です。そのため、どのように控除するのか、また計算方法などを就業規則に明記しておく必要があります。

遅刻・早退、欠勤した場合の時間分の控除は、控除項目ではなく支給項目で減額します。これは、支給される給与から働いていない分を差し引くという考え方です。なお、遅刻や早退が度重なる場合に減給処分をされることもあります。これは、ノーワーク・ノーペイとは別です。労働基準法では、**減給制裁**は、1回の額が平均賃金の1日分の半額、総額が1カ月の賃金の10分の1までと制限されています。

Keyword **減給制裁**　職場規律に違反した従業員などに対する懲戒処分のひとつ。減給額は労働基準法で上限額が決められている。

労働契約の概念

労働契約を結ぶことにより、従業員は労働力を提供するという義務と、賃金を受け取るという権利を得る。会社は労働力を得るという権利と、賃金を支払うという義務を負う。

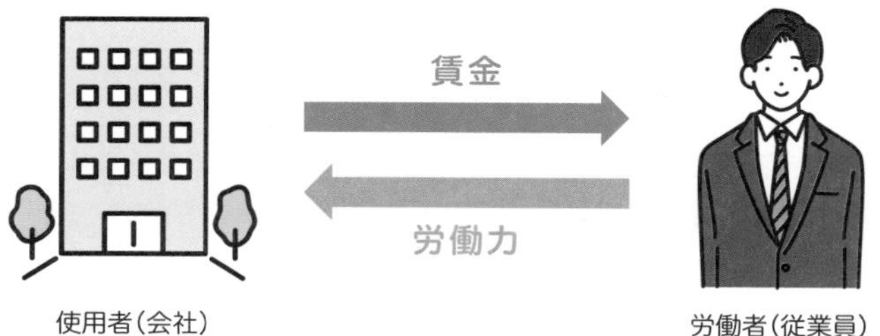

ノーワーク・ノーペイの原則

労働力を提供しなかった場合は、使用者はその分の賃金を支払う義務はない。

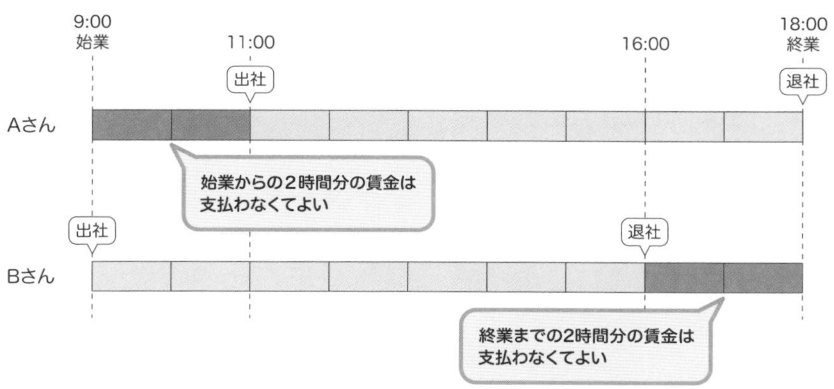

●ノーワーク・ノーペイの原則の例外

年次有給休暇	有給休暇を取得した場合は、ノーワークでもノーペイとはならず、労働基準法で賃金が保障される
会社都合による休業・自宅待機	会社の都合により従業員を休業させた場合、その補償について労働基準法では、「平均賃金の6割以上の手当を支払わなければならない」と定められている
就業規則で定めている	早退・遅刻、欠勤の場合も賃金控除をしない旨が就業規則や労働契約書に明示してある場合は適用外
専任役員	役員報酬だけが支払われる代表取締役、代表理事、副社長、専務、常務などは労働者ではないため対象外。取締役営業部長など使用人兼務役員(役付役員)は使用人としての給与部分にだけ適用される

07 休日・休暇・休業と補償のしくみ

頻度 ー　対象 ー　時期 ー

POINT
- 法定休日、所定休日、法定休暇、法定外休暇がある
- 休業時の補償は健康保険や労災保険などから支給される

休日と休暇の違いは、労働義務があるかないか

休日は「もともと労働する義務のない日」。休暇・休業は「労働する義務のある日に、会社が労働を免除する日」です。一方、休暇と休業には明確な基準はありません。ただし、休暇は有給休暇など1日単位で取得するもの、休業は育児休業など長期にわたって連続して取得するもの、という意味合いで使われることが多くなっています。

休日には、労働基準法で定められた法定休日と、会社が定める法定外休日（所定休日）があります。休暇にも、年次有給休暇など一定の条件を満たす従業員に付与する義務のある法定休暇と、永年勤続休暇など会社が設定する法定外休暇（特別休暇）があります。

休業手当の金額は平均賃金で算出する

休日に勤務させた場合には、1日の基本給にプラスして、法定休日であれば35％、所定休日であれば25％（ケースによる）の割増賃金を支払わなければなりません。

法定休暇のうち、賃金の支払い義務があるのは、年次有給休暇です。育児休業や介護休業などその他の法定休暇を有給とするかどうかは就業規則によります。ただし、休んでいる間の収入を補填するものとして、休業補償が定められています。休業補償は、健康保険や労災保険、雇用保険から支給されるものです。たとえば、従業員が仕事中の事故で休む場合、労災保険から休業1日につき「休業補償給付」が平均賃金（140ページ）の6割、「休業特別支援金」が2割支給されます。補償なので課税対象にはなりません。

休業補償に似たものとして休業手当があります。これは会社都合で従業員を休ませる場合に支払うもので、休業1日につき平均賃金の6割以上を会社が支払わなくてはなりません。

Keyword **所定休日**　法定休日以外に会社が独自に決められる休日。「法定外休日」ともいう。

休日労働した場合の割増賃金の有無

	種別	割増賃金の有無	内容
労働義務のない日の休み	法定休日	あり	労働基準法で定められている毎週1日または4週間で4日以上の休日。労働した場合は割増賃金の支払い義務がある
	法定外休日	あり	休日労働により、労働基準法で定められている1週40時間までの法定労働時間を超えた場合は超過分に対して割増賃金の支払い義務がある

休暇時の賃金保障の有無

	種別	賃金の有無	内容
労働義務のある日の休み	法定休暇	あり（労働基準法で補償）	・年次有給休暇 雇用して6カ月間継続勤務、フルタイムで全労働日の8割以上出勤した従業員には10日の有給休暇を付与。平均賃金、もしくは所定労働時間働いた場合の通常賃金、または健康保険の標準報酬日額に相当する額が補償される
		就業規則による	・産前産後休暇 賃金が支給されない場合、健康保険から1日あたり標準報酬月額（直近12カ月の平均）の3分の2の額が出産手当金として支給される
			・育児休業 賃金が支給されないまたは減額される場合、雇用保険から最大で、休業開始時賃金日額×支給日数×67%が6カ月間、休業開始から6カ月超は50%が支給される
			・介護休業 要介護状態の家族を介護するために休業し、賃金が支給されないまたは減額される場合、雇用保険から93日を限度に休業開始時賃金日額×支給日数×67%が介護休業給付金として支給される
			・生理休暇　・子の看護休暇 ・介護休暇　・母性健康管理のための休暇
	法定外休暇（特別休暇）	就業規則による	・年末年始休暇 ・夏季休暇 ・慶弔休暇 ・永年勤続休暇 ・リフレッシュ休暇　など

08 労働時間に関する法律を知ろう

頻度	ー	対象	ー	時期	ー

POINT
- 1日の労働時間は8時間、週40時間までが法定労働時間
- 法律の範囲内で、残業時間を何時間にするか決めておく

36協定を結ばなければ残業を指示できない

労働基準法では、1日の労働時間を原則8時間まで、週に40時間までと定めています。これを「法定労働時間」といい、1日8時間または週40時間を超えて働いた場合は時間外労働として、割増賃金を支払うことが決められています。

一方、会社が就業規則や雇用契約書で定める勤務時間を「所定労働時間」といいます。所定労働時間は始業時間から終業時間のうち休憩時間を除いたもので、法定労働時間の範囲内に収める決まりになっています。

法定労働時間を超える残業や休日出勤は、会社都合でいつでも要請できるわけではありません。会社と従業員の間で「36協定（さぶろく）」を締結して、労働基準監督署に届けておく必要があります。

特別な事情を除き、残業は月45時間、年360時間まで

36協定は、正式には「時間外・休日労働に関する協定」といいます。法定労働時間を超えて時間外労働や休日労働を従業員にさせる場合の労使間の協定で、事業主や一定の権限を持つ管理職などは適用対象外となります。

36協定を締結することで、時間外労働等を要請することが可能になりますが、原則月45時間以内、年360時間以内が上限です。

ただし、予算や決算業務、納期のひっ迫、大規模なクレームへの対応など、繁忙期や緊急の対応が必要になる職種や業種もあります。こうした場合、**特別条項付き36協定**を締結していると、法定時間外労働と法定休日労働を合計して月100時間未満（2～6カ月の月平均で80時間以内）、法定休日を除いて年720時間以内まで上限を拡大できます。ただ、時間外労働時間の上限規制を拡大できるのは、年6回までとされています。

Keyword **特別条項付き36協定**　36協定で定めた通常の時間外労働の上限時間を超えて合法的に働いてもらうための労使間の協定。通常の36協定とは別の書式で手続きしなければならない。

法定労働時間と所定労働時間

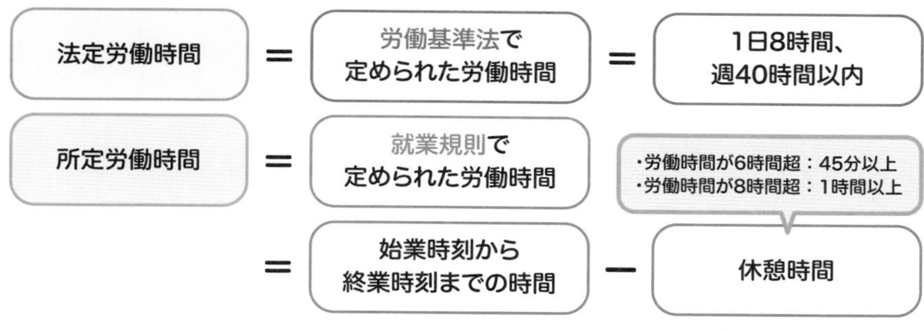

時間外労働の限度時間

期間	一般の労働者	1年単位の変形労働時間制の対象者
1週間	15時間	14時間
2週間	27時間	25時間
4週間	43時間	40時間
1カ月	45時間	42時間
2カ月	81時間	75時間
3カ月	120時間	110時間
1年間	360時間	320時間

※変形労働時間制については102ページ参照

ONE

36協定の限度時間が適用されない業種

一部の業種については2024年3月31日まで、上限規制の適用がすべてあるいは一部、猶予されています。

・建設事業

すべて猶予。2024年4月1日以降は月100時間未満、2～6カ月平均80時間以内

・自動車運転業務（トラック、バス、タクシー運転手など）

すべて猶予。2024年4月1日以降は年間の時間外労働の上限が960時間となる。

このほか医師や鹿児島県および沖縄県における砂糖製造業についても、猶予期間等が設けられています。

09 最低賃金と賃金支払いの5原則とは

頻度	ー	対象	従業員	時期	ー

POINT

- 最低賃金は毎年改定。必ず上回っていることを確認
- 「賃金支払いの５原則」は労働基準法で定められたルール

毎年、都道府県ごとに最低賃金を決定する

最低賃金とは国が定めた賃金の最低額で、労働者の賃金はそれ以上でなければなりません。もし最低賃金以上の金額を支払わない場合には、罰則があります。仮に最低賃金よりも低い賃金を労使の合意で定めたとしても、それは法律で無効となります。

最低賃金は、中央最低賃金審議会が提示する引き上げ目安をもとに、地方の最低賃金審議会が地域の実情に応じて決定します。都道府県ごとに定められた「地域別最低賃金」と、特定の産業を対象にした「特定（産業別）最低賃金」があり、もし両方が同時に該当する場合は、高いほうの最低賃金が適用されます。毎年10月ごろに改訂されるので、最新の情報を得ておく必要があります。

基本的には時給で計算して比較する

最低賃金は時給で比較して確認します。時給、日給、月給は以下のような計算です。出来高払い（歩合給）で支払われる場合は、歩合給を得るために働いた月間総労働時間をもとに時間給を算出します。時給は「時給額≧最低賃金額」、日給は「日給額÷１日の所定労働時間≧最低賃金額」、月給は「月給額÷１カ月の平均所定労働時間≧最低賃金」であることがルールです。

なお、最低賃金は毎月支払われる基本的な賃金が対象となるため、結婚手当など臨時に支払われるものや、通勤手当、家族手当、賞与など１カ月を超える期間ごとに支払われるもの、割増賃金（時間外労働、休日労働、深夜労働など）は含まれません。

もし本社以外の支店などで働く場合は、所属先の地域の最低賃金が適用されます。派遣労働者が派遣元から都道府県をまたいで派遣されるときは、派遣先の地域別最低賃金が適用されます。

Keyword **中央最低賃金審議会**　最低賃金に関する重要事項について調査・審議する、厚生労働大臣の諮問機関。

地域別最低賃金(2023年度)

都道府県名	最低賃金時間額	発効年月日
北海道	960円	2023年10月1日
青　森	898円	2023年10月7日
岩　手	893円	2023年10月4日
宮　城	923円	2023年10月1日
秋　田	897円	2023年10月1日
山　形	900円	2023年10月14日
福　島	900円	2023年10月1日
茨　城	953円	2023年10月1日
栃　木	954円	2023年10月1日
群　馬	935円	2023年10月5日
埼　玉	1,028円	2023年10月1日
千　葉	1,026円	2023年10月1日
東　京	1,113円	2023年10月1日
神奈川	1,112円	2023年10月1日
新　潟	931円	2023年10月1日
富　山	948円	2023年10月1日
石　川	933円	2023年10月8日
福　井	931円	2023年10月1日
山　梨	938円	2023年10月1日
長　野	948円	2023年10月1日
岐　阜	950円	2023年10月1日
静　岡	984円	2023年10月1日
愛　知	1,027円	2023年10月1日
三　重	973円	2023年10月1日

都道府県名	最低賃金時間額	発効年月日
滋　賀	967円	2023年10月1日
京　都	1,008円	2023年10月6日
大　阪	1,064円	2023年10月1日
兵　庫	1,001円	2023年10月1日
奈　良	936円	2023年10月1日
和歌山	929円	2023年10月1日
鳥　取	900円	2023年10月5日
島　根	904円	2023年10月6日
岡　山	932円	2023年10月1日
広　島	970円	2023年10月1日
山　口	928円	2023年10月1日
徳　島	896円	2023年10月1日
香　川	918円	2023年10月1日
愛　媛	897円	2023年10月6日
高　知	897円	2023年10月8日
福　岡	941円	2023年10月6日
佐　賀	900円	2023年10月14日
長　崎	898円	2023年10月13日
熊　本	898円	2023年10月8日
大　分	899円	2023年10月6日
宮　崎	897円	2023年10月6日
鹿児島	897円	2023年10月6日
沖　縄	896円	2023年10月8日

最低賃金の対象となる賃金

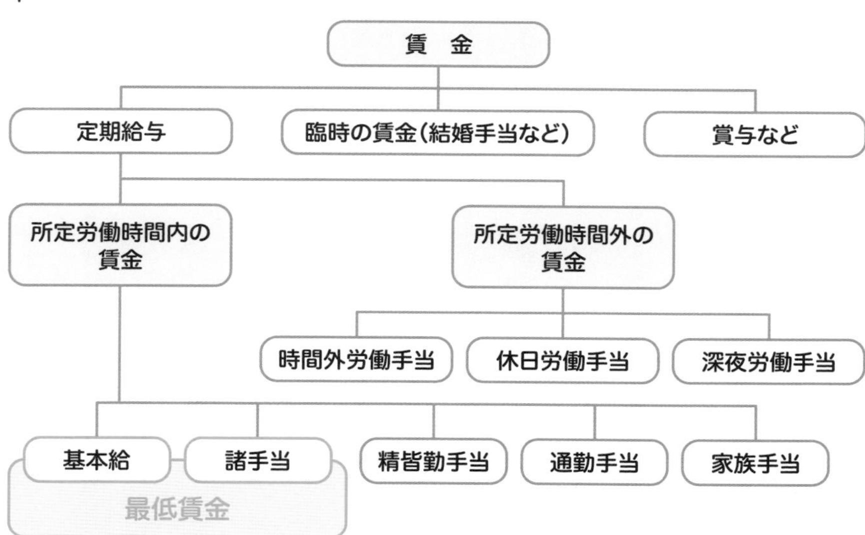

労使協定があれば、5原則の例外は可能

労働基準法では、賃金の支払い方法について原則を定めています。これは、賃金が確実に労働者に支払われるための法律で、一般的に「賃金支払いの5原則」と呼ばれ、以下の５つを守らなければなりません。

①現金かつ通貨で支払わなければならない

賃金は、外国通貨や小切手、商品や株式ではなく、日本円で支払わなければなりません。日本で働く外国人に対しても、外貨ではなく日本円で支払います。

とはいえ、現金での支払いが基本となると、銀行振込は認められないのでしょうか。銀行振込は、本人の同意があり、本人が指定する本人名義の口座であれば、認められます。配偶者、両親など本人以外の名義の口座への振込は認められません。

②直接本人に支払う

賃金は、労働者に直接支払わなければなりません。たとえば、本人に債務があっても、債権者に支払うことは認められません。両親など代理人に支払うことも違法です。

③全額を支払う

賃金は全額を支払わなければなりません。月ごとに支払うことが決まっている手当、たとえば、残業手当などを賞与のときにまとめて支払うことなども原則に反します。

法令で定められている社会保険料や税金は、賃金から天引き（徴収）することができますが、労使協定のない社内預金、積立金、親睦会費などを天引きすることはできません。

本人に貸付金があったとしても、賃金と相殺することは「全額払い」の原則からはずれます。

④毎月１回以上支払う

賃金は毎月支払わなければなりません。入社後わずかな期間であっても、まとめて2カ月分を支払うことはできません。

年俸制の場合、1年に1回、まとめて支払うことはできず、月ごとに分割して支払う必要があります。

⑤一定の期日を定めて支払う

賃金は、毎月決まった日に支払わなければなりません。「毎月20～25日の間に振り込む」「毎月第４水曜日」などの指定はできません。また「契約を5件取れたら」というような条件を付けることも認められません。

賃金支払いの５原則は守らなければならない法律ですが、そのまま適用すると労使にとって不便な場合もあります。その場合、労使協定を結ぶことで例外が認められることもあります。

給与全般 健康保険 厚生年金 雇用保険 所得税 住民税

賃金支払いの5原則と例外

原則	内容	例外
通貨払いの原則	国内で通用する通貨で支払う。外国の通貨、株式、現物などは認められない	・銀行口座への振り込み ※本人名義の預貯金口座のみ ・通勤手当を定期券で支払う ※労働協約が必要
直接払いの原則	本人に直接支払う。代理人は認められない	・本人が病気で入院しているなど、やむを得ない事情により、使者（配偶者や子どもなど）に支払う
全額払いの原則	全額を支払う。分割、月に決められた手当などを賞与で支払うのは認められない	・法令で定められている社会保険料や所得税などの天引き（徴収） ・労使協定に基づく財形貯蓄、積立金などの天引き
毎月1回払いの原則	毎月、少なくとも1回以上支払う。年俸一括払いは認められない	・賞与 ・臨時の手当、報奨金など
一定期日払いの原則	毎月の期日を決めて支払う	・毎月末日払い ※「第2金曜日払い」などは× ・支払い日が休日の場合に、直前の営業日に支払う

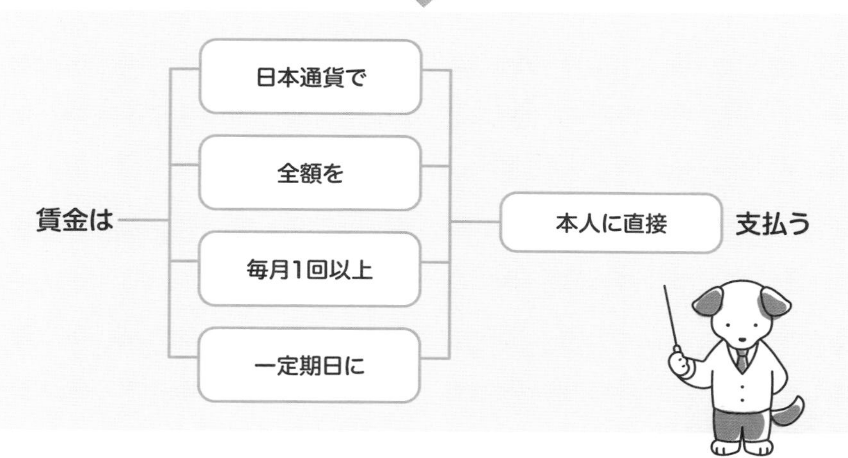
賃金は
日本通貨で
全額を
毎月1回以上
一定期日に
本人に直接
支払う

10 就業規則と給与規定で決められる給与

頻度	ー	対象	ー	時期	ー

POINT

- 給与規定は就業規則のなかでも給与項目に特化したルール
- 従業員の給与を決める基準を定めている

労働基準法に定められた就業規則

就業規則は、労働者の給与規定や労働時間などの労働条件、職場内の規律やルールなどをまとめたものです。常時10人以上の従業員を雇用する会社では就業規則を作成し、労働基準監督署に届け出ることが義務づけられています。

就業規則には、必ず記載しなければならない項目として、始業・終業時刻、休憩時間、休日・休暇、退職に関する事項などがあり、給与もそのひとつとなっています。

「給与」の細かいルールについて定めた給与規定

就業規則では、給与について大まかなルールを定め、細かい計算方法などについては、別途「給与規定（賃金規定）」としてまとめても構いません。

ただし、いずれにしても「給与の決定方法」「給与の計算方法」「給与の締め日、支払い日」「給与の支払い方法」「昇給」については必ず記載する必要があります。

一般的には、正社員、パートタイマーなど働き方の異なる従業員がいる場合は、それぞれについて給与規定を作成します。基本給と手当、割増賃金などの給与の構成や、会社によって多種多様な手当の支給基準、また年俸制・月給制などの給与の計算方法や割増賃金の計算方法などを明記します。

なかでも、月によって変動する時間外労働の割増賃金の計算方法や、家族持ちになったなど、社員の置かれる状況の変化に伴って変わる諸手当の支給基準については、人によって違いが生まれないように、細かく規定しておく必要があります。

労働条件が定められた就業規則と給与の支給条件のルールが定められた給与規定は、毎月の給与や賞与の計算基準になるものといえます。

Keyword **給与規定** 基本給のほか能力給や職能給、各種手当など、賃金体系に関する取り決めを文書化したもの。

就業規則と給与(賃金)規定の記載内容

就業規則	給与(賃金)規定
常時10人以上いる事業場に作成・届け出が義務づけられている会社(使用者)が定める労働条件や職務上の規則	就業規則の一部として賃金の細部について規定したもの。正社員やパートタイマーで分けて賃金規定を作成しても構わない
絶対的記載事項(必ず記載が必要)	**一般的な記載事項**
・賃金の決定方法 ・賃金の計算方法 ・賃金の支払い方法 ・賃金の締め切り ・賃金の支払い時期 ・昇給に関する事項	・基本給 ・手当 家族手当、通勤手当、技能・資格手当、精勤手当、役付手当など ・割増賃金 時間外労働割増賃金、休日労働割増賃金、深夜労働割増賃金 ・賃金から天引きする項目 社会保険料、税金、財形貯蓄、組合費など ・賃金の計算方法 年俸制、月給制、月給日給制、週給制、日給制、時給制など ・雇用形態で賃金が異なる場合の定義 短時間労働者とは「労働時間が○時間以上かつ出勤日数が～」など ・ノーワーク・ノーペイ関連項目 遅刻や欠勤の賃金控除の計算方法など
相対的記載事項(制度を導入すると記載が必要)	
・退職金制度に関する規定 ・賞与など臨時の賃金に関する規定 ・食費や作業用品代など従業員負担の規定 ・減給など制裁に関する規定など	

就業規則には大まかなルールを記載し、細部については給与規定としてまとめるのが一般的(給与規定の内容をすべて就業規則に盛り込むことも可能)

就業規則とそのほかのルールの関係性

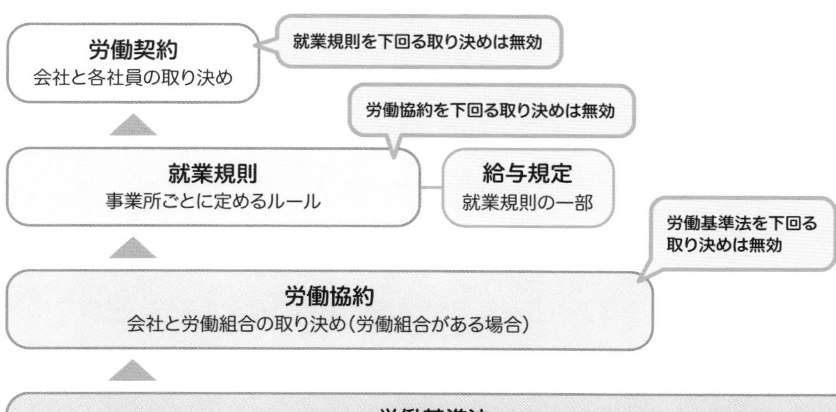

11 法定・協定でさまざまな控除がある

頻度	ー	対象	ー	時期	ー

POINT
- 社会保険と税金は法定、その他は協定控除
- 協定項目の控除には労使協定が必要

協定控除項目は会社が独自に設定できる

給与の総支給額から差し引く控除項目（16ページ）には、大きく2種類あります。

1つは、法律で差し引かれることが決められた法定控除です。健康保険、介護保険、厚生年金保険、雇用保険の各保険料と、所得税と住民税がこれに当たります。

もう1つが、会社が独自で決める協定控除です。協定控除の各項目は、会社によって名称も内容もさまざまです。「財形貯蓄」「労働組合費」「旅行積立金」「会社の貸付金」「親睦会費」「社宅費」「社宅光熱費」「食費」などがあります。

法定控除以外の項目を控除するためには、従業員と会社間で給与控除に関する労使協定を結ぶ必要があります。

労使協定なしで、会社が勝手に給与から差し引くことはできません。

控除できるのは、目的が明確なものだけ

労使協定の書面は任意のもので構いません。

ただし、「控除の対象となる具体的な項目」と、項目ごとの「控除を行う給与の支払い日」は必ず記載しなければなりません。

その際、各項目は何のために控除されるものか、目的が明確である必要があります。たとえば、単に「積立金」という使途不明の項目や、「そのほか業務に必要なもの」というようなぼんやりした項目は認められません。

また、そもそも会社が負担すべき経費などは、労使協定があっても控除できません。

労働時間に関する労使協定などは労働基準監督署に届けなければなりませんが、給与から法定控除以外の控除を行う協定の届け出は不要です。会社で保管しておきます。

Keyword **労働基準監督署**　労働基準法や労働契約法、労働組合法など労働関係に関する法令を企業が守っているかを監督する厚生労働省の出先機関。

法律で決まっている控除項目

控除項目		対象年齢	内容
保険料	健康保険料	75歳未満	従業員やその家族が病気やケガで医療機関で治療を受けるときの医療費の一部を負担してくれる公的保険の保険料
	厚生年金保険料	70歳未満	老齢や障害、死亡などにより働けなくなった場合等に、従業員とその家族に給付する公的年金の保険料。老齢年金、遺族年金、障害年金などがある
	介護保険料	40歳以上 65歳未満	介護が必要な65歳以上の人（40歳以上65歳未満の人も特定の場合）に、必要な費用を給付する公的保険の保険料。福祉用具にかかる費用補助やデイケア、ショートステイなどのサービスが受けられる
	雇用保険料	制限なし	失業して所得がなくなった場合に、生活の安定や再就職促進を図るため、求職者給付や教育訓練給付、育児休業給付などを支給する公的保険の保険料
税金	所得税	全従業員	給与から所得控除を差し引いた金額に課税される。毎月の給与からおよその金額を徴収し、年末調整で精算する
	住民税	全従業員	区市町村民税と道府県民税（東京都は都民税）の総称。地方税ともいう。前年の所得に対してかかる

会社で独自に設定できる控除項目の例

控除項目	内容
財形貯蓄	毎月一定額の積み立て貯蓄。控除した金額は、会社が従業員に代わって金融機関に振り込む
労働組合費	労使合意のもと、組合費を差し引いて労働組合に渡す
貸付金	会社が従業員に貸し付けた額を返済金として差し引く
社宅費	会社所有の賃貸住宅等の居住者負担分を控除
親睦会費	社員の交流会や記念品を贈るための費用を控除
食費	社員寮など会社が食事を提供する場合に、利用者の負担金を控除

12 社会保険料と税金の控除のしくみを知ろう

頻度	ー	対象	ー	時期	ー

POINT

- 保険料は給与総額が算定の基本になる
- 所得税は課税対象額に税率をかけて算出

健康保険と厚生年金保険は標準報酬月額から計算

給与から差し引かれる法定控除（38ページ）のうち、健康保険と厚生年金保険の保険料は標準報酬月額表を使って計算します。給与の額によって健康保険料は1〜50等級、厚生年金保険料は32等級に区分されていて、各従業員の給与（給与総額）が当てはまる等級の標準報酬月額に保険料率をかけて保険料を算出します。

右ページのとおり、仮に給与が25万円以上27万円未満の場合は、健康保険料が20等級、厚生年金保険料は17等級、標準報酬月額は26万円です。この金額に共通の保険料率をかけます。保険料は会社と従業員で折半するので、半額を給与から控除します。

介護保険料は40歳以上65歳未満の従業員が納めるものです。該当する等級の標準報酬月額に保険料率をかけて保険料を算出します。健康保険と同じく、半額を給与から控除します。

また、雇用保険料は毎月の給与総額に保険料率をかけて算出します。会社と従業員で負担割合が異なり、一般の会社の場合、2023年度（4月1日以降）の負担割合は、会社が0.95％、従業員が0.6％です。従業員負担分を給与から控除します。

所得税は毎月計算、住民税は6月に控除額が変更

所得税はその月の給与総額から通勤手当などの非課税所得と、社会保険料を差し引いた金額（課税対象額）に課税されます。毎月控除する所得税額は「源泉徴収税額表」（171ページ）に当てはめればわかります。

住民税は前年の給与所得をもとに、各自治体が税額を計算し通知してきます。そのため、税額を計算する必要はありません。1月から12月の所得に応じて課税されるので、毎年6月から控除額が変更になります。

Keyword **標準報酬月額表**　健康保険や厚生年金保険などの毎月の保険料を計算する際に基準となる報酬額を一覧にした、協会けんぽや各健康保険組合が作成する表。

給与全般
健康保険
厚生年金
雇用保険
所得税
住民税

社会保険や税金の計算・控除方法

控除項目		計算・控除方法
保険料	健康保険	給与額によって区分された等級にあてはまる標準報酬月額に、保険料率をかける。保険料は会社と従業員で折半
	厚生年金保険	健康保険と同様に、標準報酬月額に保険料率をかける。保険料は会社と従業員で折半
	介護保険	健康保険と同様に、標準報酬月額に保険料率をかける。保険料は会社と従業員で折半
	雇用保険	毎月の給与総額に保険料率をかける。負担分は会社と従業員で異なり、毎年変わる
	労災保険	会社が全額負担するので給与からは控除しない
税金	所得税	給与総額から非課税所得、社会保険料を控除したあとの課税所得額を源泉徴収税額表に当てはめる
	住民税	市区町村から送られてくる「住民税決定通知書」の金額を毎月控除する。毎年6月から控除額が変更になる

標準報酬月額表(健康保険・厚生年金保険の保険料額表)

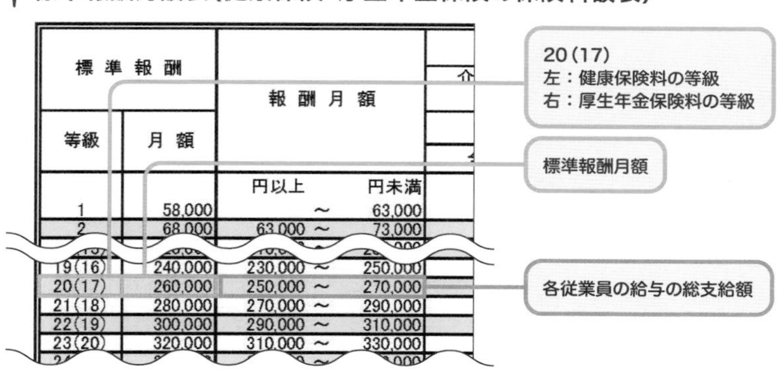

所得税の課税対象

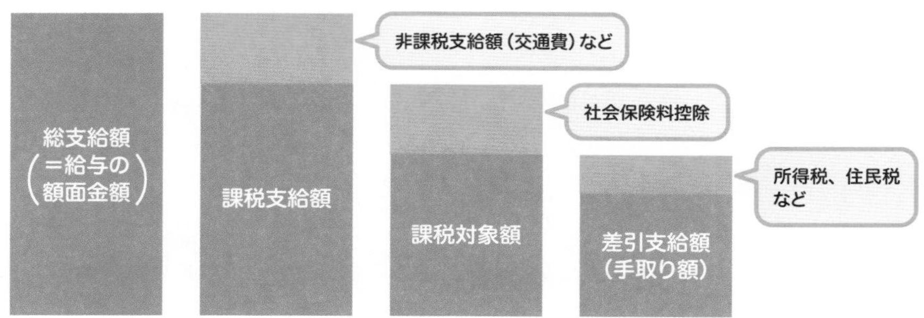

13 記録が必要な法定三帳簿と書式を知ろう

頻度	ー	対象	ー	時期	ー

POINT

- 賃金台帳、労働者名簿、出勤簿を整え保管する
- 事業場ごと、従業員ごとにまとめる

月ごとの賃金を管理する賃金台帳

労働基準法では、雇用者は労働者を雇用したら法定帳簿を整え、保存することが義務づけられています。具体的には、法定三帳簿といわれる「賃金台帳」「労働者名簿」「出勤簿」の3つの帳簿を作成・保存する必要があります。このうち出勤簿以外は、記載しなければならない項目が定められています。

賃金台帳は各従業員に賃金を、いつ、いくら支払ったのかを記した台帳です。会社単位ではなく、事業所、支店、営業所など事業場ごとに作成し、賃金を支払うたびに記入します。

主な記入項目は、①氏名、②性別、③賃金の計算期間、④労働日数、⑤労働時間数、⑥時間外労働時間数、⑦深夜労働時間数、⑧休日労働時間数、⑨基本給や手当などの種類と額、⑩控除項目と額です。

給与計算や賞与計算を終えるごとに転記すれば、作業が簡単です。正社員だけでなく、パートタイマー、アルバイト、日雇い労働者などを含めた従業員全員が対象になります。

従業員の情報をまとめた労働者名簿

労働者名簿は賃金台帳と同様に、従業員ごとに作成します。派遣社員と日雇い労働者を除く従業員が対象です。

記載が義務づけられているのは、①氏名、②性別、③生年月日、④住所、⑤履歴、⑥従事する業務の種類、⑦雇入れ年月日、⑧退職年月日とその理由、⑨死亡年月日とその原因、です。出向中の従業員についても記載が必要です。

記載事項に変更があった場合には、速やかに訂正する必要があります。

なお、様式については、前記の記載項目に漏れがなければ、特に規定はありません。

Keyword **日雇い労働者**　雇用保険法において、日々雇用される、または30日以内の期間を定めて雇用される労働者のこと。

賃金台帳の見本

令和X年度　賃金台帳

氏名	性別	生年月日
雇入年月日		所属

事業所名
更新日

賃金計算期間		月分	月分	月分	月分	月分	月分	賞与	合計
労働日数		日	日	日	日	日	日	日	日
労働時間数		時間	時間	時間	時間	時間	時間	時間	時間
休日労働時間数		時間	時間	時間	時間	時間	時間	時間	時間
普通残業時間数		時間	時間	時間	時間	時間	時間	時間	時間
深夜労働時間数		時間	時間	時間	時間	時間	時間	時間	時間
基本給		円	円	円	円	円	円	円	円
休日労働割増賃金		円	円	円	円	円	円	円	円
普通残業割増賃金		円	円	円	円	円	円	円	円
深夜労働割増賃金		円	円	円	円	円	円	円	円
手当	通勤手当	円	円	円	円	円	円	円	円
	家族手当	円	円	円	円	円	円	円	円
	住宅手当	円	円	円	円	円	円	円	円
	手当	円	円	円	円	円	円	円	円
		円	円	円	円	円	円	円	円
		円	円	円	円	円	円	円	円
小　計		円	円	円	円	円	円	円	円
非課税支給額		円	円	円	円	円	円	円	円
課税対象額		円	円	円	円	円	円	円	円
社会保険料控除	健康保険料	円	円	円	円	円	円	円	円
	厚生年金保険料	円	円	円	円	円	円	円	円
	雇用保険料	円	円	円	円	円	円	円	円
	市町村民税	円	円	円	円	円	円	円	円
	所得税	円	円	円	円	円	円	円	円
控除合計額		円	円	円	円	円	円	円	円
実物支給額		円	円	円	円	円	円	円	円
差引支給額		円	円	円	円	円	円	円	円

従業員の勤怠管理に欠かせない書類

出勤簿は、労働基準法に明記されていない書類ですが、厚生労働省のガイドラインでは、労働者名簿や賃金台帳に並び、タイムカードや出勤簿などによる労働時間の記録書類を保存しなければならないと明記しています。

記載項目に決まりはありませんが、①出勤日ごとの始業、終業時刻の記録、②残業時間、③遅刻・早退、欠勤の記録、などを記録している出勤簿またはタイムカードなどを保管しておきましょう。

労働者名簿の見本

労働者名簿

フリガナ	フクモト　トシヤ	社員番号	018
氏名	福本　俊哉	性別	男
		生年月日	1987年4月24日
住所	〒179-0083 東京都練馬区平和台○ー○ー○　アマミコート○号		
従事する業務の種類	営業		
雇入れ年月日	20XX年　X月　X日		
退職・解雇または死亡	解雇　（退職）　死亡　20XX年　X月　X日		
	理由（　自己都合退職　）		
履歴	・平成X年X月X日　○○大学卒業 ・平成X年X月X日　○○入社 ・令和X年X月X日　第1営業部 係長 ・令和X年X月X日　第5営業部 課長 ・令和X年X月X日　自己都合退社		
備考			

給与全般

出勤簿の見本

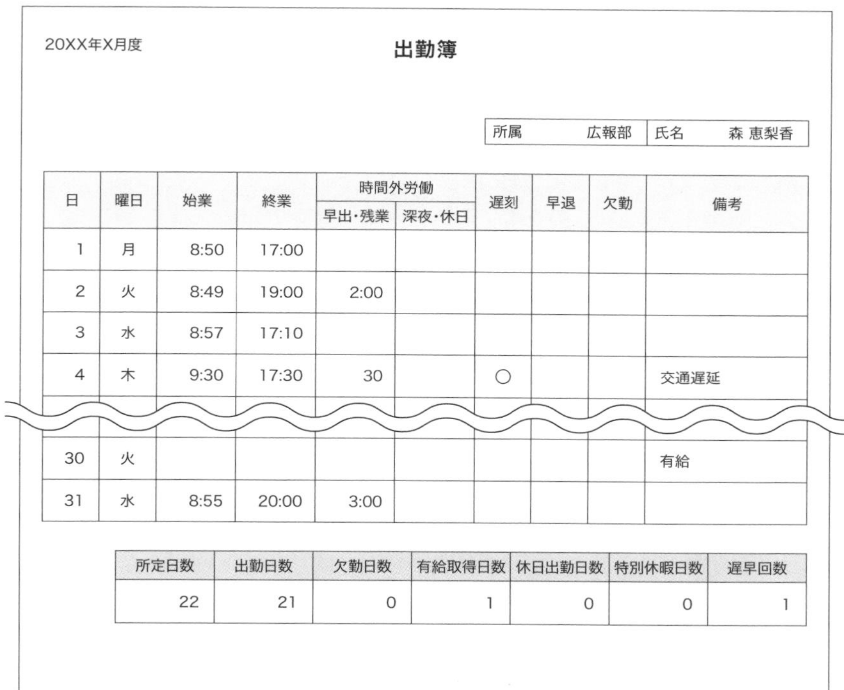

20XX年X月度

出勤簿

所属	広報部	氏名	森 恵梨香

日	曜日	始業	終業	時間外労働		遅刻	早退	欠勤	備考
				早出・残業	深夜・休日				
1	月	8:50	17:00						
2	火	8:49	19:00	2:00					
3	水	8:57	17:10						
4	木	9:30	17:30	30		○			交通遅延
30	火								有給
31	水	8:55	20:00	3:00					

所定日数	出勤日数	欠勤日数	有給取得日数	休日出勤日数	特別休暇日数	遅早回数
22	21	0	1	0	0	1

法定三帳簿の保存期間と管理の頻度

帳簿の種類	保存期間	保存期間の起算日	更新頻度
賃金台帳	5年	従業員の最後の賃金の記入をした日	賃金支払いの都度
労働者名簿	5年	労働者の死亡、退職または解雇の日	変更の都度
出勤簿	5年	従業員が最後に出勤した日	日々

14 賞与計算のしくみを知ろう

頻度	会社による	対象	従業員	時期	会社規定の月

POINT

- 賞与からも社会保険料、税金を控除する
- 年4回以上賞与の支給があると、社会保険では報酬として給与に加算

賞与は年3回以下、一時的に支給されるもの

労働基準法の行政解釈によると賞与は、「定期または臨時に、原則として労働者の勤務成績に応じて支給されるものであって、その支給額があらかじめ確定されていないもの」とあります。つまり、労働の対価として支払う契約上の賃金とは異なり、法律による規定がなく、会社が自由に支給基準や支給回数、時期を決めることができるものです。賞与からも、給与と同様に社会保険料と税金が控除されますが、計算するうえでは賞与の支払い回数に注意が必要です。給与や賞与については、「年3回以下、または一時的に支給するものを賞与」「それ以外のものを報酬」と定義されているので、年4回以上支給される場合は、毎月の給与に加算して算出しなければなりません。

給与とは社会保険料、所得税の徴収額の計算が異なる

健康保険料、介護保険料、厚生年金保険料は、「標準賞与額」に保険料率をかけて算出します。標準賞与額は、賞与支給額から1,000円未満を切り捨てた金額です。たとえば、賞与金額が50万4,500円の場合、標準賞与額は50万4,000円です。ただし、標準賞与額には上限があり、健康保険は年間累計額573万円（毎年4月1日から翌年3月31日まで）、厚生年金保険は1カ月あたり150万円です。上限金額を超える賞与が支払われても、保険料は増えません。保険料率は、毎月の給与を計算しているものと同じです。算出した保険料の半分（事業主と被保険者が折半）を賞与から控除します。雇用保険料は、毎月の給与計算と同じく、総支給額に保険料率をかけます。

所得税の算出には、「賞与に対する源泉徴収税額の算出率の表」を使います。賞与から社会保険料を差し引いた額に、該当する所得税率をかけます。

Keyword **賞与に対する源泉徴収税額の算出率の表**　賞与を支給するときの税額計算を行う際に使う速算表。国税庁のホームページからもダウンロードできる。

賞与の位置づけ

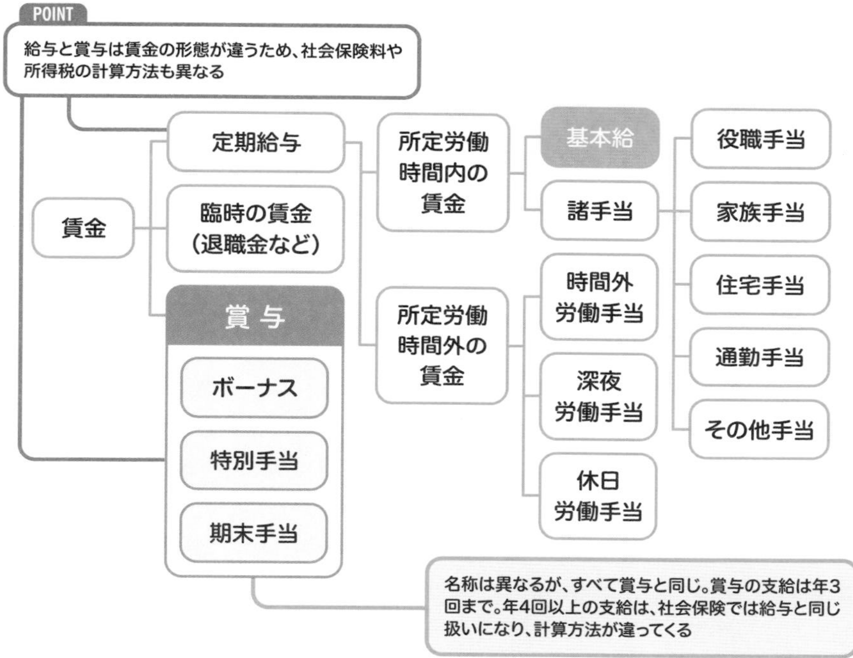

賞与の社会保険料・所得税の計算のしくみ

種類	計算方法
健康保険料 厚生年金保険料	①千円未満切り捨て 賞与総額 − 千円未満 ＝ 標準賞与額(千円単位) (給与の社会保険料の計算では「標準報酬月額」をもとにする) ②保険料率をかける 標準賞与額(千円単位) × 保険料率 ＝ 健康保険・厚生年金の保険料
雇用保険料	保険料率をかける 賞与総額 × 保険料率 ＝ 雇用保険の保険料 (雇用保険料は給与計算と同じように計算)
所得税	「賞与に対する源泉徴収税額の算出率の表」(201ページ)を使う

15 年末調整の役割を理解しよう

頻度	年1回	対象	12月まで勤務の役員・従業員	時期	11、12月

POINT
- 仮で納めていた所得税と実際の税額を一致させる
- 払い過ぎていれば還付、不足していれば徴収する

従業員の代わりに年末にしかできない控除を行う

年末調整は従業員の一人ひとりについて、毎月の給与や賞与から源泉徴収した所得税額と、その年に納めるべき所得税額の過不足を明らかにし、12月の給与の支払いで調整するものです。源泉徴収し過ぎていた場合にはその分を本人に還付し、不足していた場合は徴収します。

詳しくは第8章で説明しますが、年末調整の大事な仕事のひとつは、従業員に必要書類を提出してもらい、所得から控除可能な額をもれなく差し引くことです。扶養控除、配偶者控除、生命保険料控除、住宅ローン控除など、会社が従業員に代わって計算を一任される所得控除は11種類あります。

各種控除を差し引くことで所得が減れば、所得税額が減ります。住民税は前年の所得に対してかかるため、翌年（6月以降）の住民税額にも影響します。年末調整は従業員の生活に直結する大事な仕事といえます。

計算をゆだねる従業員側は、計算が合っているかどうかまではまず確かめません。信頼のうえに成り立っていることを肝に銘じましょう。

12月に向けて早めに準備を進める

11月初旬には税務署で年末調整についての説明会が開かれます。毎年変更点があるので、できるだけ出席しましょう。また、税務署から送られてくるパンフレットや国税庁のホームページに掲載される「年末調整のしかた」にも必ず目を通してください。

万が一、年末調整を間違えると、修正は大変です。源泉徴収票を従業員に配布する翌年の1月末日までに、源泉所得税の過不足金の再計算をし、法定調書の合計表や給与支払報告書などの提出書類も改めて作り直さなければなりません。余裕をもって進め、チェックを怠らないようにしましょう。

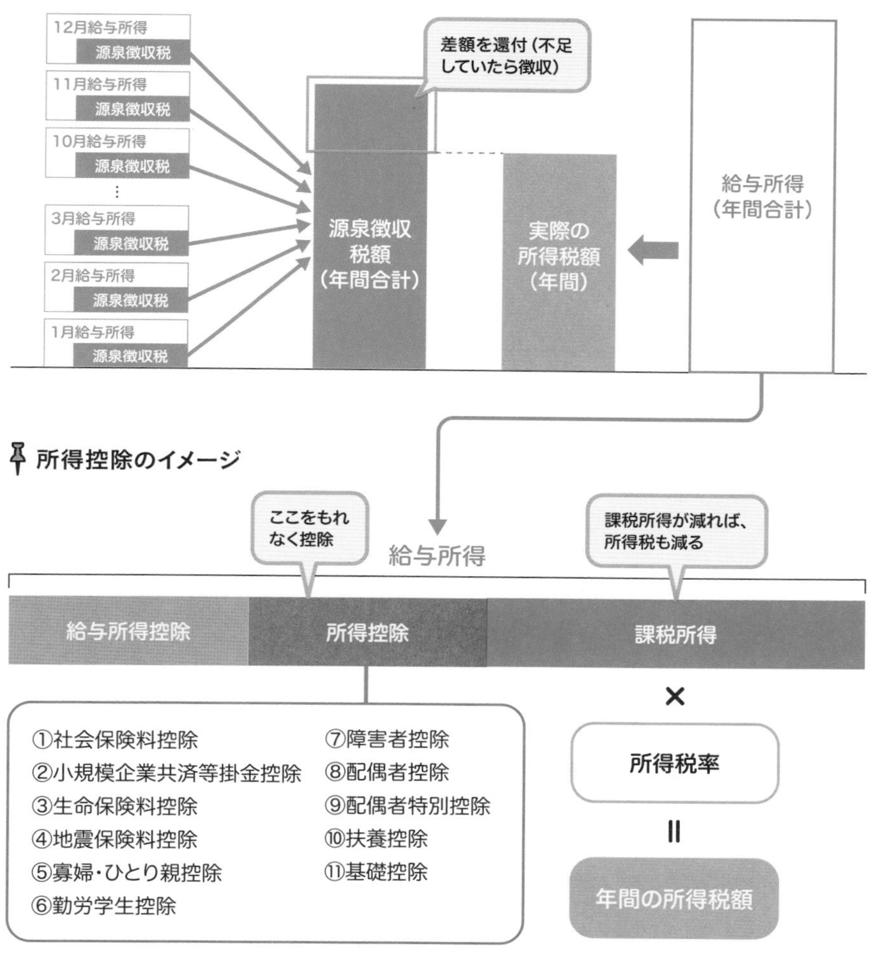

ONE

所得税と併せて徴収される復興特別所得税

源泉所得税を徴収する際に、併せて復興特別所得税を徴収します。これは、2011年（平成23年）3月11日の東日本大震災からの復興のための財源確保に、2013年からスタートしたもので、2037年（令和19年）まで継続します。税額は基準所得税額の2.1%です（1円未満は切り捨て）。

16 給与計算での マイナンバーの取り扱い

頻度	ー	対象	役員・従業員	時期	通年

POINT

- マイナンバーを利用できるのは社会保障や税の手続きのみ
- マイナンバーは厳重に取り扱い、確実に破棄する

マイナンバー制度の導入で行政の事務手続きが簡素化

マイナンバー（個人番号）は国民一人ひとりに割り当てられ、一生変更されません。マイナンバー制度が導入される前は、手続きを行うために役場、税務署、年金事務所など複数の機関を回って書類を入手する必要がありましたが、導入後は手続きが簡略化されるなど、利便性が向上しています。

2021年10月20日からは、マイナンバーカードが健康保険証としても使えるようになり、就職や転職、引っ越しがあった場合でも保険証の切り替えを待たずに病院で受診できるようになっています。

利用は限定的に、徹底した管理と速やかに廃棄を

マイナンバーは便利な半面、税や社会保険とも紐づいているので厳重に扱わなければなりません。特定個人情報保護委員会が提供する「特定個人情報の適正な取扱いに関するガイドライン」では、会社が従業員のマイナンバーを取得し利用できるのは、社会保障および税に関する手続き書類に記載し、行政機関に提出する必要がある場合のみに制限しています。

定められた手続き以外でマイナンバーの提出を求めたり、利用したりすると、罰則の対象となる可能性があります。また、必要がなくなったら速やかに廃棄する必要があります。

マイナンバーの記載が必要になるのは、従業員の源泉徴収票などの税関係書類、健康保険や厚生年金の資格取得届などの保険関係書類があります。マイナンバーを収集する場合は、利用目的を従業員に通知し、なりすましを防ぐために厳格な本人確認が必要です。

また、担当者以外は簡単に書類を閲覧したりやデータにアクセスできない、書類やデータを確実に廃棄できる対策を取ることなどが求められます。

Keyword **特定個人情報の適正な取扱いに関するガイドライン**　特定個人情報（マイナンバーをその内容に含む個人情報）の適正な取り扱いについて解説した指針。具体例を用いてわかりやすく解説されている。

「マイナンバー取り扱い」チェックリスト

カテゴリー	確認事項	備考	✓
事務範囲の明確化	マイナンバーを取り扱う範囲は明確か？	源泉徴収票、健康保険や厚生年金保険の資格取得手続き、資格喪失手続きなど	□
	マイナンバーを取り扱う事務における特定個人情報等の範囲は明確か？	社会保障、税および災害対策に関する特定の事務に限定される	□
	取り扱う専任の責任者を決めたか？	本人確認のための書類や種類、手順を厳密に決めておく	□
取得の取り扱い	特定個人情報の範囲内で個人情報を取得しているか？	－	□
	本人確認方法は明確か？	本人確認のための書類や種類、手順を厳密に決めておく	□
	取得のための届出書などの書類を作成、取得状況を記録しているか？	取得の目的、確認書類の添付について記載した書類を作成	□
	マイナンバーを記載した書類を担当者に受け渡すときのルールを決めているか？	必ず手渡しをする、マイナンバーが見えないように目隠しをするなど	□
利用の取り扱い	取り扱う特定個人情報ファイルの範囲を明確にしているか？	Excelファイル、管理ソフトなどを確認する	□
	利用状況を記録しているか？	取扱部署、責任者、利用目的、削除・破棄状況、アクセス権のある者を確認	□
提供の取り扱い	マイナンバー記載の書類を公的機関に提出する方法を定めているか？	－	□
	第三者に個人情報を提供するときのルールは決まっているか？	個人情報を第三者に提供したときは、記録を作成し保存しなければならない	□
保存の取り扱い	特定個人情報の保存方法は決まっているか？	カギ付きのキャビネット、Excelなどの場合はアクセスパスワードの設定など	□
	特定個人情報の保存期間は決まっているか？	不要となった場合、法令で定められた保存期間が過ぎたら速やかに破棄する	□

ONE

マイナンバーの提出を拒否されたら？

会社へのマイナンバーへの提出を従業員に強制することはできません。提出を強く求めると、パワハラなどの問題に発展する可能性があります。

行政機関への提出書類には、従業員のマイナンバーを記載する欄があるものが少なくありませんが、従業員が自らの意思でマイナンバーを提出しない場合は、記載しなくても行政機関は受け取りを拒否できないことになっています。

COLUMN 1

いよいよスタート!?
電子マネーによる給与支払い

「給与のデジタル払い」が解禁される見込み

給与を支払う際、現在は銀行振り込みを利用している会社が主流ですが、電子マネーで給与を支払う「デジタル給与払い制度」の解禁が、現在進められています。

具体的には、銀行以外で送金サービスを提供する資金移動業者（ソフトバンク系の「PayPay」や「LINE Pay」など）が発行するプリペイド式の給与振り込み用カード「ペイロールカード」の導入が想定され、事業主は従業員のペイロールカードに直接給与を振り込みます。従業員は銀行口座を介さずに給与を受け取れ、買い物をする場合も、電子マネーのアプリを使ってキャッシュレス決済ができます。

電子マネーといえば、1回あたりの払い出し金額に上限があったり、手数料がかかったりするなど、現金化しづらいことが懸念されますが、給与のデジタル払いの解禁にあたっては、給与受け取りに使われるアカウントの残高について「ATMなどで通貨として引き出せること」「少なくとも毎月1回は手数料が無料」といった規定が盛り込まれる見込みです。

会社にとっては、業務効率化の一助になる可能性も

会社側から見ると、従来の給与支払いシステムとは異なった新たな支払い方法を学ぶ必要がありますが、ペイロールカードが導入されれば、銀行に毎月給与振り込みの依頼をせずに済み、業務効率の改善や手数料削減効果が期待できます。

ただし、制度導入にあたっては、従業員に受け取り方法を強要してはならないことに注意しましょう。従業員から「給与の一部だけを電子マネーとして支給してほしい」という要望があれば、細かい手続きや確認作業が発生することが予想されます。

資金移動業者が経営破綻したときの対応や、給与を確実に支払うための本人確認の徹底、ハッキングなどへの対処など課題もありますが、給与払いのデジタル化で社会のキャッシュレス化が進みそうです。

第２章

月次の給与計算①

従業員情報を確認する

第２章では、従業員情報に変更があった場合の対応について説明していきます。従業員の情報は常に一定ではありません。結婚したり、子どもが16歳以上になったりして扶養家族が増えることもありますし、休業や休職する従業員もいます。また、入社・退職する従業員もいるでしょう。とくに入社・退職時は手続きが複雑なので、内容をしっかり把握しましょう。

01 給与計算のスタートは従業員情報の把握から

頻度	ー	対象	ー	時期	ー

POINT
- 給与計算の実作業を体系的に理解する
- 従業員情報の変化は常に把握しておく

勤怠情報の収集から総支給額の確定まで

第1章で給与計算の基本を見てきました。ここからは給与計算の実作業について解説していきます。

第2章（本章）では、従業員情報に変更があった場合の対応について取り上げます。

第3章では、勤怠情報の収集方法と、給与計算における労働時間のしくみを説明します。出勤日数や休日・時間外労働などの考え方を把握するとともに、変形労働時間制やフレックスタイム制などの扱いについても解説します。

第4章、第5章では、給与の支払い額の計算に必要な支給項目と控除項目を整理します。残業代等の割増賃金の算出や、社会保険料、税金の徴収は会社の責務となるため、法令やルールの理解が欠かせません。

そして、第6章では、給与計算後に発生する作業について説明します。

開始は現従業員、入社・退職者の情報収集から

給与計算は本章で説明する従業員情報の把握からスタートします。従業員情報には、本人の居住地や年齢のほか、家族情報も含まれます。すべて所得税の計算などに関係するからです。

従業員情報の変更のなかでも大きなものが、入社と退職する従業員です。

新しく従業員が入社してきたときは従業員情報を把握することから始めます。また前職を辞めたときの手続きの違いで住民税の扱いなども異なります。

退職者についても普段と違った対応が必要です。社会保険料や住民税をいつまで徴収するかなど、ルールを理解していないと法令違反になったり、退職者に不利になったりすることがあります。また、退職金は税法上、給与とは別扱いとなります。所得税額の計算方法も、手続きも異なります。

入社時・退職時の手続きは複雑です。各節の説明で考え方をしっかり理解してください。

毎月の給与計算に必要な実作業

事前準備

従業員情報を確認する

・従業員が休職・休業したとき
・従業員が入社・退職したとき

→ 第2章

従業員の勤怠情報を確認する

・休日や時間外労働の考え方
・変形労働時間制のしくみ　…など

総支給額・控除項目の計算

支給項目を計算する

・家族手当の計算　・通勤手当の計算
・割増賃金の計算　・有給休暇の扱い方　…など

控除項目を計算する

・社会保険料のしくみ　・雇用保険料のしくみ
・税金を控除する　…など

→ 第5章

給与の支払いとその後の作業

・締め日と支払い日の考え方　・給与明細書を作成する
・税金を納付する　・社会保険料を納付する　…など

給与計算のスタートで必要な従業員情報と対応ポイント

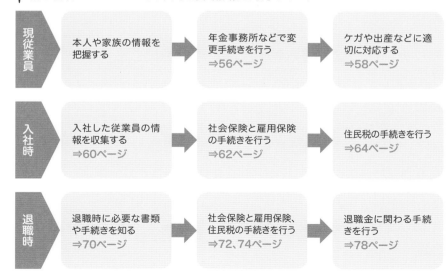

現従業員

本人や家族の情報を把握する

年金事務所などで変更手続きを行う
⇒56ページ

ケガや出産などに適切に対応する
⇒58ページ

入社時

入社した従業員の情報を収集する
⇒60ページ

社会保険と雇用保険の手続きを行う
⇒62ページ

住民税の手続きを行う
⇒64ページ

退職時

退職時に必要な書類や手続きを知る
⇒70ページ

社会保険と雇用保険、住民税の手続きを行う
⇒72、74ページ

退職金に関わる手続きを行う
⇒78ページ

02 従業員情報に変更があったときの給与処理の変更

頻度	発生の都度	対象	役員・従業員	時期	ー

POINT

- 家族構成の変化で源泉所得税額が変わることも
- マイナンバーなどの流出対策は必須

従業員の家族構成の変更に伴う処理

個々の従業員の情報は随時変化します。そのなかには、給与計算に影響するものもあります。

健康保険では、従業員本人だけでなく、配偶者や子など被扶養者の病気やケガ、死亡、出産についても保険給付が行われます。そのため、被扶養者に異動があった場合には、年金事務所への届け出が必要です（268ページ）。

また「妻が専業主婦になった」「老齢の親を引き取って面倒をみることになった」「子どもが16歳以上になった」など、税法上の扶養親族（114ページ）の数に増減があると、源泉所得税額が変わります。本人との続柄や対象者の年齢、同居や障害の有無などをポイントに扶養親族に該当するかどうかを判断する必要があります。

扶養親族が減った場合に、毎月の源泉所得税額をそのままにしておくと、年末調整での差額の埋め合わせが大きくなってしまいます。なるべく早いタイミングで毎月の源泉所得額を見直すほうがいいでしょう。

マイナンバーなど個人情報の取り扱いに注意

現在はマイナンバーが基礎年金番号と連携され、各種届け出・申請がマイナンバーで行えるようになりました。住所や氏名の変更届も原則不要です。

例外としては、マイナンバー制度が始まる前から海外に駐在している従業員とその家族はマイナンバー自体を持っていません。違う国に転居した場合は住所変更の届け出が必要です。

なお、従業員情報は給与計算ソフトや表計算ソフトで管理しているところが多いと思います。社外に個人情報を絶対に持ち出さないようにするほか、インターネット等へのアクセスもルール化するなど、会社としてセキュリティ管理を徹底しましょう。

Keyword **扶養親族**　所得税法上の名称。配偶者は含まれないなど、一般で使われる「扶養家族」や社会保険上の「被扶養者」とは対象範囲が異なる。

現従業員について確認が必要な動き

出来事	影響	注意点
結婚・離婚	名前（姓）の変更	給与の振込口座の変更・登録のし直し
引っ越し	住所変更	通勤手当の見直し・清算、住民税の変更（翌年6月）、住宅手当
出産・介護	扶養家族・親族の人数	源泉所得税の徴収額、年末調整時の各種控除、家族手当
配偶者の収入	扶養親族の人数	年末調整時の配偶者控除・配偶者特別控除、扶養控除、家族手当
子どもの年齢	扶養家族・親族の人数	源泉所得税の徴収額
給与の大幅昇給・降給	標準報酬月額等	社会保険料や源泉所得税の徴収額
休業・休暇	給与・社会保険料等	給与支払いの有無、社会保険料の徴収・免除

マイナンバーを必要とする主な書類

種別	主な書類
健康保険 厚生年金保険	健康保険・厚生年金保険 被保険者資格取得届
	健康保険・厚生年金保険 被保険者資格喪失届
	健康保険被扶養者（異動）届
雇用保険	雇用保険被保険者資格取得届
	雇用保険被保険者資格喪失届
税金関連	給与所得者の扶養控除等（異動）申告書
	給与所得者の基礎控除申告書 兼 給与所得者の配偶者特別控除等申告書 兼 所得金額調整控除申告書
	退職所得の受給に関する申告書
	公的年金等の受給者の扶養親族等申告書

03 休職・休業の従業員への対応

頻度	発生の都度	対象	従業員	時期	ー

POINT
- 3日の待機期間後から傷病手当金が発生する
- 産休・育休については、社会保険料は発生しない

休職理由で保障や社会保険の手続きが異なる

従業員が事故や病気のときや出産、介護、育児など、さまざまな理由で会社を一定期間休むことがあります。そんなときに必要になるのが、休職・休業の手続きです。

28ページで休日と休暇の違いを説明しましたが、休職と休暇も同一ではありません。休職は主に従業員の自己都合により、会社が一定期間の休みを認めるものです。休職中はノーワーク・ノーペイの原則（26ページ）が適用され、給与やボーナスの支払いは不要ですが、就業規則によります。

休職制度のない会社もあります。社会保険料は免除されず、給与を支給する場合は源泉所得税や雇用保険料も徴収します。

給与の2/3が支払われる

一方、休業は従業員本人に働く意思はあるものの、何らかの事情によって就労が困難なことから、一定期間の休みを認めるものです。

休業のうち、労災（仕事上での事故や病気）、産前産後休業、育児休業、介護休業については労働基準法、労災保険法、育児介護休業法で権利が保証されています。手続きを行うことで、従業員本人に給付金が支給されます。詳しくは右表のとおりです。

給与計算で気をつけなければならないのは、社会保険料が免除になるものとならないものがあることです。

同じ健康保険からの給付中でも、産前産後休業中は免除されますが、業務外のケガや病気での休業中は徴収されます。また育児休業中は免除され、介護休業中は徴収されるので、注意しましょう。

なお、傷病手当金は連続3日間、休業補償給付は通算3日間の待機期間があり、給付対象となるのは4日目からです。産前産後休業や育児休業も細かくルールが規定されています（156ページ）。

給与全般
健康保険
厚生年金
雇用保険
所得税
住民税

休業中の給付金と社会保険料の納付義務

休業の事由	給付金の種類	保険の種類	給付額	休業中の社会保険料
業務上の病気やケガ(労災)	休業補償給付＋休業特別支援金	労災保険	給付基礎日額(平均賃金)×(60%＋20%)×支給日数	徴収
業務外の病気やケガ	傷病手当金	健康保険	支給開始日以前の継続した12カ月間の各月の標準報酬月額の平均÷30日×2/3×支給日数	徴収
産前産後休業	出産手当金	健康保険		免除
育児休業	育児休業給付金	雇用保険	休業開始時賃金日額×支給日数×67%(※育児休業開始から181日目以降は50%)	免除
介護休業	介護休業給付金	雇用保険	休業開始時賃金日額×支給日数×67%	徴収

休業中の源泉所得税と雇用保険料については、無給の場合、発生しません。住民税については前年の所得に基づくため、休業前に徴収している人は継続して徴収します。

ONE **給付手続きは期限に注意**

給付金は要件の確認も大切ですが、手続きの期限に間に合わないと一切支給されなくなるため、注意が必要です。

たとえば、介護休業給付金ではハローワークに、介護休業終了日の翌日から2カ月を経過する日の属する月末までに介護休業給付金支給申請書、休業開始時賃金月額証明書を提出しないと、本人が給付金を受け取れなくなってしまいます。

2カ月もあるのであと回しにすると失敗のもとです。添付書類(出勤簿など)を忘れるなど、申請に不備が見つからないとも限りません。再提出にも対応できるように、ゆとりをもって提出しましょう。

04 入社した従業員がいるときの手続きを知ろう

頻度	発生の都度	対象	新入社員	時期	入社時

POINT

- 従業員の入社・退職の処理は基本事項
- 姓が変更された場合は戸籍名義の口座が必要

入社時に提出してもらう給与計算関係の情報

給与計算は毎月同じ作業を繰り返すことになるため、慣れれば難しいものではありません。ミスが発生しやすいのは、入社・退職者がいるときや、現従業員の家族や住所などに変更があったときです。入社する従業員がいる場合から見ていきましょう。

入社にあたっては、まず本人から氏名や生年月日、住所など、基本的な情報を収集します。会社が任意に作成した用紙に記入してもらってもかまいませんが、履歴書と住民票（正式名称は「住民票の写し」）などを提出してもらってもいいでしょう。

そのほか、社会保険の加入手続きなどでマイナンバー（個人番号）が必要になるため、マイナンバーカードや通知カードの写しを提出してもらいます。また、給与の振込先口座の確認も必要です。

入社時の処理では徴収の開始時期に注意

入社する従業員の給与計算でミスが起こりやすいのは、保険料や税金の徴収の開始時期です。

健康保険料と厚生年金保険料は入社翌月に支払う給与から徴収を開始します。このルールに基づき、当月締めの翌月払いであれば、初回に支払う給与から徴収を開始します。一方、当月締めの当月払いであれば、翌月に支払われる2回目の給与からの開始となります。雇用保険料についての徴収開始は初回に支払う給与からです。

源泉所得税と住民税も、初回に支払う給与から徴収を開始します。ただし、住民税については、前勤務先での退職時の手続きの違いによって、徴収する必要がある場合とない場合があります。

このようにそれぞれ対応が異なります。正しい知識を身につけましょう。

Advice 中途入社では、月給制などの場合、初回の給与は日割り計算となるため、正式な入社日がいつかを確認すること。初出社が出張やオンライン勤務の場合もあるので注意する。

入社時に必要な書類・手続き（給与計算関連）

種別	必要書類	提出者	会社からの提出先	ポイント
一般的な情報	履歴書	本人	ー	生年月日や個人番号など社会保険や雇用保険への加入など各種手続きに必要
	マイナンバーカードまたは通知カードの写し	本人		
	給与の振込口座	本人		戸籍上の名義のもの。旧姓や他人名義の口座は不可
社会保険関連	年金手帳または基礎年金番号通知書	本人	ー	厚生年金の加入手続きに必要。手続き後、本人に返却して可。マイナンバーを取得している場合には不要
	健康保険資格喪失証明書	本人	ー	前職の会社が任意で発行するため、本人が受け取っていないケースもある（その場合は不要）
	健康保険・厚生年金保険被保険者資格取得届	会社	管轄の年金事務所	入社した日から5日以内に提出する
	健康保険被扶養者（異動）届	会社		配偶者や子どもなど、扶養家族がいる場合
	国民年金第3号被保険者関係届	会社		配偶者が被扶養者である場合
	雇用保険被保険者証	本人	ー	中途採用者のみ提出してもらう。被保険者番号を確認して、下記の「資格取得届」に記入
	雇用保険被保険者資格取得届	会社	ハローワーク	入社月の翌月10日までに提出する
所得税	給与所得者の扶養控除等（異動）申告書	本人	ー	扶養人数および源泉所得税額の計算に必要。初回の給与計算の前までに提出してもらう
	給与所得の源泉徴収票	本人	ー	中途採用者のみ提出してもらう。年末調整の計算に必要
住民税	給与所得者異動届出書	本人または前勤務先	1月1日時点での住所地の市区町村	以前の勤務先で住民税を特別徴収されていた中途採用者のみ提出してもらう。特別徴収を継続する場合に必要
	特別徴収切替申請書	会社		普通徴収から特別徴収に切り替える場合に提出する。書類の名称は自治体によって異なる

05 入社時の社会保険と雇用保険の手続き

頻度	発生の都度	対象	新入社員	時期	入社時

POINT
- 正社員以外は勤務時間が正規の3/4か否かが重要になる
- 全従業員が対象となるのは労災保険だけ

社会保険の加入対象者と提出書類

法人の場合、正社員は社会保険と健康保険に必ず加入します。パートタイマーやアルバイトなど、正社員以外の従業員については加入対象者であるかどうかを判断しなければなりません。

基準はいくつかあり、週の所定労働時間および月の所定労働日数が正社員の4分の3以上勤務の場合、加入対象となります。所定労働時間や所定労働日数は労働契約書によって決まります。

勤務時間が正社員の4分の3未満の従業員については、企業規模（被保険者総数101人以上の企業）や賃金月額8万8,000円以上、週所定労働時間20時間以上の要件に合致するなら、社会保険の加入義務があります。

正社員も含め、加入義務のある従業員については、年金手帳または基礎年金番号通知書を預かります（マイナンバーを取得している場合には不要です）。転職などの場合には、前勤務先から本人に渡された健康保険資格喪失証明書、雇用保険被保険者証などを受け取り、引き継ぎます。

加入手続きについては9-6を参照してください。入社した翌月に支払う給与から徴収を開始します。

雇用保険への加入は勤務時間数と雇用日数で判断

雇用保険については、週20時間以上勤務し、31日以上雇用が継続する見込みのある者は役員を除いて全員加入対象者となります。

この“31日以上”には、雇用契約書に「更新する場合がある」といった記載があり、31日未満で雇い止めすることが明示されていないときも該当します。また、実際に本人が31日以上雇用された実績があるときも同様です。

ただし、学生については卒業見込証明書がある者で、内定をもらっている企業で卒業前から勤務している場合のみ対象となります。

労災保険は全従業員が加入しますが、従業員から保険料は徴収しません。

「社会保険・労働保険への加入義務」早見表（会社の場合）

雇用形態・条件			健康保険 厚生年金	雇用保険	労災保険	備考
役員			○	×	×	・厚生年金は70歳未満の従業員 ・健康保険は75歳未満の従業員 ・40歳以上65歳未満の従業員は介護保険も徴収 ・労災保険の保険料は全額会社負担
正社員			○	○	○	
パートタイマー・アルバイトなど	従業員数の条件なし	□週の所定労働時間および月の所定労働日数が正社員の4分の3以上勤務	○	○	○	
	従業員数101人以上の会社	□賃金月額が8万8,000円以上 □1週間の所定労働時間が20時間以上 □2カ月を超えて継続勤務が見込まれる □学生ではない（夜間・定時制を除く）	○	○	○	
	従業員数100人以下の会社	□1週間の所定労働時間が20時間以上 □31日以上の継続勤務が見込まれる □学生ではない（夜間・定時制を除く）	× （※）	○	○	・労災保険の保険料は全額会社負担
		□上記のすべての条件に該当しない	×	×	○	・労災保険は1日勤務でも発生

※従業員101人以上の会社の条件を満たし、かつ労使間の合意があれば加入可能

2024年10月より従業員数の基準が「51人以上」「50人以下」に変更になるので注意

ONE

従業員数の数え方と適用時期

上記の従業員数は社会保険の被保険者数で判断します。社会保険の適用対象外である短時間労働者は人数に含めないので注意しましょう。また、事業場ごとではなく、法人単位（同一の法人番号）の人数となります。

また、従業員数がある月に上記（101人）以上になったからといって、すぐにパートタイマー等の加入義務が発生するわけではありません。直近12カ月のうち、6カ月で上回った場合に適用対象となります。なお、いったん同規定が適用されると、その後、従業員数が100人以下になっても、原則、継続して適用されます（対象から外れたい場合は管轄の年金事務所に相談してください）。

06 入社時の所得税と住民税の手続き

頻度	発生の都度	対象	新入社員	時期	入社時

POINT

- 住民税の徴収方法には、普通徴収と特別徴収がある
- 従業員の状況によって3つの手続きがある

源泉所得税の徴収に必要な手続き

毎月の源泉所得税の徴収額は扶養親族等の人数などによって異なります。そのため、入社時に給与所得者の扶養控除等（異動）申告書を提出してもらい、徴収税額と関係する配偶者や扶養親族の数を把握します。

この申告書をもとに源泉徴収簿を作成し、毎月の給与や源泉徴収した所得税額を記録。年末調整で過不足を精算します（230ページ）。

源泉所得税については初回の給与から徴収を開始するため、給与計算する日に間に合うように同申告書を提出してもらいます。なお、徴収した源泉所得税は給与の支払い月の翌月10日が納付期限です。

中途採用者については、年末調整の際に、前職の収入の情報が必要になるため、前勤務先から退職時に受け取った給与所得の源泉徴収票も提出してもらいます。

住民税の特別徴収の継続手続きが必要なケース

入社時の住民税の手続きについてはやや複雑です。

はじめに基本的な知識として、住民税は前年1月1日～12月31日までの所得に対してかかります。住民税の徴収方法には「普通徴収」と「特別徴収」があり、特別徴収は給与から天引きして納付するもの。普通徴収は市区町村から送られてきた通知に従って、本人が直接納付するものです。会社の場合、特別徴収が原則です。

ただし、新卒社員や前職のない従業員については、前年に所得がないため、徴収の開始は翌年6月からとなります。特に手続きも必要ありません。

一方、前年に所得のある従業員の入社時の手続きや徴収の開始時期は、以前の勤務先を辞めてからの期間や、前

Advice　入社にあたり引っ越した場合でも、納付先は1月1日に居住していた自治体となるため、会社から届け出る必要はない。

住民税の普通徴収と特別徴収の違い

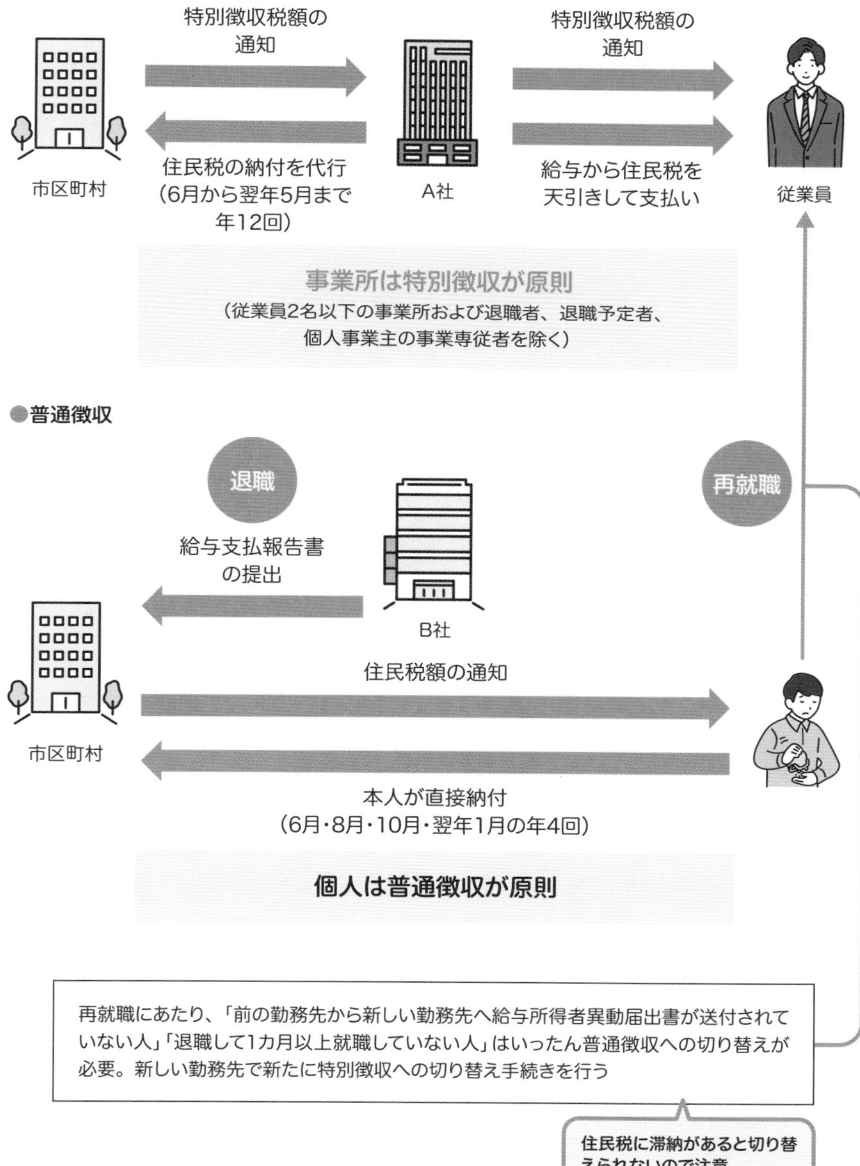

●特別徴収
特別徴収税額の通知
特別徴収税額の通知
市区町村
住民税の納付を代行（6月から翌年5月まで年12回）
A社
給与から住民税を天引きして支払い
従業員
事業所は特別徴収が原則
（従業員2名以下の事業所および退職者、退職予定者、個人事業主の事業専従者を除く）
●普通徴収
退職
給与支払報告書の提出
B社
再就職
市区町村
住民税額の通知
本人が直接納付（6月・8月・10月・翌年1月の年4回）
個人は普通徴収が原則
再就職にあたり、「前の勤務先から新しい勤務先へ給与所得者異動届出書が送付されていない人」「退職して1カ月以上就職していない人」はいったん普通徴収への切り替えが必要。新しい勤務先で新たに特別徴収への切り替え手続きを行う
住民税に滞納があると切り替えられないので注意

Advice 従業員（納税義務者）が常時10人未満の特別徴収義務者（事業所）は市区町村へ「特別徴収税額の納期の特例」を申請すると年2回の納付にできる（186ページ）。

勤務先で退職時にどんな処理がされているかで違ってきます。

以前の勤務先を退職して1カ月以上経たずに転職し、特別徴収を引き継ぐ場合の手続きは以下のようになります。

通常、前の会社から転職先の会社へ、給与支払報告・特別徴収に係る給与所得者異動届出書（以下「給与所得者異動届出書」）の上欄が記入されて送られてきます。退職した翌月10日までに、新しい給与支払者（新しい勤務先）に関係する欄に追記して、本人の居住する市区町村に提出します。初回に支払う給与から住民税の徴収を開始します。

ただし、前の会社で当年分（5月まで）の住民税をすでに徴収済みの場合は、納付が始まるのは翌年6月からとなるため、それまでの間、徴収はしません。

普通徴収から特別徴収への切り替えが必要なケース

一方、退職して1カ月以上就職していない場合や、前の会社から新しい勤務先へ給与所得者異動届出書を送付してもらえない場合は、特別徴収を継続することはできません。本人にいったん普通徴収に切り替えてもらい、新しい勤務先で特別徴収に切り替えます。

具体的には、本人から新しい勤務先へ普通徴収の納付書を提出してもらい、新しい勤め先から普通徴収していた市区町村へ特別徴収切替申請書（名称は市区町村によって異なります）を提出します。後日、送られてきた特別徴収額の決定・変更通知書に記載されている月から特別徴収を開始します。

なお、納付期間の過ぎている未納付の住民税がある場合には、普通徴収から特別徴収への切り替えは行えません。本人に未納分を納付してもらってから手続きします。

ONE 令和6年度から森林環境税が住民税に加算

住民税は定額の「均等割額」と、所得に応じて課税される「所得割額」で構成されています。

均等割額は本来「都道府県民税1,000円＋区市町村民税3,000円」ですが、令和5年度（2023年度）まで防災対策の財源として、各500円が加算されていました。令和6年度（2024年度）からはなくなりますが、新たに国税として森林環境税1,000円が均等割額と併せて徴収されます。そのため、均等割額の総額はこれまでどおりとなります。

森林環境税の税収は都道府県・市区町村へ譲与され、温室効果ガス排出削減や災害防止に必要な森林整備等の財源に用いられます。

「入社後の住民税の処理方法」判定表

<table>
<tr><th colspan="2">入社前の状況</th><th>入社後の手続き・徴収開始の時期</th></tr>
<tr><td>新卒入社</td><td>学生（新卒社員）
勤労学生など前年に所得のある学生を除く</td><td rowspan="3">・入社後の手続き不要
・翌年6月から徴収開始（翌年5月まで徴収しない）</td></tr>
<tr><td rowspan="5">中途入社</td><td>前年に所得がない
住民税が非課税</td></tr>
<tr><td>前の会社の退職時に当年分の住民税を一括徴収された
翌年5月までの住民税を納付済み</td></tr>
<tr><td>前の会社の退職時に本人から特別徴収を引き継ぐように依頼し、退職から1カ月経たずに再就職</td><td>・前の会社から送られてきた給与所得者異動届出書に追記し、退職した翌月10日までに市区町村に提出する
・初回の給与の支払いから徴収開始</td></tr>
<tr><td>前の会社の退職時に本人から特別徴収を引き継ぐように依頼し、退職から1カ月以上経って再就職</td><td rowspan="2">・特別徴収切替申請書を普通徴収していた市町村に提出する
・市町村から送られてきた特別徴収税額の決定・変更通知書に記載の月の給与から徴収開始</td></tr>
<tr><td>前の会社の退職時に普通徴収に切り替えた</td></tr>
</table>

「給与支払報告・特別徴収に係る給与所得者異動届出書」の記入例

書類内容 前勤務先から特別徴収を引き継ぐ場合に申出する書類

届出先 従業員本人が居住する市区町村

●再就職先で特別徴収を継続する場合の記入例

異動者の氏名等が記入されている

前勤務先で記入

給与支払報告 特別徴収 に係る給与所得者異動届出書

年度 ① 現年度 2. 新年度 3. 両年度

中野区 市町村長殿 令和X年X月X日提出

特別徴収義務者（給与支払者）: 所在地 〒151-0073 東京都渋谷区笹塚○○○ △△ビル5F / フリガナ カブシキガイシャ セミナリスト / 氏名又は名称 株式会社セミナリスト / 個人番号又は法人番号 1111111111111 / 特別徴収義務者指定番号 555555555 / 宛名番号 1 / 担当者連絡先 所属 人事課人事労務係 / 氏名 吉池 未来 / 電話 00-0000-0000 内線（000）

給与所得者: フリガナ フカザワ チカコ / 氏名 深沢 千香子 / 生年月日 平成7年7月7日 / 個人番号 333333333333 / 受給者番号 00001234 / 1月1日現在の住所 〒164-0003 東京都中野区東中野○○○ / 異動後の住所

(ア) 特別徴収税額（年税額）	(イ) 徴収済額	(ウ) 未徴収税額 (ア)−(イ)	異動年月日	異動の事由	異動後の未徴収税額の徴収方法
140,000円	6月から 8月まで 35,600円	9月から 5月まで 104,400円	令和X年9月1日	1	1 1. 特別徴収継続 2. 一括徴収 3. 普通徴収（本人納付）

1. 特別徴収継続の場合
新しい勤務先（特別徴収義務者）: 特別徴収義務者指定番号 66666666（新規） / 法人番号 8888888888888 / 所在地 〒110-0016 東京都台東区台東○○○ △△ビル2F / フリガナ ドウブンドウインサツカブシキガイシャ / 氏名又は名称 同文堂印刷株式会社 / 担当者連絡先 所属 総務部 / 氏名 松井直人 / 電話 00-0000-0000 内線（000）
新しい勤務先へは、月割額 11,600 円を 9 月分（翌月10日納入期限分）から徴収し、納入するよう連絡済みです。
受給者番号
納入書の要否 1 1. 必要 2. 不要

2. 一括徴収の場合
理由 1. 異動が令和　年12月31日までで、一括徴収の申出があったため 2. 異動が令和　年1月1日以降で、特別徴収の継続の申出がないため
徴収予定月日　月　日 / 徴収予定額（上記（ウ）と同額）　円
左記の一括徴収した税額は、　月分（翌月10日納入期限分）で納入します。

3. 普通徴収の場合
理由 1. 異動が令和　年12月31日までで、一括徴収の申出がないため 2. 令和　年5月31日までに支払われるべき給与又は退職手当等の額が未徴収税額（ウ）以下であるため 3. 死亡による退職であるため
※市町村記入欄

【提出先】 〒164－8501 中野区中野四丁目8番1号 中野区税務課 課税係

第十八号様式（用紙日本産業規格A4）（第十条関係）

POINT 転職後の会社で記入（緑枠は前勤務先が記入）

すでに市区町村からの指定番号があるときは記入。ない場合は「新規」を○で囲む

「特別徴収切替申請書」の記入例

書類内容　普通徴収から特別徴収への切り替えを申請する書類

届出先　従業員本人が居住する市区町村

第６号の６様式(2)

特別徴収切替届出書

名称のフリガナを必ずご記入ください。

区市町村使用欄	

令和 X年 X月 X日 提出 （宛先）中野区長あて	（特別徴収義務者）給与支払者	所在地（住所）	〒110-0016 東京都台東区台東○○○ △△ビル2F	特別徴収義務者指定番号：66666666 ※区市町村ごとに異なります 新規の場合、納入書（㊙要・不要）
		フリガナ	ドウブンドウインサツカブシキガイシャ	
		名称（氏名）	同文堂印刷株式会社	担当者連絡先　係：総務部
		代表者の職氏名	代表取締役 宇野 英和	氏名：松井直人
		法人番号	8888888888888	電話：00-0000-0000

給与所得者				
受給者番号	1	旧姓	普通徴収切替期別	期別を○で囲んでください。 〔①・２・３・４・〕期 以降を切替希望 ※普通徴収の納期限を過ぎたものは、特別徴収への切替ができません。
フリガナ	ヤマモト コウスケ			
氏名	山本 幸助			
生年月日	昭和・㊥平成 8年 10月 8日			
1月1日現在の住所	〒165-0026 東京都中野区新井○○○		特別徴収開始予定月	X 月分（ X 月 10 日納期分）から特別徴収を開始します。 ※特別徴収の開始月は原則、この届出書の到着日の翌々月以降となります。
現在の住所	〒　－　※１月１日現在の住所と違う場合に記入してください。		届出理由	①入社　２ その他（　）

【添付書類】
1．普通徴収の納付書（二重納付防止のため、残りの納付書（納期未到来分）を添付してください。）
　※ 税額決定納税通知書及び納付済みの納付書兼領収証書の提出は不要です。

【注意事項】
1．普通徴収の納期限を過ぎたものは、特別徴収への切替ができません。本人が納めるように必ずお伝えください。（口座振替をご利用の方は、納期限前でも切替ができない場合があります。）

普通徴収の納期限　第１期：６月末日　第２期：８月末日　第３期：10月末日　第４期：翌年１月末日　※納期限が土・日・祝日の場合は翌平日

　※税額通知書の発送までに、約３～４週間かかるため、特別徴収への切替は、２か月程度の余裕をもって行ってください。
2．65歳以上の方については、年金所得に係る税額を給与からの特別徴収に追加することはできません。
3．用紙が足りない場合には、コピーしてお使いください。

【提出先】〒164－8501 中野区中野四丁目８番１号　中野区税務課 課税係

※中野区処理欄			
－　－			特普 1・2
データ化	入力	点検	口座有無
			有・無

12

法人の場合は記入する。個人事業主は記入不要

POINT 特別徴収に切り替えたい普通徴収の期を選択。1期は6月末、2期は8月末、3期は10月末、4期は翌年1月末。納期限をさかのぼっての申請はできないので注意（新年度の当初から特別徴収を開始する場合は第1期を選択する）

特別徴収を開始する予定月を記入する

このほか、「普通徴収の納付書」（納期未到来分）を添付して提出します

07 退職した従業員がいるときの手続きを知ろう

頻度	発生の都度	対象	退職者	時期	退職時

POINT
- 各種提出書類など準備する書類はたくさんある
- 住民税の手続きはケース・バイ・ケースで対応

退職時の給与計算に関連する手続きとポイント

入社の従業員がいるときと同様に、退職者についても、給与計算に関連する普段と違った手続きや処理がさまざま発生します。

締め日前に退職するときは、給与の日割り計算が必要ですし、通勤手当の再計算・精算も行わなければなりません。いずれも会社の就業規則にしたがい処理します。

退職時の社会保険料をいつの給与の支払いまで徴収するかは、退職するタイミングと各会社の給与の支払いサイクルで異なります。また、退職により、社会保険料や雇用保険の資格を失うため、年金事務所やハローワークへの届け出も必要になります。

住民税の処理はより複雑です。住民税は年税額が先に決まっていて、それを6月から翌年の5月まで分割して徴収する形をとっています。そのため、多くの場合、退職時に"残額"が生じます。その処理をどのようにするのか。再就職先の会社への引き継ぎが必要になる場合もあります。

退職金の支払いも給与計算の業務

また、定年退職などの場合には、退職金が支払われます。退職金は給与とは異なり、特別に支払われる一時的な所得として扱われ、源泉所得税の計算方法も異なります。退職者から退職金の受け取りについて提出してもらう書類もあります。提出の有無で、源泉徴収する際の所得税率が違ってきます。

最後に退職者には、給与明細に加えてその年に支払った給与に対する源泉徴収票を発行します。これにより、退職者の年末調整を行わずに済むようになります。

こうした退職の手続きに不備があると退職者が困るだけでなく、あと処理が大変です。慎重に処理しましょう。

Keyword **ハローワーク**　主に職業紹介事業を行う機関で、厚生労働省により設置されている。正式には公共職業安定所という。

退職時に必要な書類・手続き（給与計算関連）

種別	必要書類・返還	提出・発行先	ポイント
社会保険関連	社会保険の被保険者資格喪失届	管轄の年金事務所	退職日から5日以内に提出する。厚生年金保険と健康保険とも資格喪失となる。一緒に本人（および被扶養者）の健康保険被保険者証も返還する
社会保険関連	健康被保険者証回収不能届	管轄の年金事務所	退職時に本人から健康保険被保険者証を返還されなかった場合に提出する
社会保険関連	雇用保険被保険者資格喪失届	管轄のハローワーク	退職者だけでなく、役員へ昇格した、週の所定労働時間が20時間未満になった、死亡したなど、被保険者でなくなった翌日から10日以内に提出する
社会保険関連	雇用保険被保険者離職証明書	管轄のハローワーク	再就職が決まっていない場合（59歳以上は無条件で）、上記「雇用保険被保険者資格喪失届」とともに提出する
社会保険関連	雇用保険被保険者離職票	本人	上記「雇用保険被保険者離職証明書」を提出すると、つづりの1枚が離職票として交付される。失業手当の受給手続きに必要
社会保険関連	退職証明書	本人	離職票を紛失したなどの場合に、本人（退職から2年以内）の求めに応じて発行する。公文書ではなく書式は自由。ただし、記載内容については労働基準法の定めがある
社会保険関連	雇用保険被保険者証	本人	会社で預かっている場合は本人に返還する
社会保険関連	年金手帳	本人	会社で預かっている場合は本人に返還する
所得税	退職所得の受給に関する申告書	―	退職金が支払われる場合に、本人から会社に提出してもらう。退職金から源泉徴収される所得税額が大きく違ってくるので、退職金が支払われる前に必ず受領する
所得税	源泉徴収票	本人	退職日から1カ月以内をめどに発行し、送付する。給与、賞与、退職金とも
住民税	給与所得者異動届出書	1月1日時点での住所地の市区町村	退職により住民税の特別徴収ができなくなる場合に提出する
住民税	退職所得に係る市民税・県民税納入申告書	1月1日時点での住所地の市区町村	退職金の支払いがあり、特別徴収税額が発生する場合に提出する。書類の名称は自治体によって異なる

08 退職時の社会保険料の徴収はいつまでか

頻度	発生の都度	対象	退職者	時期	退職時

POINT

- 給与の支払い日と社会保険料の発生の有無を確認する
- 月末退職の場合は徴収額について注意が必要

被保険者資格喪失は退職日の翌日

退職時の雇用保険料については、通常どおり最後に支払う給与からも徴収します。注意が必要なのは社会保険料（健康保険料・厚生年金保険料）です。

社会保険の被保険者資格は退職日の翌日に喪失します。社会保険料はこの喪失日を含む月の前月まで発生します。退職日が4月29日であれば、喪失日は30日。前月の3月まで社会保険料が発生します。退職日が4月30日であれば、喪失日は5月1日。4月まで社会保険料が発生します。

このように社会保険料は月単位で発生し、日割り計算も行いません。発生した社会保険料を、いつの給与から徴収するかは各会社の規定によります。

たとえば、4月発生の社会保険料を、4月に支払う給与から徴収（当月控除）することも、5月に支払う給与から徴収（翌月控除）することも認められています。給与の締め日と支払い日（180ページ）の関係を考慮する必要はありません。退職時の社会保険料をいつ支払いの給与まで徴収するかは、喪失日と会社が当月控除と翌月控除のどちらを採用しているかで決まります。

月末退職の場合は支払い方法で徴収額が変わる

例外として、次のようなケースに注意しましょう。仮に退職日が4月末だとすると、喪失日は5月1日となり、4月分の社会保険料が発生します。翌月控除を採用していると、5月に支払う給与から徴収することになります。

ところが、給与支払いが20日締め・当月25日払いのような場合、5月25日に支払う最後の給与は4月21日から4月30日までの10日分です。社会保険料は月単位のため、給与から徴収し切れないケースも出てきます。こうしたときには、4月25日に支払う給与から2カ月分(3月分と4月分)の社会保険料を徴収することが認められています。

給与から社会保険料を徴収するタイミング

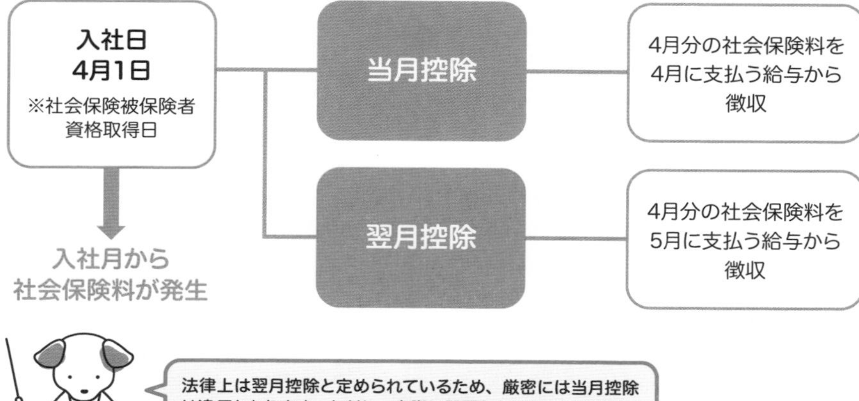

法律上は翌月控除と定められているため、厳密には当月控除は違反となります。ただし、実際に問題となるケースはあまりなく、当月控除を採用している会社も珍しくありません。

被保険者資格喪失日と社会保険料の発生月・徴収月(例)

入社日	退職日	資格喪失日	最後の社会保険料発生月	支払給与からの徴収月
ー	4月29日	4月30日	3月分	3月または4月(会社の規定による)
ー	4月30日	5月1日	4月分	4月または5月(会社の規定による)
4月1日	4月5日	4月6日	4月分	4月または5月(会社の規定による)

ONE

入社した月に退職した場合の社会保険料は?

上記のとおり、4月1日に入社して、4月中に退職したような場合でも、社会保険料は発生します。「喪失日を含む月の前月まで発生」が原則である一方、社会保険料は社会保険の資格の取得日が属する月から発生します。よって、例外的処理となりますが、社会保険料を徴収します。

ただし、社会保険料は日割り計算しないため、社会保険料が給与額を上回るケースも出てきます。こうした場合、本人に不足分を会社に支払ってもらいます(口座振り込みの場合の手数料はどちら負担でも可)。

なお、退職した月内に「転職先等で社会保険資格を取得する」「国民年金を取得する」ときは徴収が不要になる場合もあります。

09 退職者の住民税の徴収を変更する

頻度	発生の都度	対象	退職者	時期	退職時

POINT
- 住民税の手続きは退職月によって3パターンある
- 特別徴収を引き継ぐには給与所得者異動届出書が必要になる

退職時の住民税の処理には、一括徴収と普通徴収がある

すでに説明したとおり、住民税は前年分の課税額を、当年6月から翌年5月までの12カ月に分割して納付します。会社が特別徴収を行っている場合は、毎月の給与から徴収して納付します。そのため、退職すると納付前の住民税が残ることになります。

この残った住民税の処理の仕方には、会社が最後の給与の支払時に、当年分の残り（5月まで）の住民税を徴収して納付する「一括徴収」と、「普通徴収」へ切り替えて、退職後は本人が市区町村に直接納付を行う方法の大きく2つがあります（64ページ）。

退職した時期によって手続きが異なる

退職日が1月から5月の場合、選べるのは一括徴収のみです。5月までの住民税を、最後の給与からまとめて徴収し、退職した翌月10日までに市区町村に納付します（結果的に5月は通常どおりの徴収・納付額となります）。同じく10日までに市区町村に給与支払報告・特別徴収に係る給与所得者異動届出書（以下「給与所得者異動届出書」）を提出します。

退職日が6月から12月の場合はどちらの方法も選択可能です。退職後、普通徴収に切り替えて納付していく場合は、最後の給与から通常どおり徴収・納付し、給与所得者異動届出書を提出します。

また再就職が決まっている場合には、直接転職先に特別徴収を引き継ぐこともできます。通常どおり当月分の住民税を徴収・納付し、給与所得者異動届出書に記入するところまで手順は同じですが、提出先が市区町村ではなく、転職先の会社になります。

ただし、転職先の会社から市区町村への提出期限も退職した翌月10日です。早めに渡せるようにしましょう。

「給与支払報告・特別徴収に係る給与所得者異動届出書」の記入例

書類内容	退職者の住民税の徴収方法を決めて届け出る書類
届出先	従業員本人が居住する市区町村(再就職が決まっていて転職先で特別徴収を引き継ぐ場合は転職先の会社)

再就職先が決まっていて、転職先の会社で特別徴収を引き継ぐ場合

異動者の氏名等を記入する

POINT 転職先の会社に特別徴収を引き継ぐ場合は線で囲んだ部分だけを記入する

特別徴収税額通知書に記載されている番号

号の6様式(1)
給与支払報告 特別徴収 に係る給与所得者異動届出書

提出先	中野区 市町村長殿 令和X年X月X日提出
年度	①現年度 2.新年度 3.両年度
特別徴収義務者指定番号	55555555
宛名番号	1
所在地	〒151-0073 東京都渋谷区笹塚○○○ △△ビル5F
フリガナ	カブシキガイシャ セミナリスト
氏名又は名称	株式会社セミナリスト
個人番号又は法人番号	1111111111111
担当者 所属	人事課人事労務係
担当者 氏名	吉池 未来
電話	00-0000-0000 内線(000)
給与所得者 フリガナ	フカザワ チカコ
氏名	深沢 千香子
生年月日	平成7年7月7日
個人番号	333333333333
受給者番号	00001234
1月1日現在の住所	〒164-0003 東京都中野区東中野○○○
(ア)特別徴収税額(年税額)	140,000円
Ⓒ(イ)徴収済額	6月から8月まで 35,600円
Ⓓ(ウ)未徴収税額(ア)-(イ)	9月から5月まで 104,400円
異動年月日	令和X年9月1日
異動の事由	1
Ⓔ異動後の未徴収税額の徴収方法	1 (1.特別徴収継続 2.一括徴収 3.普通徴収(本人納付))

2. 一括徴収の場合
Ⓐ理由 1. 異動が令和 年12月31日までで、一括徴収の申出があったため 2. 異動が令和 年1月1日以降で、特別徴収の継続の申出がないため
Ⓑ上記の一括徴収した税額は、 月分(翌月10日納入期限分)で納入します。

3. 普通徴収の場合

【提出先】〒164-8501 中野…

特別徴収済みの税額を記入

異動の事由を選択する(この場合は「1.退職」)

特別徴収税額通知書の個人別明細書に記載の「年税額」(6月から翌年5月分)を記入する

「1.特別徴収継続」を選択

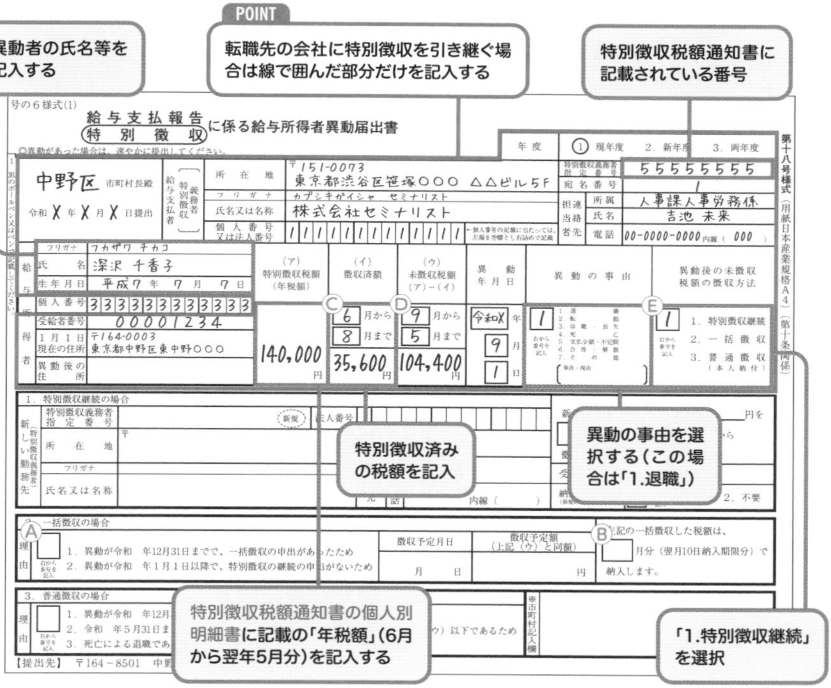

退職者が1カ月以内に再就職しない場合

退職日	徴収方法	記入ポイント
1月1日〜5月31日	一括徴収	Ⓐに6〜12月の退職なら「1」、1〜5月の退職は「2」を記入 Ⓑに何月分で一括納入するか記入 Ⓒに「6月」から「X(退職月)」を記入 Ⓓに「X+1(退職月の翌月)」から「5月」を記入 Ⓔに「2.一括徴収」を記入
6月1日〜12月31日	普通徴収へ切り替え	Ⓒに「6月」から「X(退職月)」を記入 Ⓓに「X+1(退職月の翌月)」から「5月」を記入 Ⓔに「3.普通徴収」を記入 【注意】後日、市区町村から本人宛てに普通徴収の納付書が郵送されるため、特別徴収義務者用の納入書は本人に渡さない

特別徴収税額のない(住民税非課税の)退職者についても、給与所得者異動届出書の提出は必要です(徴収済額等は「0円」と記入します)。

10 退職者の源泉徴収票を作成する

頻度	発生の都度	対象	退職者	時期	退職時

POINT

- 源泉徴収票は退職後1カ月以内に発行する
- 退職金を支払った場合には単独の源泉徴収票を交付する

退職者にも給与所得の源泉徴収票を発行

会社は退職者に対して、退職日から1カ月以内に給与所得の源泉徴収票を交付することが義務づけられています。給与所得の源泉徴収票は1月から退職日までの給与の総支給額や納付した所得税額などを記載したものです。

給与所得の源泉徴収票が必要になる場面は多く、賃貸住宅を借りたり、住宅ローンなどを組んだりするときに、年収を証明する大事な書類です。源泉徴収票がないとほとんどの審査に通らないため、必ず交付してください。

また、退職者が新しい会社に勤めた場合、再就職先の会社が年末調整を行うときに、退職した会社の発行する源泉徴収票が必要になります。

退職してその年内に再就職しなかった場合には、原則、本人が自ら所得税の確定申告を行い、納税額を確定させます。その際にも給与所得の源泉徴収票が必要になります。

退職金を支払った場合の源泉徴収票

給与所得の源泉徴収票とは別に、退職金を支払った場合には退職所得の源泉徴収票・特別徴収票を交付しなければなりません。こちらも交付期限は退職後1カ月以内とされています。

次節で説明しますが、退職金（退職所得）は給与とは源泉徴収する所得税の計算のしくみが異なるため、源泉徴収票も分けて発行します。

退職者が取締役、監査役、理事、相談役、顧問など役員である場合には、退職所得の源泉徴収票・特別徴収票を税務署と課税する市区町村にも提出します。そのほかの退職者については、本人に交付すればよく、市区町村等に提出する必要はありません。

退職時期が年末に近いと、年末調整などの業務で立て込みます。できるだけ早めに処理しましょう。

給与全般
健康保険
厚生年金
雇用保険
所得税
住民税

給与所得の源泉徴収票

退職者全員に交付

令和X年分　給与所得の源泉徴収票

支払を受ける者	住所又は居所	東京都中野区〇〇〇〇	(受給者番号) (役職名) 氏名 (フリガナ) タナカ タロウ 田中 太郎

種別	支払金額	給与所得控除後の金額(調整控除後)	所得控除の額の合計額	源泉徴収税額
給与・賞与	内 5 160千 000円	3 688千 000円	2 811千 158円	内 千 0円

(源泉)控除対象配偶者の有無等 有	従有	老人	配偶者(特別)控除の額	控除対象扶養親族の数(配偶者を除く。) 特定	従人	老人 内	従人	その他	従人	16歳未満扶養親族の数	障害者の数(本人を除く。) 特別 内	その他	非居住者である親族の数
○			380千 000円	1人				1		1人			

社会保険料等の金額	生命保険料の控除額	地震保険料の控除額	住宅借入金等特別控除の額
内 838千 658円	92千 500円	10千 000円	43千 800円

(摘要)

詳細は232ページで説明

退職所得の源泉徴収票・特別徴収票

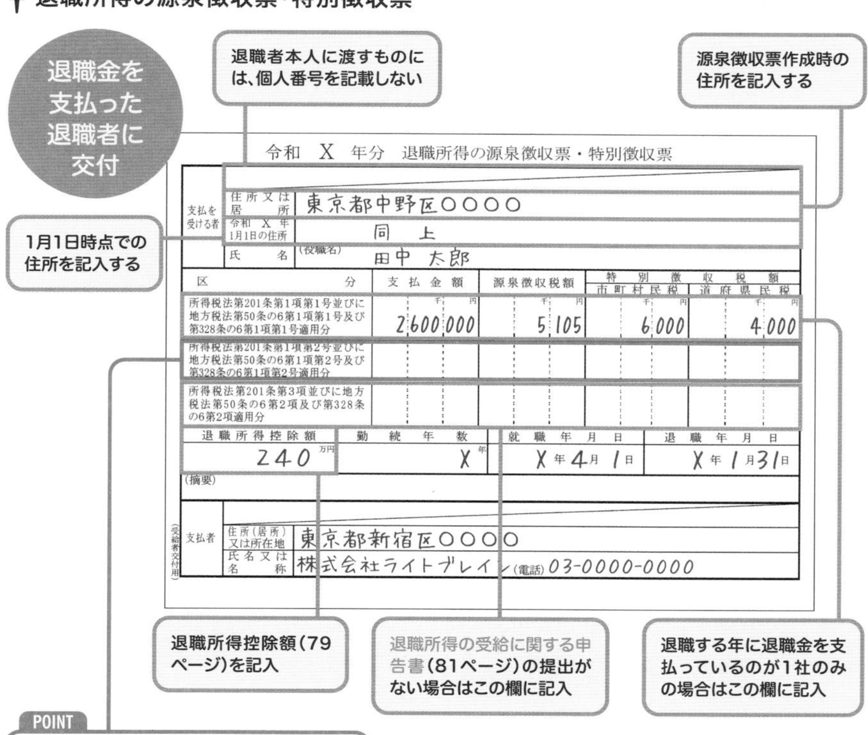
退職金を支払った退職者に交付
退職者本人に渡すものには、個人番号を記載しない
源泉徴収票作成時の住所を記入する
1月1日時点での住所を記入する
退職所得控除額(79ページ)を記入
退職所得の受給に関する申告書(81ページ)の提出がない場合はこの欄に記入
退職する年に退職金を支払っているのが1社のみの場合はこの欄に記入

令和 X 年分　退職所得の源泉徴収票・特別徴収票

支払を受ける者	住所又は居所	東京都中野区〇〇〇〇
	令和X年1月1日の住所	同上
	氏名	(役職名) 田中 太郎

区分	支払金額	源泉徴収税額	特別徴収税額 市町村民税	特別徴収税額 道府県民税
所得税法第201条第1項第1号並びに地方税法第50条の6第1項第1号及び第328条の6第1項第1号適用分	2 600千 000円	5千 105円	6千 000円	4千 000円
所得税法第201条第1項第2号並びに地方税法第50条の6第1項第2号及び第328条の6第1項第2号適用分				
所得税法第201条第3項並びに地方税法第50条の6第2項及び第328条の6第2項適用分				

退職所得控除額	勤続年数	就職年月日	退職年月日
240万円	X年	X年4月1日	X年1月31日

(摘要)

支払者	住所(居所)又は所在地	東京都新宿区〇〇〇〇
	氏名又は名称	株式会社ライトブレイン (電話) 03-0000-0000

(受給者交付用)

POINT

退職する年に別の会社も退職金を支払っている場合はその会社が記入(3カ所以上の会社からもらっているときは用紙を複数枚使用)

11 退職金にかかる税金と手続き

頻度 発生の都度 対象 退職者 時期 退職時

POINT
- 退職所得は分離課税のため、給与所得とは分けて計算する
- 退職控除額は勤続年数が20年を境にして計算方法が異なる

退職金の税金は給与とは別に計算

退職金は退職金制度を導入していない会社は支払い義務がありません。支払い額、支払い方法、支払い日などすべて就業規則等の規定によります。

退職金を支払うときは、給与と同じく所得税の源泉徴収が必要です。納付期限も翌月10日で同じです。

ただし、所得税額の計算方法は給与と退職金では異なります。退職金は長年の勤務に対する功労的な意味合いが強く、一時的に高額な金額が支払われます。給与と同じように扱うと、所得税は累進課税のため、負担が重くなります。

そこで、退職金は給与や賞与などとは別扱いで税額を計算する分離課税方式がとられています。

具体的な計算式は右ページのとおりです。ポイントは大きく2つです。

1つは、退職金の一部を税金の計算から差し引く「退職所得控除」があることです。「退職金－退職所得控除」で課税退職所得金額が少なくなれば、当然、所得税額も減ることになります。

2つめは「勤続年数が長いほど、退職所得控除額が大きくなる」ことです。勤続年数の長さは、2年以下、20年以下、20年超の3段階に区分されています。1年未満の端数があるときは、たとえ1日でも1年として計算します。たとえば、勤続年数19年と1日であれば、20年とします。

退職所得の受給に関する申告書を提出してもらう

退職所得控除の適用を受けるには、退職者に退職所得の受給に関する申告書を提出してもらう必要があります。この申告書の提出がないと、支払われる退職金の金額に対して、一律20.42%（復興特別所得税を含む）の所得税を源泉徴収することになります。どれくらいの差額が出るかはケース・

Keyword **累進課税**　課税額が増えるほど適用される税率が高くなる課税方式。一般（総合課税）の所得税は5%~45%の7段階に分かれている。

退職所得にかかる源泉所得税額の計算方法

〈ケース〉 従業員、勤続年数:30年、退職金:2,500万円

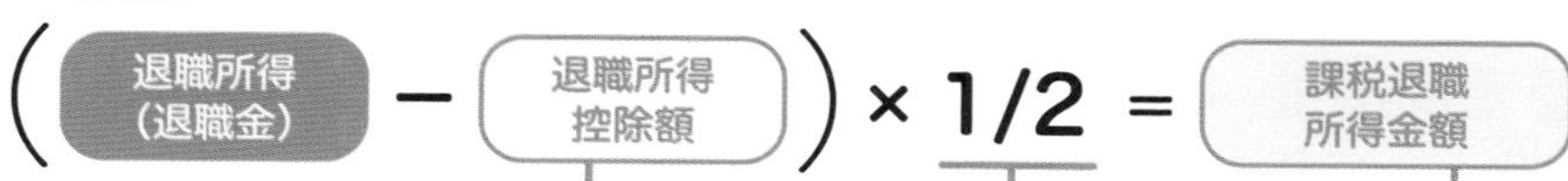

●退職所得控除額の計算法

勤続年数	退職所得控除額
2年以下	80万円
3～20年以下	40万円×勤続年数
20年超	800万円+70万円 ×(勤続年数－20年)

※1年未満の端数は、1年とする

例外

勤続年数が5年以下の場合、次の金額に対しての1/2適用はなし

・役員等：全額

・従業員：「退職所得－退職所得控除額」の300万円超の金額

〈計算例〉

退職所得控除額 ⇒800万円+70万円×(30年－20年)=1,500万円

課税退職所得金額 ⇒(2,500万円–1,500万円)×1/2=500万円

STEP2

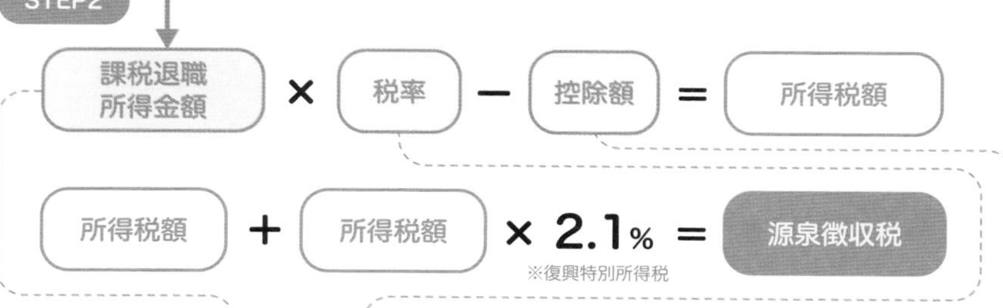

●所得税の速算表

課税退職所得金額 (1,000円未満切り捨て)	税率	控除額
195万円以下	5%	0円
195万円超～330万円以下	10%	9万7,500円
330万円超～695万円以下	20%	42万7,500円
695万円超～900万円以下	23%	63万6,000円
900万円超～1,800万円以下	33%	153万6,000円
1,800万円超～4,000万円以下	40%	279万6,000円
4,000万円超	45%	479万6,000円

〈計算例〉

所得税額

⇒500万円×20%－42万7,500円
=57万2,500円

源泉徴収税(所得税+復興特別所得税)

⇒57万2,500円
+57万2,500円×2.1%
=58万4,522円

住民税⇒500万円×10%=50万円

バイ・ケースですが、たとえば、勤続30年で退職金が2,500万円のケースでは、退職所得の受給に関する申告書を提出した場合の所得税および復興特別所得税が約58万円なのに対し、提出しなかった場合は510万円という計算結果になります。必ず提出してもらうようにしましょう。なお、未提出の場合は本人が確定申告をすれば還付を受けられます。

提出の期限については定めがありませんが、源泉所得税額の計算を行うのに必要なため、計算日に間に合うように提出してもらいます。

住民税も所得があった時点で源泉徴収する

給与所得に対する住民税は翌年の徴収ですが、退職金については支払時に徴収します。

退職所得の受給に関する申告書を提出している場合は、所得税の計算と同様に退職金から退職所得控除を差し引き、「課税退職所得金額×10%（区市町村民税6%＋都道府県民税4%）」で計算します（100円未満は切り捨て）。

納期限は退職金を支払った月の翌月10日まで。支払った年の1月1日現在居住している市区町村に納付します。住民税の特別徴収の納入書に印字されている納入額を消して、退職所得分の納入金額を追記し、そのほか関係する欄に金額を記入して納付します（銀行の納入サービスや地方税共通納税システムからの納付もできます）。

退職所得の源泉徴収票・特別徴収票を交付する

退職金の支払い後、退職所得の源泉徴収票・特別徴収票を退職者に交付します（役員に退職手当等を支給した場合は税務署、市区町村にも提出します→76ページ）。

このほか、退職金の算出方法などを細かく記載した退職金支給明細書（名称はさまざま）を交付する会社もあります。退職金の算出から支払いまで、間違いや偽りがないことを証明する書類として、退職者本人に渡します。公的な書類ではないため、書式は会社によって異なります。

給与全般
健康保険
厚生年金
雇用保険
所得税
住民税

ONE **退職金を年金形式で支払う場合の退職所得控除は?**

退職金を年金形式で支払う会社も一部あります。この場合、支払う退職金は退職所得ではなく、雑所得に分類され、退職所得控除の対象外となります。所得税の計算方法も異なります（税理士に確認してください）。

「退職所得の受給に関する申告書 兼 退職所得申告書」の記入例

書類内容	退職金の支払いを受ける人が退職前に勤務先に提出する申告書
届出先	事業所で保管（税務署に求められた場合に提出）

POINT
「小規模企業共済やiDeCo（個人型確定拠出年金）の返戻金」「生命保険会社から一時金」などが該当する場合も

1月1日時点に住んでいた市区町村名を記入

令和5年分　退職所得の受給に関する申告書　兼　退職所得申告書

5年 10月 15日　税務署長 殿 ／ 文京区 市町村長 殿

支払者の	
所在地（住所）	〒162-0836 東京都新宿区南町〇〇〇
名称（氏名）	株式会社デザル
法人番号（個人番号）	※提出を受けた退職手当の支払者が記載してください。 0000000000000

あなたの	
現住所	〒112-0002 東京都文京区小石川〇〇〇
氏名	鈴木 大和
個人番号	111111111111
その年1月1日現在の住所	同上

A（退職金の支払いを受けるすべての人が記入）

このA欄には、全ての人が、記載してください。（あなたが、前に退職手当等の支払を受けたことがない場合には、下のB以下の各欄には記載する必要がありません。）

- ① 退職手当等の支払を受けることとなった年月日：5年10月22日
- ② 退職の区分等：＜一般・障害の区分＞ 一般・障害（　）　＜生活扶助の有無＞ 有・無（無に○）
- ③ この申告書の提出先から受ける退職手当等についての勤続期間：自 平成6年4月1日 至 令和5年10月22日　30年
  - うち 特定役員等勤続期間：有・無（無に○）
  - うち 一般勤続期間との重複勤続期間：有・無（無に○）
  - うち 短期勤続期間との重複勤続期間：有・無（無に○）
  - うち 短期勤続期間：有・無（無に○）

退職所得の申請に係る期間を記入

POINT
1年未満の端数は切り上げ

B（同じ年にほかの支払先からも退職金を受け取っている場合に記入）

あなたが本年中に他にも退職手当等の支払を受けたことがある場合には、このB欄に記載してください。

- ④ 本年中に支払を受けた他の退職手当等についての勤続期間（うち 特定役員等勤続期間／うち 短期勤続期間）
- ⑤ ③と④の通算勤続期間（うち 特定役員等勤続期間／うち 一般勤続期間との重複勤続期間／うち 短期勤続期間との重複勤続期間／うち 全重複勤続期間／うち 短期勤続期間／うち 一般勤続期間との重複勤続期間）

C（前年以前4年内に退職手当等を受け取っている場合に記入）

あなたが前年以前4年内（その年に確定拠出年金法に基づく老齢給付金として支給される一時金の支払を受ける場合には、19年内）に退職手当等の支払を受けたことがある場合には、このC欄に記載してください。

- ⑥ 前年以前4年内（その年に確定拠出年金法に基づく老齢給付金として支給される一時金の支払を受ける場合には、19年内）の退職手当等についての勤続期間
- ⑦ ③又は⑤の勤続期間のうち、⑥の勤続期間と重複している期間（イ うち 特定役員等勤続期間との重複勤続期間／ロ うち 短期勤続期間との重複勤続期間）

D（A欄とB欄の勤続期間で、前に受け取った退職手当と通算しているものがある場合に、通算されている期間を記入）

A又はBの退職手当等についての勤続期間のうちに、前に支払を受けた退職手当等についての勤続期間の全部又は一部が通算されている場合には、その通算された勤続期間等について、このD欄に記載してください。

- ⑧ Aの退職手当等についての勤続期間（③）に通算された前の退職手当等についての勤続期間（うち 特定役員等勤続期間／うち 短期勤続期間）
- ⑨ Bの退職手当等についての勤続期間（④）に通算された前の退職手当等についての勤続期間（うち 特定役員等勤続期間／うち 短期勤続期間）
- ⑩ ③又は⑤の勤続期間のうち、⑧又は⑨の勤続期間だけからなる部分の期間（ハ うち 特定役員等勤続期間／ニ うち 短期勤続期間）
- ⑪ ⑦と⑩の通算期間（ホ うち ④とハの通算期間／ヘ うち ⑧とニの通算期間）

E（B欄もしくはC欄で、退職手当などがある場合に記入）

B又はCの退職手当等がある場合には、このE欄にも記載してください。

区分		退職手当等の支払を受けることとなった年月日	収入金額（円）	源泉徴収税額（円）	特別徴収税額 市町村民税（円）	特別徴収税額 道府県民税（円）	支払を受けた年月日	退職の区分	支払者の所在地（住所）・名称（氏名）
B	一般	・・					・・	一般 障害	
B	特定役員	・・					・・	一般 障害	
B	短期	・・					・・	一般 障害	
C		・・					・・	一般 障害	

05.12改正　（規格A4）

B欄に記入が必要なケース（同じ年に2カ所以上の支払先から退職金を受け取っている場合）の源泉所得税の計算はやや複雑なので税理士や社会保険労務士に確認しましょう。

COLUMN 2

住民票に代わる住民票記載事項証明書とは？

個人情報保護の観点から必要とする会社が増えている

「住民票」は、市区町村がその住民について「住んでいる」ことを証明するもので、住民基本台帳の情報の写しのことです。一方、「住民票記載事項証明」とは、住民票に記載してある事項のうち一部（または全部）を抜粋し、その事項が住民票記載のものと相違ないことを証明するものです。

新しく従業員が入社してきたときには、新たに労働者名簿を作成しなければなりません。そのためには、従業者の氏名や生年月日、現住所など、雇用管理や交通費の計算などに必要な情報を確認しなければならず、住民票の写しを提出してもらうのが一般的でした。

しかし近年は個人情報保護や人権への配慮から、不要な情報を得ることは好ましくないとされています。その代替手段として住民票記載事項証明書の提出を指定する会社も増えつつあるようです。労働基準監督署長からの行政通達においても、住民票記載事項証明書が望ましいとしています。

必要な情報だけを記入し、役所で証明印をもらう

住民票には、本人の氏名、性別、続柄、生年月日、現住所（および旧住所）のほか、希望すれば本籍地や同居する家族の情報まで記載されますが、会社の各種手続きに必要なのは、本人の氏名、生年月日、性別、住所だけです。住民票記載事項証明書では、上記の住民票の記載項目から必要な情報だけを取得できます。

取得方法は、会社にとって必要な項目を指定した申請用紙を会社で用意し、本人に記入してもらいます。それを役所に提出し、住民票の記載内容と合っている旨の証明印をもらって、会社に提出してもらいます。もし会社指定の用紙がない場合は市区町村指定の用紙を使用することもできます。

なお、住民票記載事項証明書は住所地の役場の窓口で取得できるほか、全国のコンビニでもマルチコピー機を使って入手できます。ただし、コンビニでの取得にはマイナンバーカードが必要となるほか、対応していないコンビニ・自治体もあります。従業員に伝えるときには気をつけましょう。

第3章

月次の給与計算②
勤怠情報を収集する

第３章では、給与計算における労働時間のしくみについて解説します。毎月の給与計算を正しく行うためには、従業員の労働時間を管理する必要があります。出勤日数や出社・退社時間だけでなく、有給休暇や代休、振替休日の取得日数、時間外労働や休日労働、深夜労働の時間数などをチェックします。また、変形労働時間制やフレックスタイム制を導入している会社であれば、それらの知識も必要となります。

01 従業員の勤怠把握の基本を知ろう ——日数と時間、変動部分の把握

頻度	ー	対象	ー	時期	ー

POINT

- 勤怠把握は、給与計算の基礎
- 手当には固定的なものと、毎月変わる変動的なものがある

給与計算の基礎となる労働日数や労働時間を把握

従業員の勤怠情報は、1-5でも解説したように、出勤や退勤の時間、出勤日数、欠勤日数、有給休暇取得日数、時間外労働時間など、給与計算の基礎となる大切な情報です。

また、コンプライアンス意識が高まる中、労働基準法に抵触していないかどうかも厳しくチェックする必要があります。社会にネガティブな印象を与えてしまうと、売上や求人にも大きな影響が出かねません。

勤怠情報を知るには、労働時間の把握が作業の基本です。手書きの出勤簿、タイムカード、表計算ソフト、クラウドによる勤怠管理システムなどから把握します。

手書きの場合は数字を拾い出すなど、手作業での計算が必要になり、工程が増える分、日数を確保しておく必要があります。

時間外労働時間を集計する大まかな流れ

同じ時間外労働でも、法定内（1日8時間以内）の残業か、法定外の残業かで扱いが違ってきます。また月60時間超の部分については、賃金の割増率がアップします。そのほか、時間外労働以外に深夜労働や**法定休日労働**なども割増賃金の支払いが義務づけられていて、それぞれ割増率が異なります。

よって、残業代などの時間外労働時間を集計する流れとしては、初めにその月の勤怠情報から、時間外労働時間のうち60時間以内と60時間超の部分を分けて集計します。続いて、深夜労働や休日労働など割増賃金に関係するものについて種類ごとに集計します。

集計が完了したら、種類別に「賃金の時間単価×割増率×時間外労働の時間数」を計算し合計します。詳しくは第4章で説明します。

Keyword **法定休日労働**　法定休日に働くこと。法定休日とは労働基準法で定められている休日。「1週間に1日以上」、または「4週4日以上」の休日をもうけなければならない。

勤怠情報の主なチェック項目

	チェック項目	ポイント	割増、控除(減額)の有無
日数	出勤日数	出勤した日数を合計。所定労働日数に足りない場合は有給休暇を取得しているか確認	―
日数	有給休暇取得日数	有給休暇取得日数を合計。半休の有給消化の場合も就業規則と照らして確認	―
日数	休日出勤日数	休日に勤務した日数	―
日数	振替休日取得日数	振替休日を取得した日数を合計	割増※
日数	代休取得日数	代休を取得した日数	控除
日数	欠勤日数	所定労働日に休み、かつ有給休暇を取得していない日数を合計	控除
時間	出社・退社時間(遅刻・早退)	会社が決める就業時間、就業時間外に出社、退社した時間を把握。時間外労働の計算、早退・遅刻の控除計算の基本になる	控除
時間	総労働時間／所定内労働時間	時間外労働時間(いわゆる残業時間)を含めた労働時間を確認して合計。なお、時間外労働を含めない場合は「所定内労働時間」として合計する	―
時間	時間外労働時間	いわゆる残業時間。休日労働時間は含まない	割増
時間	休日労働時間	休日に勤務した時間を合計。振替休日を取得している場合は休日労働は平日扱いになる	割増
時間	深夜労働時間	22時から翌日5時までの労働時間の確認	割増

※休日出勤日と同一週でない場合、時間外労働(週40時間超)の割増の対象

ONE **就業規則、労働契約書の確認が必須!**

本章および第4章で詳しく説明していきますが、残業代や休日手当の扱いは労働基準法は原則下限を決めているだけで、賃金の割増率などは会社によって異なります。就業規則および従業員と個別に労働契約書を結んでいる場合は必ず内容をチェックし、それに基づいて集計しましょう。何年にもわたって間違えたままでいると、気づかないうちに多額な未払い賃金が発生することになりかねません。

02 出勤簿をチェックする

頻度	毎日・毎月	対象	従業員	時期	ー

POINT

- 出勤簿をチェックすることで従業員の勤怠状況を把握する
- 出勤簿で時間外労働手当、早退・遅刻などの賃金控除など変動部分を確定する

出勤日数の他、休日出勤と振替休日の取得を確認

給与計算には、従業員の勤怠確認、つまりタイムカードなどの出勤簿のチェックが必要です。この作業は、給与項目の変動部分に当たる残業時間や欠勤、遅刻、早退した時間を算出し、毎月の給与を確定するために行います。

確認する項目は大きく日数と時間に関するものがあります（85ページ）。日数に関する項目は出勤日数、欠勤日数、休日出勤日数、振替休日取得日数、代休取得日数、年次有給休暇取得日数などです。休日出勤については振替休日を同一週に取得していれば、平日勤務扱いとなるので休日労働の割増賃金を支給する必要はありません。

年次有給休暇については、半日や時間単位の取得が認められている場合もあるので、就業規則で確認します。

有給休暇を取得せずに所定労働日に休んだ場合は欠勤となります。ノーワーク・ノーペイの原則（26ページ）から欠勤した日の賃金は発生しません。

時間外労働時間は1分単位で集計するのが原則

時間に関する項目には、勤務時間（労働時間）、時間外労働（残業）時間、遅刻・早退時間などがあります。労働基準法では「1日の労働時間は原則8時間まで」と定められているので、会社で定める所定労働時間が8時間未満の場合、残業時間の項目を法定内と法定外に分ける場合があります。これは、4-7で詳しく説明します。

時間外労働時間の計算は、「全額を支払う」のが原則です。そのため、1分単位で計算するのが原則です。1日の時間外労働時間を10分単位、30分単位で切り捨てるようなことは認められていません。ただし、1カ月の時間外労働時間の合計で30分未満を切り捨て、30分以上を1時間に切り上げることは認められています。

Keyword **年次有給休暇**　一定期間勤続した従業員に対して与えられる、給料が発生する休暇のこと。

出勤簿のチェックポイント

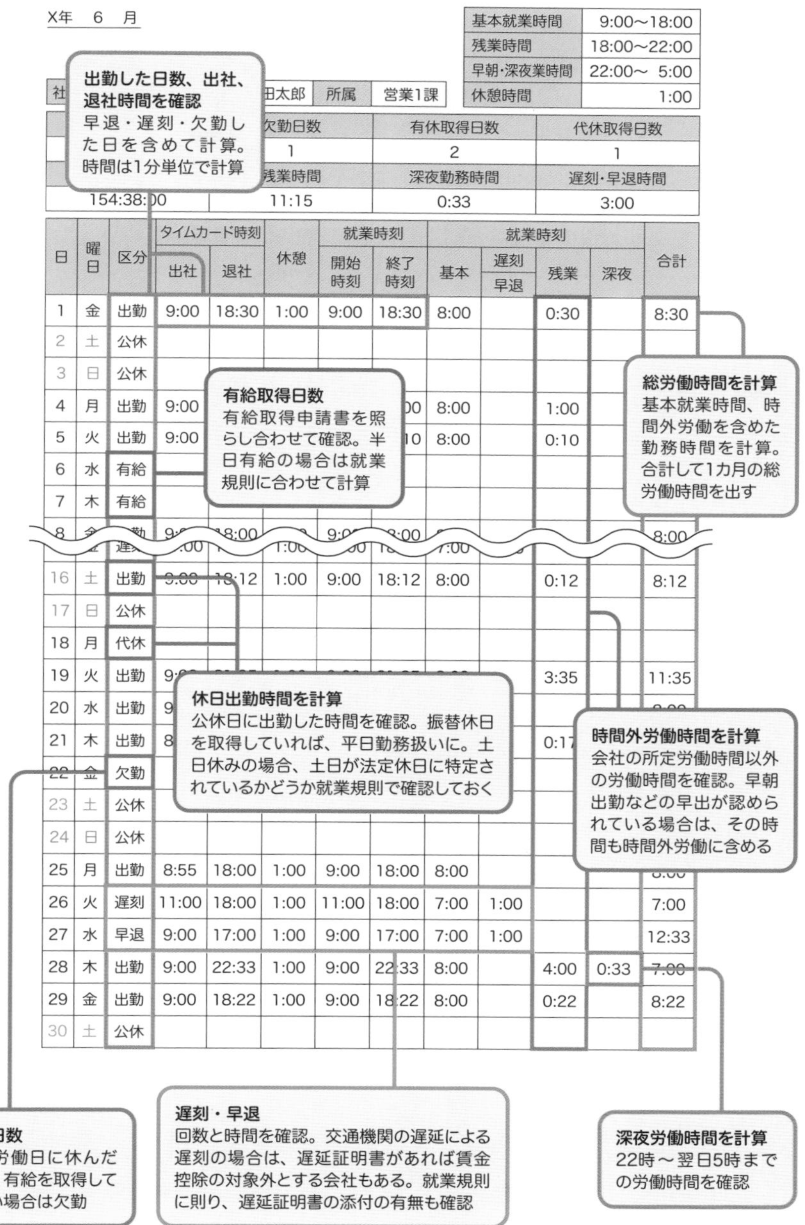

X年　6　月

基本就業時間	9:00〜18:00
残業時間	18:00〜22:00
早朝・深夜業時間	22:00〜 5:00
休憩時間	1:00

社[illegible]	[illegible]田太郎	所属	営業1課

[illegible]	欠勤日数	有休取得日数	代休取得日数
[illegible]	1	2	1
[illegible]	残業時間	深夜勤務時間	遅刻・早退時間
154:38:00	11:15	0:33	3:00

日	曜日	区分	タイムカード時刻 出社	タイムカード時刻 退社	休憩	就業時刻 開始時刻	就業時刻 終了時刻	就業時刻 基本	遅刻 早退	残業	深夜	合計
1	金	出勤	9:00	18:30	1:00	9:00	18:30	8:00		0:30		8:30
2	土	公休										
3	日	公休										
4	月	出勤	9:00	[illegible]	[illegible]	[illegible]	[illegible]00	8:00		1:00		[illegible]
5	火	出勤	9:00	[illegible]	[illegible]	[illegible]	[illegible]10	8:00		0:10		[illegible]
6	水	有給										
7	木	有給										
8	金	[illegible]	9:[illegible]	18:00	[illegible]	9:[illegible]	[illegible]:00	[illegible]				8:00
[illegible]	[illegible]	遅[illegible]	[illegible]:00	[illegible]	1:00	[illegible]00	[illegible]	7:00	[illegible]			[illegible]
16	土	出勤	9:00	18:12	1:00	9:00	18:12	8:00		0:12		8:12
17	日	公休										
18	月	代休										
19	火	出勤	9:[illegible]	[illegible]	[illegible]	[illegible]	[illegible]	[illegible]		3:35		11:35
20	水	出勤	9[illegible]	[illegible]	[illegible]	[illegible]	[illegible]	[illegible]		[illegible]		[illegible]
21	木	出勤	8[illegible]	[illegible]	[illegible]	[illegible]	[illegible]	[illegible]		0:17		[illegible]
22	金	欠勤										
23	土	公休										
24	日	公休										
25	月	出勤	8:55	18:00	1:00	9:00	18:00	8:00				8:00
26	火	遅刻	11:00	18:00	1:00	11:00	18:00	7:00	1:00			7:00
27	水	早退	9:00	17:00	1:00	9:00	17:00	7:00	1:00			12:33
28	木	出勤	9:00	22:33	1:00	9:00	22:33	8:00		4:00	0:33	7:00
29	金	出勤	9:00	18:22	1:00	9:00	18:22	8:00		0:22		8:22
30	土	公休										

出勤した日数、出社、退社時間を確認
早退・遅刻・欠勤した日を含めて計算。時間は1分単位で計算
有給取得日数
有給取得申請書を照らし合わせて確認。半日有給の場合は就業規則に合わせて計算
総労働時間を計算
基本就業時間、時間外労働を含めた勤務時間を計算。合計して1カ月の総労働時間を出す
休日出勤時間を計算
公休日に出勤した時間を確認。振替休日を取得していれば、平日勤務扱いに。土日休みの場合、土日が法定休日に特定されているかどうか就業規則で確認しておく
時間外労働時間を計算
会社の所定労働時間以外の労働時間を確認。早朝出勤などの早出が認められている場合は、その時間も時間外労働に含める
欠勤日数
所定労働日に休んだ日で、有給を取得していない場合は欠勤
遅刻・早退
回数と時間を確認。交通機関の遅延による遅刻の場合は、遅延証明書があれば賃金控除の対象外とする会社もある。就業規則に則り、遅延証明書の添付の有無も確認
深夜労働時間を計算
22時〜翌日5時までの労働時間を確認

03 所定労働日、休日労働とは

頻度	毎月	対象	従業員	時期	―

POINT

- 所定労働日はその月の労働する義務のある日のこと
- 休日労働の賃金は「法定」「所定」の違いで割増率が変わる

毎月の所定労働日数は変わるので出勤簿で確認

所定労働日とは、就業規則などで会社が定めた「労働義務のある日」のことです。その1年間のトータルの日数を、年間所定労働日数といいます。

会社が土曜、日曜、祝日を休日としている場合、その日数を引いた日数が所定労働日数となります。所定労働日数は毎月変わるので、都度確認が必要です。なお、アルバイトなどの非正規社員、契約社員は個別に労働契約を結び、休日を定めることもあります。

休日には振替休日、代休もあり、欠勤扱いとなるのはこれら以外の日に休んだ場合です。

法定外休日の労働は週40時間を超えなければ割増率なし

休日労働は、従業員が休日に出勤して働くことです。休日には、法律が定める法定休日と会社が独自に定める法定外休日（所定休日）があります。法定休日は1週間に最低1日、４週間で４日以上設定することが定められており、もし土日が休みなら、そのどちらかが法定休日にあたります。

法定休日に働いた場合には、働いた時間すべてが法定休日労働に義務づけられている割増賃金の対象になります。3-8で説明するように、時間給×35％以上の賃金を支払います。

一方、所定休日の労働は1日で８時間、1週間で40時間（法定労働時間）を超えた分から割増賃金の対象となります。1日の労働時間が８時間、1週間の労働時間が40時間を超えていなければ割増賃金の支払いはありません。

たとえば、月曜から金曜に8時間勤務し、所定休日の土曜も8時間働いたとすると、労働時間の合計は48時間となり、1週間の法定労働時間40時間を超えます。この超過分の8時間については、時間給に対して25％以上の割増賃金が発生します。

Keyword **法定外休日**　労働基準法で定められた日数を超える休日のこと。会社が独自に設定できる。

年間所定労働日数の計算方法

年間休日に該当するもの・しないもの

●休日

種類	法定休日	法定外休日
内容	労働基準法で最低週1日または4週間で4日は定めることが義務づけられた休日	法定休日以外で、企業が就業規則などで任意に定めた休日
具体例	日曜日	土曜日、祝日、夏季休日、年末年始、創業記念日など企業が休日に定めた日
年間休日に該当する？	該当する（所定労働日数に含まれない）	該当する（所定労働日数に含まれない）

●休暇

種類	法定休暇	法定外休暇
内容	日数・取得条件が法律で定められている休暇	法定休暇以外で、企業が任意で定めた休暇
具体例	年次有給休暇、産前産後休業、生理休暇、育児・介護休業など	リフレッシュ休暇、慶弔休暇など
年間休日に該当する？	該当しない（所定労働日数に含まれる）	該当しない（所定労働日数に含まれる）

休日と休暇の違い

休日 ▶ 労働する義務のない日として企業が定めた日

休暇 ▶ 本来、労働する義務のある日に、労働を免除された日

04 振替休日と代休の違い

頻度	毎月	対象	従業員	時期	ー

POINT
- 休日の前に決めるのが振替休日、休日の後に決められるのが代休
- 振替休日も割増賃金が発生するケースがある

あらかじめ休む日を決めておくのが振替休日

振替休日とは、所定の休日を労働日に変更する代わりに、あらかじめ休みをとる勤務日を決めておくもの。一方、代休は休日労働をした後から、その埋め合わせとして労働日に休みをとるものです。事前に代わりに休む日を決めておくかどうかに違いがあります。

なぜ両者を区別するのかというと、振替休日は必ず取らなければならないのに対して、代休は取らなくてもいいものだからです。この違いから、振替休日と代休では給与計算の扱いが異なるため、正確な勤怠情報の収集が必要です。

週をまたぐ振替休日は時間外労働になる場合も

●振替休日の給与計算

振替休日は勤務日と休日を入れ替えるだけなので、同一週内であれば休日労働には当たりません。つまり、割増賃金も発生しないということです。

同一週かどうかは、会社が決める1週間の定義で考えます。日曜始まりとしている場合、事前に水曜に休みをとり、土曜に勤務したケースでは、同一週での振替となります。

一方、同じ土曜勤務でも、翌週の水曜日に休みをとった場合、週をまたぐ扱いとなり、休日労働をした週の労働時間が40時間を超えていると、超過分に対して時間外労働の割増賃金が発生します。同一週かどうかが重要です。

●代休の給与計算

代休については、休日労働した日の賃金と代休は切り離して考えます。つまり、前節の休日労働と同じ扱いとなり、働いた日が法定休日なら35％以上、法定外休日なら1週間の労働時間が40時間超の場合、25％以上の割増賃金を加算します（98ページ）。代休日の賃金を控除すると、結果的に割増分だけ支払うことになります。

Keyword **1週間の定義**　就業規則等で定めがない場合は日曜日から土曜日までが1週間となる。1週間の始まりを別の曜日にしたい場合は、就業規則等で定める必要がある。

振替休日と代休の違い

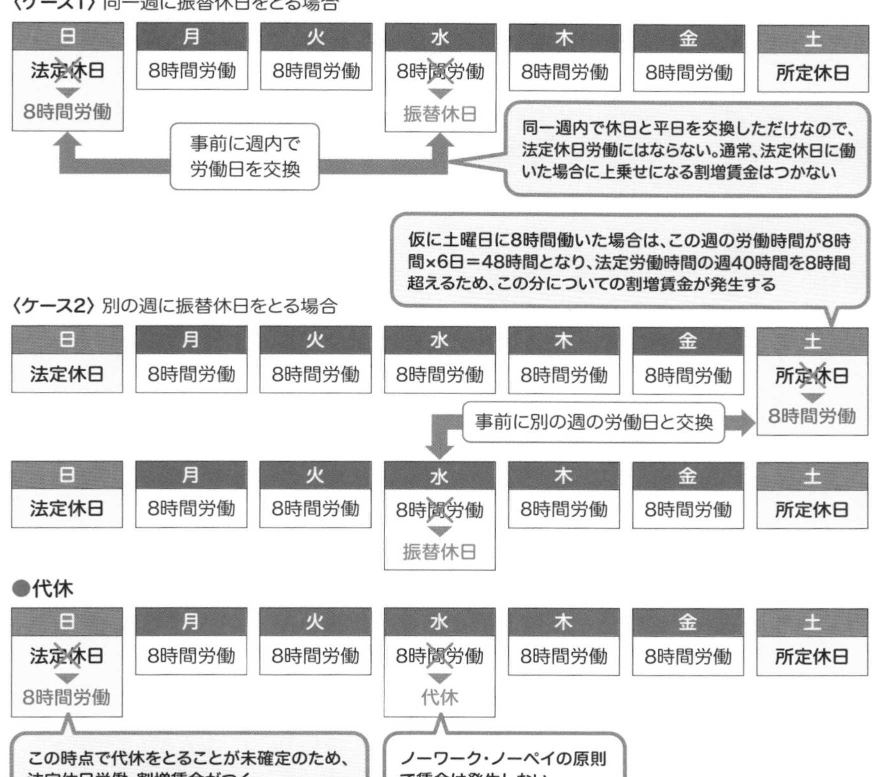

項目	振替休日	代休
要件	・就業規則に振替休日を定めている ・4週4日の休日を確保したうえで、振替休日を特定 ・前日までに本人に予告	特になし （制度として行う場合は就業規則への記載が必要）
振替休日・代休の日付の指定	・振替日を事前に指定 ・休日労働日より前に振替休日を指定することも可能	・休日労働をした後から代休日を指定 ・使用者による指定でも、労働者の申請でもいい
賃金	・休日出勤日と振替休日が同一週であれば割増賃金は発生しない ・同一週でない場合は時間外労働として割増賃金が発生することも ・振替休日に賃金は発生しない	休日出勤日に割増賃金が発生。代休日に賃金が発生するかは就業規則などの定めによる

05 欠勤、遅刻、早退の取り扱い

頻度	毎月	対象	従業員	時期	ー

POINT

- 不就労控除として、給与から差し引くことができる
- 1日単価を計算する労働日数には3種類ある

遅刻、早退の時間は1分単位で集計する

ノーワーク・ノーペイの原則に従い、欠勤、遅刻、早退があれば、その時間分の賃金を給与から差し引くことができます。これを「不就労控除」といいます。

見方を変えると、不就労控除で差し引けるのは、“不就労の賃金分だけ”です。よって、たとえば、遅刻や早退は時間外労働の計算と同じく、1分単位で正確に計算するのが原則です（86ページ）。

一方で、不就労控除の計算方法については、労働基準法による定めがありません。働いた分は全額支払うという大原則のもと、各社でルールを決めることになります。なお、決めたルールは、就業規則や給与規定に明記しなければいけませんので注意してください。

1日単価には1カ月あたりの平均所定労働日数を使う

欠勤控除の額は月給を1カ月の日数で割った1日単価で計算します。1カ月の日数の取り方には、①年平均の月所定労働日数、②当月の所定労働日数、③当月の暦の日数、などがあります。最も一般的なのは②です。

欠勤控除の対象となる月給に諸手当を含めるか含めないかは、就業規則によります。当然ですが、基本給だけにすれば1日の控除単価は低くなり、手当を含めれば高くなります。

遅刻や早退の控除額についても考え方は欠勤の場合と同じです。月給を1カ月の労働時間数で割った時間単価を算出し、不就労の分数に相当する賃金を差し引きます。労働時間数については、①年平均の月所定労働時間数、②当月の所定労働時間数のどちらかとなりますが、前述のとおり就業規則に明記されていなければなりません。

Keyword **欠勤控除・遅早控除**　労働義務がある日に従業員が欠勤・遅刻・早退した場合、その日数分または時間分を賃金から差し引くこと。

遅刻・早退の勤怠管理のポイント

1 就業規則で遅刻・早退の基準を定める

労働基準法には、「何分遅れたら遅刻になるか」などの定めがないため、
就業規則に明記された基準で判断をする(明記されていない場合は早急に明記する)。

2 1分単位で処理する

15分、30分単位での計算は、労働基準法に定められた「全額払い」の原則に反する。
必ず1分単位で集計・計算する。

3 「3回の遅刻で有給休暇1日消化」などのルールは違法

30分の遅刻を10回したとしても、合計300分(5時間)にしかなりません。
それと引き換えに1日分の有給休暇や欠勤に代えたりすることはできません。

ONE 不就労控除と懲戒処分による減給の違い

遅刻や早退、欠勤がたび重なっても、不就労控除では、不就労分以上の控除を行うことはできません。懲罰を与えたいなら、懲戒処分として減給することはできます。ただし、懲戒処分の規定が就業規則に明記されていなければなりません。

また、労働基準法により「1つの服務違反に対しての減給は1回のみ」「減給額は1日の平均賃金の2分の1以内」と定められているほか、複数の服務違反に対して一度に懲戒処分する場合には「月給」あるいは「一賃金支払期における賃金総額」に対して、10分の1を超えた減給は禁じられています。

06 有給休暇の取り扱い

頻度	毎月	対象	従業員	時期	ー

POINT

- 有給休暇の運用の仕方を決めて就業規則などに定める
- 1日、半日、時間単位で取得できる場合がある

年次有給休暇(法定休暇)と法定外休暇

年次有給休暇は文字どおり有給で休むことのできる労働基準法で義務づけられている休暇です。

とはいえ、無条件ではなく、①雇入れの日から6カ月継続勤務している、②全所定労働日の8割以上出勤している、の2つの要件を満たしている必要があります。

そのため、4月に入社した従業員がその年の夏に年次有給休暇をとることはできません。ただし、会社独自に夏季休暇制度を定めている場合には、その要件によって有給で休暇をとれる可能性があります(法定外休暇である夏季休暇は、就業規則で無給と定めることもできなくはありません)。

正しく理解しておきたいのは、法定外休暇に法定の有給休暇をあてることは認められません。夏季休暇をとったからといって、年次有給休暇を消化したことにはできないということです。

もちろん、年次有給休暇の権利がある従業員が、夏季休暇に年次有給休暇を連続してとることはできます。

年次有給休暇の付与年数は継続勤続年数で決まる

年次有給休暇の付与日数は事業年度ごとに設定され、右ページ表のように一般社員は継続勤続年数によって異なります。また、アルバイトやパートタイマーは継続勤続年数に加えて、週の所定労働日数などによって違ってきます。その年のうちに年次有給休暇を消化しきれなかったときは、翌年度に繰り越すことができます。ただし、2年間で時効となり消滅します。

労働者をリフレッシュさせる制度ですから、原則として年次有給休暇を買い取って、賃金を上乗せする代わりに働かせることは禁止されています。

ただし、以下のケースについては、例外的に会社が年次有給休暇を買い取

Keyword **夏季休暇制度**　労働基準法で法定外休暇に分類される休暇。会社が独自に設定する休暇で、夏季休暇がなくても法令違反にはならない。

有給休暇の発生要件

年次有給休暇の発生要件 ＝ 雇入れの日から6カ月継続勤務 ＋ 全所定労働日の8割以上出勤

年次有給休暇の付与日数

●一般社員の付与日数（週の所定労働日数が5日以上または週の所定労働時間が30時間以上）

継続勤続年数	6カ月	1年6カ月	2年6カ月	3年6カ月	4年6カ月	5年6カ月	6年6カ月以上
付与日数	10日	11日	12日	14日	16日	18日	20日

●アルバイト・パートタイマーなどの付与日数
（週の所定労働日数が4日以下かつ週の所定労働時間が30時間未満）

週の所定労働日数	1年間の所定労働日数※		継続勤続年数						
			6カ月	1年6カ月	2年6カ月	3年6カ月	4年6カ月	5年6カ月	6年6カ月以上
4日	169～216日	付与日数	7日	8日	9日	10日	12日	13日	15日
3日	121～168日	付与日数	5日	6日	6日	8日	9日	10日	11日
2日	73～120日	付与日数	3日	4日	4日	5日	6日	6日	7日
1日	48～72日	付与日数	1日	2日	2日	2日	3日	3日	3日

※週以外の期間によって労働日数が定められている場合

ONE

有給休暇の年5日取得の義務化

働き方改革関連法案の成立により、2019年4月から、有給休暇が10日以上付与される従業員に、年5日以上の有給休暇の取得が義務づけられました。雇用形態による区別はなく、アルバイトやパートタイマーも対象となります。違反した場合、雇用者に30万円以下の罰金が科されます。

って、賃金に加算して支払うことが認められています。

①2年間の時効により消滅した分の年次有給休暇
②退職時に未消化の有給休暇
③法律で定められた日数を上回る年次有給休暇

③は前述の法定外休暇についての買取のことです。

いずれも従業員側にデメリットがないことから認められていますが、実際に買い取るには、あらかじめ就業規則に規定を明記しておく必要があります。

半日有給の「半日」の範囲を明確にする

年次有給休暇の取得は、基本的には1日単位ですが、会社により半日や時間単位で取得できることもあります。

半日有給は半日の定義を決め、就業規則に明記しておく必要があります。「午前と午後で分ける」「出社時間から4時間（所定労働時間8時間の半分）を半日とする」といった具合です。

半日有給を取っているのに残業した場合には、実働時間が所定労働時間内なら割増賃金は発生しません。22時以降の深夜労働に及んだ場合は割増賃金を支払います。

時間単位の賃金は、次項（下記）①～③のいずれかの方法で計算した日額をその日の所定労働時間数で割り、取得した有休時間数をかけて算出します。

時間単位の導入には労使協定が必要です。年間最大5日分を時間単位年休として付与することができます。

年次有給休暇の賃金の支払いには3つの方法がある

年次有給休暇中の賃金計算では、基礎となる金額として以下の３つから1つを選び、就業規則などに定めておく必要があります。計算の都度、計算方法を変えることはできません。

①通常の賃金を使う

所定労働日に労働した場合の賃金額です。

②平均賃金を使う

直近３カ月に支払われた賃金総額を３カ月の日数で割ります。

③標準報酬日額を使う

健康保険法による標準報酬月額の30分の1に相当する額です。

このうち、③は労使協定の締結が必要で、健康保険に加入していないアルバイトやパートタイマーは賃金の計算ができないというデメリットがあります。一般的には①を使うケースが多いようです。

Keyword 半日有給　1日単位ではなく半日や時間単位の年次有給休暇。法令に規定はなく努力義務もない。設定する場合は就業規則等で定める必要がある。

半日単位の有給休暇の考え方

●半日の単位を「午前」「午後」に区分した場合

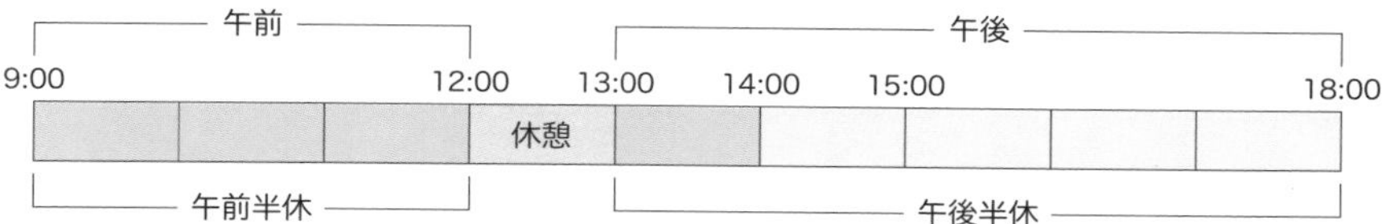

ケース	勤務時間	休暇時間
午前半休	5時間	3時間
午後半休	3時間	5時間

半休を午前にとるのと、午後にとる場合で、休暇時間に違いが出るが、いずれも0.5日の有給休暇としてカウントされる

●半日の単位を「勤務時間」で区分した場合

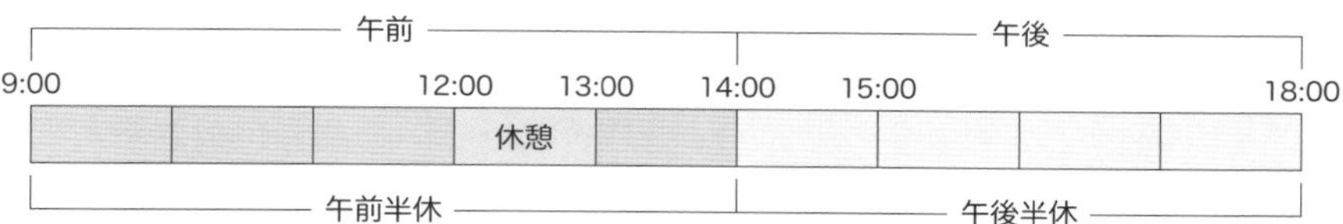

ケース	勤務時間	休暇時間
午前半休	4時間	4時間
午後半休	4時間	4時間

この例では、半日を勤務時間で区別した場合、午後の始まりは14:00からに。半休を午前にとっても、午後にとっても休暇時間は同じになる

有給休暇中の賃金計算の基礎となる賃金

●計算の基礎となる賃金

種別	計算可能な対象	必要要件
平均賃金	正社員・アルバイト・パートタイマー	就業規則などで適用要件を規定
通常の賃金		
健康保険法の標準報酬日額	正社員・パートタイマー（社会保険加入者）	労使協定の締結

07 残業（時間外労働）の取り扱い

頻度	毎月	対象	従業員	時期	ー

POINT

- 所定労働時間が1日8時間以内なら「法定内残業」もある
- 割増率が違うので、区分ごとに時間外労働時間を正確に集計する

所定労働時間が法定労働時間より少ない場合の割増賃金

労使協定を結べば、労働基準法で規定された労働時間の上限を超えて働くことができます。これを時間外労働といい、その対価として割増賃金の支払いが義務づけられています。

紛らわしいのは、会社で定める所定労働時間が法定労働時間より短い場合です。労働時間が所定労働時間を超えていても、法定労働時間内に収まっていれば、割増賃金の支払い義務はないのです。法定内残業についての割増賃金の有無は、労働契約や就業規則などの定めによって決まります。

たとえば、勤務時間が10:00〜18:00（休憩1時間）の会社は1日の所定労働時間が7時間です。18:00〜19:00の残業は法定内残業となり、割増賃金の支払い義務はありません。この際の割増賃金の有無は前述のとおり、就業規則によって決まります。

残業時間が60時間を超えると割増賃金が5割増しに

右ページ表のとおり、同じ時間外労働でも、月60時間超かどうかで賃金の割増率が違ってきます。60時間以内であれば、企業の規模を問わずに割増率は25％以上ですが、60時間を超えると50％以上の支払いが義務づけられています（中小企業も、2023年4月1日以降は60時間を超えると50％以上となっています）。

50％以上のうち25％ぶんについては割増賃金として支払わなければなりませんが、残りの25％以上の部分については、有給休暇に代替することが可能です。代替休暇の時間数は、【(1カ月の法定時間外労働時間数－60)×（月60時間超の割増賃金率50％以上－25％)】で計算します。

たとえば時間外労働時間が月90時間、月60時間超の割増賃金率が50％の場合、「(90－60) ×（50％－25％)＝7.5」時間が代替休暇の時間となります。

残業の区分と賃金の割増率

労働の種類	割増率
時間外労働(法定内残業)	労働契約や就業規則の定めによる
時間外労働(月60時間までの部分)	25%以上
時間外労働(月60時間を超えた部分)	50%以上※

※2023年4月1日以降、中小企業(下記の①または②に該当する企業)の割増率も50%以上となったので注意

業種	①資本金または出資総額	②常時使用する労働者数
小売業	5,000万円以下	50人以下
サービス業	5,000万円以下	100人以下
卸売業	1億円以下	100人以下
そのほかの業種	3億円以下	300人以下

所定労働時間の違いによる時間外労働の扱い

勤務時間10:00～19:00の場合
(所定労働時間8時間、休憩1時間)

所定労働時間
所定労働時間
時間外労働
深夜労働

10:00 12:00 13:00 18:00 19:00 22:00 23:00

休憩

所定労働時間
所定労働時間
法定内残業
時間外労働
深夜労働

勤務時間10:00～18:00の場合
(所定労働時間7時間、休憩1時間)

賃金の割増はなくてもよい

08 深夜労働と休日労働の取り扱い

頻度	毎月	対象	従業員	時期	ー

POINT

- 深夜労働の割増賃金は22:00〜翌朝5:00までの労働に対して支払う
- 法定休日労働は労働時間に対して35%以上の割増賃金を支払う

残業が深夜におよぶ場合は割増率をプラスして計算

残業が深夜にまで及ぶことがあります。また、夜勤がある業種もあるでしょう。深夜労働とされるのは、22:00〜翌朝5:00までの勤務で、割増賃金を支払うことが義務づけられています。割増率は25%以上です。

これは、時間外労働の割増賃金とは別に支払われるもので、両者が重複する場合は、それぞれの割増賃金を加算します。

たとえば、勤務時間が9:00〜18:00（所定労働労時間8時間）で、18:00〜24:00まで残業したとします。この場合、18:00〜22:00については、通常の時間外労働の割増賃金を加算します。一方、深夜労働となる22:00〜24:00については、通常の時間外労働の割増賃金のほかに、深夜労働の割増賃金も上乗せして支払わなければなりません。

法定休日労働は働いた時間すべてが割増賃金になる

法定休日労働についても割増賃金が発生します。割増率は35%以上です。1日8時間などの所定労働時間の考え方はあてはまらず、労働した時間数すべてが35%増しの賃金となります。

時間外労働の考え方は、法定休日労働には適用されません。つまり、1日の労働時間が法定労働時間の8時間を超えても、法的には割増賃金は発生しません。22:00〜翌朝5:00までの時間帯については、深夜労働の割増賃金（25%）が加算されます。

注意が必要なのは、法定休日は毎週1日であれば、所定休日がたとえば土日の場合、どちらが法定休日かを特定しなくてもかまわない点です。就業規則などに明記されていない会社では土日のどちらかだけに出勤した場合、休日労働の割増賃金を支払う必要がないのです。就業規則を確認しましょう。

Keyword **割増率**　会社が休日労働や時間外労働、深夜労働をさせた従業員に対して支払う割増賃金を計算するときに使用する。労働基準法で規定されている。

就業規則で法定休日を特定していない場合の割増賃金の有無

●土曜日、日曜日ともに出勤した場合

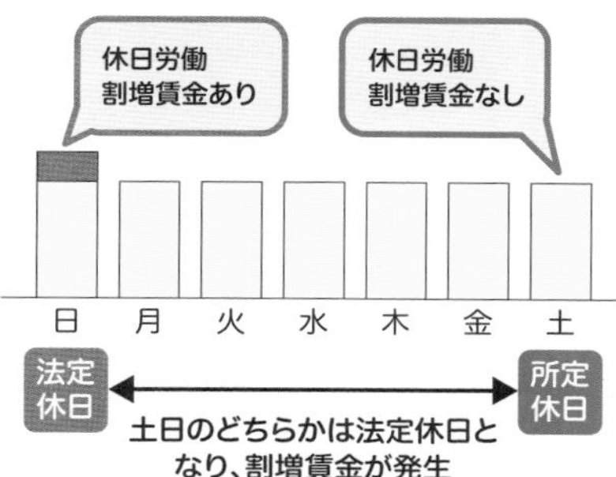

●土曜日、日曜日のどちらかだけ出勤した場合

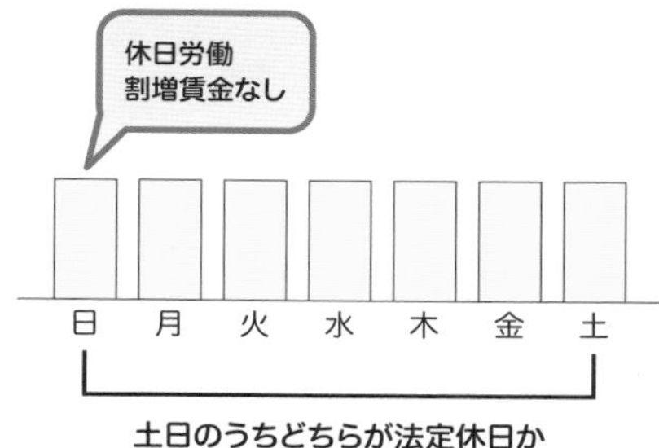

法定休日労働、深夜労働の考え方

●土曜日から日曜日の昼12時まで勤務した場合（土曜日が週40時間超にならない場合）

ONE 法定休日の特定に関する判例

労働基準監督署の行政通達では、「必ずしも休日を特定すべきことを要求していないが、（中略）一定の日を休日と定める方法を規定するよう指導されたい」としており、会社が法定休日を特定していなければ、本文のとおり割増賃金を支払う義務は原則ありません。

しかし、未払い残業代の請求裁判では、「歴週の最終日である土曜日を法定休日とみなす」という判例と、「旧来からの休日である日曜が法定休日であると解する」とする判例があります。見解は真逆ですが、法定休日を慣例で特定しているケースもあるため、就業規則にはできる限り法定休日を明記しておきましょう。

09 変形労働時間制での勤怠のしくみ

頻度	ー	対象	従業員	時期	ー

POINT

- 繁忙期と閑散期で仕事量が分かれている業種で導入しやすい
- 一定期間の所定労働時間の平均が週40時間を超えないのが原則

1カ月、1年単位で所定労働時間を調整

労働基準法では、労働時間は1日8時間以内、週40時間以内と定めていますが、一方で、季節商品を扱うなど、繁忙期と閑散期の忙しさが著しく異なる業種もあります。そのため、一定期間内で所定労働時間の平均が1日8時間、週40時間を超えなければよいというルールが設けられています。これに基づくのが変形労働時間制です。一定期間の取り方には、1カ月単位と1年単位があります。

1カ月単位は、月の前半だけあるいは後半だけ忙しいといった仕事に適しています。1カ月を平均して1週間あたり40時間を超えない範囲で労使協定を結ぶか、就業規則に明記することで導入できます。

1年単位は、季節によって繁忙期と閑散期が分かれているような業種に向いています。こちらは、労使協定の締結と労働基準監督署への届け出が必須となっています。

変形労働時間制でも残業代が発生する

変形労働時間制で設定した期間は、労働時間が特定の日に1日8時間、特定の週に週40時間を超えても、残業時間（時間外労働時間）の扱いにならないため、通常の法定労働時間を超えても割増賃金を支払う必要はありません。

ただし、設定期間内に特別に設定される法定労働時間が上限を超えた場合には、その超過時間分に対して割増賃金が発生します。設定期間内の法定労働時間は、1カ月（31日）を変形労働期間制とした場合、以下の計算で算出されます。

40時間（1週間の法定労働時間）×（31日〈変形労働期間の総日数〉÷7日）＝177.1時間

時間外労働の時間数については、右ページの計算方法により算出します。

給与全般 健康保険 厚生年金 雇用保険 所得税 住民税

1カ月単位の変形労働時間制のポイント

・特定の日に8時間および週に40時間を超えて働いた場合でも、1カ月平均で1週間の労働時間が40時間以内（1カ月の法定労働時間の上限以内）であれば、割増賃金を支払う義務はない

●1カ月の労働時間

日	月	火	水	木	金	土	1週間の労働時間
ー（月初）	8	8	8	8	ー	ー	32時間
ー	ー	ー	8	8	8	ー	24時間
ー	8	8	8	8	8	10	50時間
10	10	8	8	8	8	ー	52時間
ー	8	8（月末）					16時間
			暦日数	31日	総労働時間		174時間

※赤文字は通常の法定労働時間超

このケースでは、暦日数31日の上限である177.1時間以内のため、割増賃金は発生しない

●1カ月の法定労働時間の上限の計算法

法定労働時間の上限 ＝ 40時間 × 1カ月の暦日数 ÷ 7

暦日数ごとの総労働時間数の上限
31日177.1時間、30日171.4時間、29日165.7時間、28日160.0時間

1年単位の変形労働時間制のポイント

・特定の日に8時間および週に40時間を超えて働いた場合でも、1カ月超〜1年以内の一定期間を平均して、1週間の労働時間が40時間以内（1年の法定労働時間の上限以内）であれば、割増賃金を支払う義務はない
・連続して働くのは6日が上限。特定期間（繁忙期）を設定した場合には、その間の上限は12日
・労働時間は1日10時間、1週間に52時間が上限
・1週間の労働時間が48時間を超える週は連続3週間が上限
・3カ月ごとに区切った各期間内に、労働時間が48時間超の週は3週が上限
・1年間の労働日数は280日、労働時間は通常年2085.7時間、うるう年2091.4時間が上限

ONE

1週間単位の非定型的変形労働時間制

労働者数が30人未満の飲食店や旅館、小売業など接客を伴う事業のみが利用できる制度です。労使協定を結んで労働基準監督署へ届け出ることで、1週間単位（40時間以内）で1日10時間まで労働させることが可能になります。1週間単位で毎日の労働時間を弾力的に決められるため、シフト制などに向いています。

1カ月単位の変形労働制の労働時間例

（例）1日の所定労働時間8時間（10時～19時：休憩1時間）、月曜日起算の場合

※毎月の出勤予定日については、会社シフト表などで従業員に毎月事前に提示する。以下の例では、始業時刻（予定）、終業時刻（予定）が出勤予定日に該当。実労働時間を、始業時刻（実労働）、終業時刻（実労働）に記載。

週	日付	曜日	出勤	始業時刻（予定）	終業時刻（予定）	始業時刻（実労働）	終業時刻（実労働）	勤務時間	週計
1週	1	月	休						
	2	火	休						
	3	水	休						
	4	木	○	10:00	19:00	10:00	19:00	8時間	
	5	金	○	10:00	19:00	10:00	19:00	8時間	
	6	土	休						
	7	日	休						16時間
2週	8	月	○	10:00	19:00	10:00	20:00	9時間	
	9	火	○	10:00	19:00	10:00	20:00	9時間	
	10	水	○	10:00	19:00	10:00	19:00	8時間	
	11	木	○	10:00	19:00	10:00	21:00	10時間	
	12	金	○	10:00	19:00	10:00	21:00	10時間	
	13	土	○	10:00	19:00	10:00	19:00	8時間	
	14	日	休						54時間
3週	15	月	○	10:00	19:00	10:00	19:00	8時間	
	16	火	○	10:00	19:00	10:00	19:00	8時間	
	17	水	○	10:00	19:00	10:00	19:00	8時間	
	18	木	○	10:00	19:00	10:00	19:00	8時間	
	19	金	○	10:00	19:00	10:00	19:00	8時間	
	20	土	○	10:00	19:00	10:00	19:00	8時間	
	21	日	休						48時間
4週	22	月	○	10:00	19:00	10:00	20:00	9時間	
	23	火	○	10:00	19:00	10:00	20:00	9時間	
	24	水	○	10:00	19:00	10:00	21:00	10時間	
	25	木	○	10:00	19:00	10:00	21:00	10時間	
	26	金	○	10:00	19:00	10:00	20:00	9時間	
	27	土	休						
	28	日	休						47時間
5週	29	月	○	10:00	19:00	10:00	20:00	9時間	
	30	火	○	10:00	19:00	10:00	19:00	8時間	17時間
								当月合計労働時間	182時間

1カ月の変形労働時間制における「法定時間外労働」の計算方法（左ページに基づく計算例）

1日単位、週単位、月単位の各基準により算定した時間の合計が時間外労働時間となる。

手順① 1日を基準とした時間外労働時間を計算する

Ⓐ：所定労働時間を8時間を超えて定めている日は、その所定労働時間を超えた時間を合計する
Ⓑ：それ以外の日は、8時間を超えた時間を合計する
Ⓒ：ⒶとⒷを合計する

〈計算例〉

表の勤務時間の青字からそれぞれ8時間を差し引いて合計（本ケースでは、Ⓐは該当なし）

⇒（9時間－8時間）＋（9時間－8時間）＋（10時間－8時間）＋（10時間－8時間）＋（9時間－8時間）
＋（9時間－8時間）＋（10時間－8時間）＋（10時間－8時間）＋（9時間－8時間）＋（9時間－8時間）
＝14時間……Ⓒ

手順② 1週間を基準とした時間外労働時間を計算する

Ⓓ：所定労働時間を、40時間を超えて定めている週（48時間）は、その所定労働時間を超えた時間を合計する
Ⓔ：上記以外の週は、40時間を超えた時間を合計する
Ⓕ：ⒹとⒺを合計し、Ⓒより多い場合は加算、少ない場合は加算時間ゼロとする

〈計算例〉

表の週計の緑字から、週6日勤務の週は48時間、そのほかの週は40時間を差し引いて合計する

⇒（54時間－48時間）Ⓓ＋（47時間－40時間）Ⓔ＝13時間……Ⓓ
⇒14時間Ⓒ＞13時間（Ⓓ＋Ⓔ）のため加算時間ゼロ……Ⓕ

手順③ 1カ月を基準とした時間外労働時間を計算する

Ⓖ：当月の労働時間を合計する
Ⓗ：変形期間における1カ月の法定労働時間の上限を計算する
Ⓘ：ⒼからⒽを差し引いてマイナスなら1カ月を基準とした法定時間外労働時間はゼロ。プラスの場合はⒿへ
Ⓙ：ⒸとⒻを合計し、Ⓘの方が多い場合は時間差を加算、少ない場合は加算時間ゼロとする

〈計算例〉

暦日数：30日

⇒16時間+54時間+48時間+47時間+17時間＝182時間……Ⓖ
⇒40時間×30日÷7＝171.4時間……Ⓗ
⇒182時間－171.4時間＝10.6時間……Ⓘ（1カ月基準の法定時間外労働時間は10.6時間）
⇒14時間（Ⓒ＋Ⓕ）＞10.6時間Ⓘのため加算時間ゼロ……Ⓙ

手順④ 1日基準、1週間基準、1カ月基準の時間外労働時間を合計する

〈計算例〉

Ⓒ＋Ⓕ＋Ⓙ

計算方法は条件に
よって異なります

14時間Ⓒ+0時間Ⓕ+0時間Ⓙ＝**14時間** ←**法定時間外労働時間**

割増賃金の計算方法については126ページ

10 フレックスタイム制での勤怠のしくみ

頻度	ー	対象	従業員	時期	ー

POINT

- 1～3カ月の期間内で設定できる
- フレックスタイム制の期間の総労働時間を決める

一定期間、従業員が自由に始業時間や終業時間を決める

フレックスタイム制は変形労働時間制の1つで、あらかじめ決めた総労働時間の範囲内で従業員が始業・終業時刻や労働時間を決めることができる制度です。必ず勤務しなければならないコアタイムと、いつ出社・退社してもよい時間帯のフレキシブルタイムを設けるケースが一般的ですが、これらは必ずしも必要ではありません。

フレックスタイム制の残業代などの清算期間は1～3カ月の期間で設定できます。導入するには就業規則にフレックスタイム制の規定を設け、労使協定を結ぶ必要があります。清算期間が1カ月を超える場合は、労働基準監督署に届け出が必要です。

設定期間の総労働時間を超えた場合は時間外労働

フレックスタイム制では、1日の労働時間が所定労働時間に達しなくても、すぐに遅刻・早退、欠勤扱いとなるわけではありません。

また、同様に労働時間が1日8時間、週40時間を超えても、設定した清算期間を迎えるまでは時間外労働にカウントされません。清算期間を迎えて、実労働時間（実際に働いた時間）の合計が、あらかじめ設定していた総労働時間（働くべき時間）を超えた場合はその分が時間外労働となります。逆に不足する場合は欠勤扱いとし、賃金から控除します。

1週間の法定労働時間は原則、週40時間以内なので、総労働時間は「40時間÷7×清算期間の暦日数」の計算式で決定します。1カ月（31日）の場合は、1カ月単位の変動時間労働制（102ページ）と同じで、177.1時間が総労働時間の上限です。

なお、フレックスタイム制でも、深夜労働、休日労働をした場合は割増賃金を支払う必要があります。

Advice 不足分を翌月の総労働時間に加算して労働させることも可能。ただし、加算後の時間（総労働時間＋前の清算期間における不足時間）は、法定労働時間の総枠の範囲内である必要がある。

給与全般
健康保険
厚生年金
雇用保険
所得税
住民税

フレックスタイム制の設定例

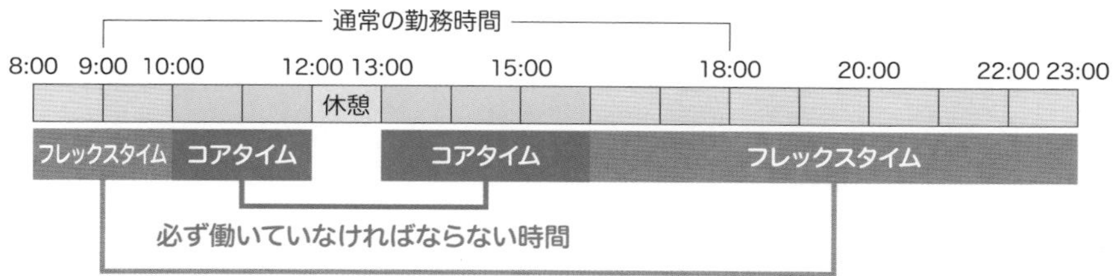

清算期間が1カ月を超えるフレックスタイム制における時間外労働の計算手順

清算期間：4月1日〜6月30日／実労働時間：4月220時間、5月180時間、6月140時間、合計540時間

●準備

手順① 清算期間における法定労働時間の総枠を計算

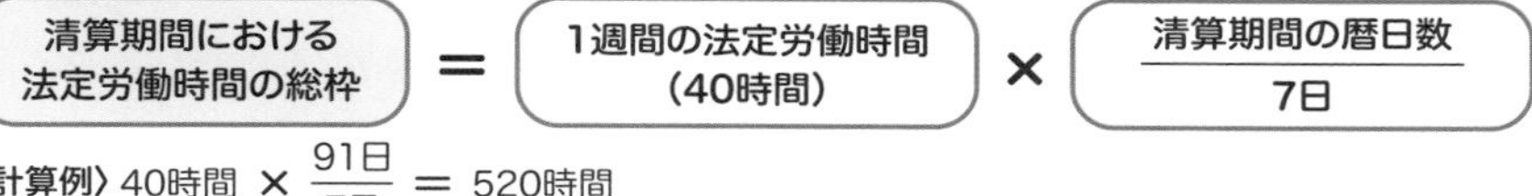

清算期間における法定労働時間の総枠
=
1週間の法定労働時間（40時間）
×
清算期間の暦日数
7日

〈計算例〉40時間 × $\frac{91日}{7日}$ ＝ 520時間

手順② 1カ月ごとに各月の週平均労働時間が50時間となる月間の労働時間数を計算

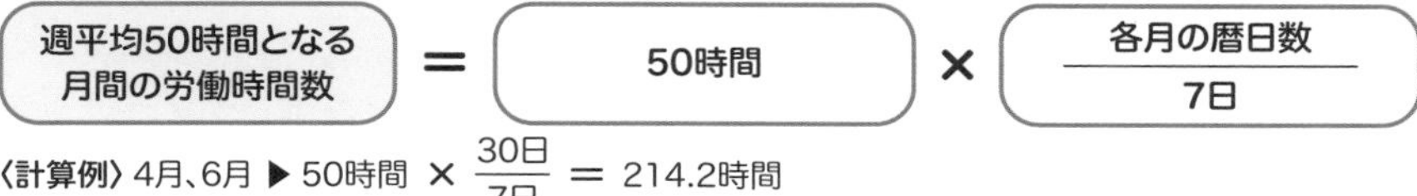

〈計算例〉4月、6月 ▶ 50時間 × $\frac{30日}{7日}$ ＝ 214.2時間

5月 ▶ 221.4時間（上記「30日」を「31日」で計算）

●最終月以外の計算方法

その月の実労働時間が週平均50時間となる労働時間を超過しているか？

超過している：実労働時間＞週平均50時間⇒超えた時間を時間外労働としてカウント……Ⓐ

〈計算例〉4月のみ超過：実労働間220時間－週平均214.2時間＝5.8時間……Ⓐ ※割増賃金の支払い

●最終月の計算方法

手順① **最終月の実労働時間が週平均50時間となる労働時間を超過しているか？**

超過している：実労働時間＞週平均50時間⇒超過時間を時間外労働としてカウント……Ⓑ

〈計算例〉6月は超えていないので0時間……Ⓑ

手順② **「清算期間を通じた総実労働時間ー（Ⓐ＋Ⓑの合計）」が清算期間における法定労働時間の総枠を超えているか？**

超過している：総実労働時間－（Ⓐ＋Ⓑ）＞清算期間における法定労働時間の総枠
⇒超過時間を時間外労働としてカウント……Ⓒ

〈計算例〉総実労働時間（220時間＋180時間＋140時間）－（5.8時間＋0時間）
－清算期間における法定労働時間の総枠（520時間）＝14.2時間……Ⓒ

手順③ Ⓑ＋Ⓒの合計時間を、最終月の時間外労働としてカウント

〈計算例〉0時間＋14.2時間＝14.2時間 ※割増賃金の支払い

11 みなし労働時間制での勤怠のしくみ

頻度	ー	対象	従業員	時期	ー

POINT

- 労働時間の把握が難しい業務に適用される
- 「必要であるとみなされる労働時間」を決める

みなし労働時間制には2種類ある

みなし労働時間制は、実労働と関係なく、一定時間働いたとする制度です。労働時間や仕事の進め方、時間配分について会社側の指示や管理が難しい業務に適用されます。以下のように大きく2種類、細かく3種類あります。

①事業場外労働のみなし労働時間制

外回りの営業職など社外で働くことが多く、労働時間を把握しづらい業務。

②裁量労働時間制

・専門業務型裁量労働制：研究開発職、デザイナー、情報処理システムの設計など、会社が仕事の進め方などを指示しにくい専門業務。

・企画業務型裁量労働制：本社・本店である事業場、もしくは本社・本店から具体的な指示を受けずに事業運営に影響の大きい事業計画や営業計画を決定する事業場における、企画・立案・調査などの職務に就く者。

「必要とみなされる労働時間」内であれば時間外労働なし

みなし労働時間制でも、労働時間が1日8時間の法定労働時間を超えた部分については時間外労働となります。そのため、通常必要とみなされる労働時間を決めておくことが必要です。

設定した労働時間が所定労働時間内であれば、所定労働時間を働いたとして計算します。一方、9時間と設定した場合には、法定労働時間を超える1時間は時間外労働となります。

また、法定休日や深夜に労働した場合は、割増賃金が発生します。

みなし労働時間制を導入しても、対象の従業員の労働時間を把握しなくていいというわけではありません。2019年の労働安全衛生法の改正で「客観的方法による労働者の労働時間の把握」が義務づけられており、管理監督職やみなし労働制が適用される従業員も対象になっています。

みなし労働時間制の種類

事業場外労働のみなし労働時間制		・外回りの営業職、出張の多い社員など、実際の労働時間の算定が困難である場合などに適する ・所定労働時間働いたとする場合には、就業規則での規定が必要 ・業務を遂行するのに所定労働時間を超える時間を働いたとする場合には、労使協定が必要
裁量労働制	専門業務型裁量労働制	・適用職種は専門職19種（下表）に決められている ・あらかじめ定めたみなし時間を働いたものとして算定 ・みなし時間の対象は、所定労働日の労働時間のみ。休日労働や深夜労働については、割増賃金が発生 ・労使協定を締結し、労働基準監督署に届け出が必要
	企画業務型裁量労働制	・導入できるのは、本社・本店である事業場や本社・本店から具体的な指示を受けずに事業運営に影響の大きい事業計画等を決定する事業場に限られる ・対象職は、企画、立案、調査、分析業務 ・労使委員会の設置、決議、労働基準監督署への届け出、本人の同意が必要 ・あらかじめ定めたみなし時間を働いたものとして算定

専門業務型裁量労働制の対象19業種

①新商品、新技術の研究開発または人文科学、自然科学に関する研究業務	⑪金融工学等の知識を用いて行う金融商品の開発業務
②情報処理システムの分析、設計の業務	⑫大学における教授研究の業務
③新聞、出版、放送における記事の取材、編集の業務	⑬公認会計士の業務
④衣服、室内装飾、工業製品、広告等の新たなデザイン考案の業務	⑭弁護士の業務
⑤プロデューサー、ディレクターの業務	⑮建築士（一級建築士、二級建築士および木造建築士）の業務
⑥コピーライターの業務	⑯不動産鑑定士の業務
⑦システムコンサルタントの業務	⑰弁理士の業務
⑧インテリアコーディネーターの業務	⑱税理士の業務
⑨ゲーム用ソフトウエアの創作の業務	⑲中小企業診断士の業務
⑩証券アナリストの業務	

Advice 事業外みなし労働制で、1日の労働時間に社内労働と事業場外労働が混在するときは、①「所定労働時間≧社内労働時間＋外勤の通常必要時間」の場合は「所定労働時間」、②「所定労働時間＜社内労働時間＋外勤の通常必要時間」の場合は「社内労働時間＋外勤の通常必要時間」を1日の労働時間とする。

COLUMN 3

出向社員の勤怠管理と社会保険

在籍出向は、出向先の就業規則を適用し、出向先が勤怠管理を行う

「出向」は、従業員が子会社や関連会社に異動することを指しますが、同じ出向でも「在籍出向」と「転籍出向」があります。在籍出向は、出向元の会社に籍を置いたまま出向先と雇用関係が生じること。転籍出向は、働いていた会社を退職して別の会社に籍を移すことです。

在籍出向は、元の会社と出向先と両方に労働契約があるので、双方が従業員に対して労働基準法における責任を負うことになります。就労においては出向先の指揮監督を受けることになるので、労働時間や休日・休暇のルールは出向先の就業規則が適用され、勤怠管理は出向先で行うのが一般的です。給与支払い者に明確な定めはありませんが、出向契約でどちらが支払うか、または双方で支払う場合の負担割合を決定します。

健康保険、厚生年金保険は、原則として給与を支払っている会社が加入し、負担します。出向元、出向先双方で勤務する場合は勤務時間により両社が保険に加入することもあり、このときは、健康保険・厚生年金保険 被保険者所属選択・二以上事業所勤務届を提出しなければなりません。雇用保険は、給与を支払う会社が加入し、2社に勤務する場合は支払い額、勤務時間によりどちらか一方の会社が加入します。

労災保険は、どちらが給与を支払っているかにかかわらず、勤務する会社、つまり出向先が負担します。

転籍出向は出向した先が新たな雇用契約を結び、勤怠管理を行う

転籍出向は、元の会社を退職して、出向先と新たに雇用契約を結びます。つまり、元の会社との雇用契約が終了しているということになるので、勤怠管理や社会保険の手続きは出向先が行います。

第4章

月次の給与計算③

支給項目を計算する

第４章では、給与計算の基本となる支給項目について解説していきます。支給項目のなかで複雑なのが、時間外労働や休日出勤などに伴う手当の割増賃金の計算です。また、欠勤控除や遅刻・早退時の控除額の計算も重要です。従業員の不利にならないように内容をしっかり理解しておく必要があります。

01 支給項目の計算の心得

頻度	ー	対象	役員・従業員	時期	ー

POINT

- 法律で決められた手当と会社独自に決める手当がある
- 算定基準から外せる手当がある

各従業員の変化を給与に換算する

1-2で説明したとおり、給与の支給項目は、基本給と毎月決まった手当からなる「固定項目」と、歩合給や時間外労働手当など月の勤務状況で加算額が変わる「変動項目」、遅刻や早退、欠勤などにより差し引く「不就労控除項目」の3つで構成されています。そして、「固定項目＋変動項目－不就労控除項目」の金額が給与の総支給額（額面）となります。

変動項目や不就労控除項目はもちろんのこと、固定項目についても不変なわけではありません。基本給にしても、各従業員の個人的事情によって支給される家族手当や通勤手当にしても、一定額が継続して支給される可能性が高いだけで、前月と当月で変わっていることもあり得ます。こうした変化を把握し、賃金に換算するのが支給項目の計算の1つ目のポイントです。

基礎となる金額に含まれる手当を把握する

2つ目のポイントは、時間外労働や休日出勤などに伴う手当の割増賃金の計算です。割増賃金を計算するには、その基礎となる基準内賃金を正確に算定しなければなりません（122ページ）。

基準内賃金には、従業員の個人的事情により支給される家族手当や通勤手当は原則含めません。

ただし、同じ家族手当や通勤手当でも、支給方法の違いによって、基準内賃金として扱うケースがあります。割増賃金の基礎となる基準内賃金が増えれば、同じ割増率でも、支給される割増賃金は増えます。

3つ目のポイントは、支給する手当が所得税や社会保険料、雇用保険料の課税対象になるかどうかです。こちらもそれぞれ基礎とする金額の取り方が異なるため、ルールを厳格に適用する必要があります。

Keyword **基準内賃金**　時間外労働手当や休日労働手当、不就労控除などを計算するときに基礎となる賃金。

各種手当の所得税・社会保険料の有無と基準内賃金に含めるか否か

種類	所得税	社会保険料	基準内賃金
役職手当	○	○	○
家族（扶養）手当	○	○	△
住宅手当	○	○	△
通勤手当	△	○	△
出張旅費	×	×	×
資格手当	○	○	○
精皆勤手当	○	○	○
地域手当	○	○	○
別居（単身赴任）手当	○	○	×
賞与（特別手当）	○	△	×
祝金・見舞金	×	×	×
時間外労働手当	○	○	―
深夜労働手当	○	○	―
休日労働手当	○	○	―

※△は条件によるもの

ONE

労働者の合意なき手当のカットは原則、法律違反

いままで支給していた手当を、労働者の合意を得ずに一方的にカットするのは、労働契約法で厳しく判断されます。労働内容は変わっていないにもかかわらず、労働者にとって労働条件が不利益に変更されることは禁止されています。

ただし、「就業規則の変更を労働者へ周知し、かつ変更内容に合理性が認められる」「各労働者から個別に労働条件の変更への同意を取れている」「労働組合との間で労働協約を締結した」場合には、不利益変更が認められます（十分に検討する時間を与えるなど、そのほかの要件も満たす必要があります）。

02 家族手当の計算と手続き

頻度	ー	対象	従業員	時期	ー

POINT

- 従業員に扶養家族変更届を提出してもらい、増減を把握する
- 扶養家族の対象範囲を就業規則で確認する

扶養家族の対象、支給要件を就業規則で確認

家族手当は家族のいる従業員に対する手当です。支給要件の対象を扶養家族に限定している場合は、扶養手当と呼んでいる会社もあります。法定外手当のため、会社によって手当があるところとないところがあり、支給要件や支給額も会社によって異なります。

家族の範囲は配偶者、子ども、親を範囲としているところが多いようですが、祖父母や兄弟姉妹も対象とする会社もあります。扶養家族の範囲についても、就業規則の規定によります。

注意したいのは、健康保険法上の扶養家族や、所得税法上の扶養親族の要件とは無関係なことです。健康保険法上の要件は、配偶者と父母、子、孫など3親等以内の親族で、被扶養者の年収130万円未満であること。所得税法の要件は配偶者以外で生計を一にする6親等内の血族及び3親等内の姻族で、年間合計所得金額が48万円以下（給与のみの場合は給与収入103万円以下）などです。混同しないように気をつけましょう。

扶養家族変更届で扶養家族の増減を把握する

家族手当や扶養手当は、支給額が頻繁に変動するものではありませんが、子どもが生まれたなどの理由により、年の途中で手当の有無や支給額が変わる可能性があります。

そのため、家族構成や扶養家族に変更があった場合には、自社のフォーマットによる家族手当変更届などを必ず提出してもらいましょう。その際に、併せて健康保険の扶養手続書類なども確認するようにします。

なお、家族手当は原則、所得税の課税対象となります。また、毎月一定期間継続的に支給されるため、社会保険料を計算する際の金額に含むことも覚えておきましょう。

家族手当の範囲(就業規則の記載例)

第●条(家族手当)
　家族手当は、健康保険法に則った扶養家族でかつ下記の扶養家族を持つ従業員に次の金額を支給する。

配偶者	月額12,000円
満18歳未満の子1人につき	月額7,500円
第3親等以内の親族	月額5,000円

※子に対する手当は、対象となる子が満18歳に達する日の属する年度の3月末まで支給するものとする

・所得税の配偶者控除の対象者⇒年収103万円以下
・健康保険法上の配偶者(被扶養者)⇒年収130万円未満

どちらを基準にしているかによって、取り扱いが異なるので注意

法令における扶養家族の適用条件の違い

厚生年金保険の扶養については配偶者に限定されます。

法令	適用条件	収入	判断基準	所轄
健康保険法	・配偶者、父母、祖父母、子、孫、兄弟姉妹 ・同居している3親等以内の親族、内縁関係の配偶者とその父母、子 ・被保険者の収入で生活している	年収130万円未満	年収見込	厚生労働省
所得税法	・配偶者以外の、6親等以内の血族、3親等以内の姻族) ・納税者と生活を一としている ・16歳以上(その年の12月31日時点)	年収103万円以下	1年間の合計所得	国税庁

家族手当変更届(例)

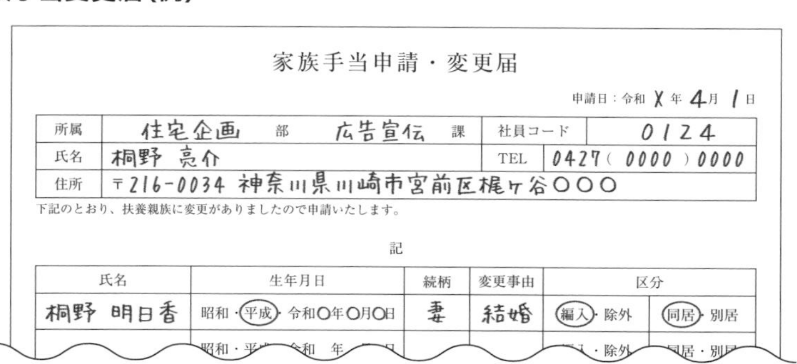

家族手当申請・変更届

申請日：令和 X 年 4月 1日

所属	住宅企画 部　広告宣伝 課	社員コード	0124
氏名	桐野 亮介	TEL	0427(0000)0000
住所	〒216-0034 神奈川県川崎市宮前区梶ヶ谷〇〇〇		

下記のとおり、扶養親族に変更がありましたので申請いたします。

記

氏名	生年月日	続柄	変更事由	区分	
桐野 明日香	昭和・(平成)・令和〇年〇月〇日	妻	結婚	(編入)・除外	(同居)・別居
	昭和・平成・令和　年　月　日			編入・除外	同居・別居

03 通勤手当の計算

―― 通勤手当は一定の額が非課税になることを知ろう

頻度	―	対象	従業員	時期	―

POINT

- 通勤手当の非課税限度額は1カ月15万円以下
- 社会保険料の算定に含めるが割増賃金の算定基礎額からは外れる

通勤手当は月15万円を超えた額が課税対象

通勤手当は、従業員の通勤にかかる費用の全部または一部を支給するものです。

電車の場合、自宅の最寄り駅から会社のある駅までの運賃が片道の交通費となります。1カ月15万円までは所得税の課税対象からはずれる非課税です。15万円を超えた部分の通勤手当には課税されます。

新幹線を利用する従業員であれば、新幹線も通勤手当の対象となります。ただし、グリーン車料金、特急の指定席券など特別料金を支給する場合は、その部分は課税対象となるため、課税通勤手当として分けて計算します。

なお、15万円までの非課税枠はあくまで税法上のものです。法律的に会社が15万円までを通勤手当と認めなければいけないわけではありません。就業規則などに通勤手当の上限額を定めている会社もあるので、確認が必要です。

また、労働基準法に基づく割増賃金を計算する際には、通勤手当は基準内賃金から除外することも可能です。一方、休業手当や有給休暇の基準となる平均賃金（140ページ）については、通勤手当も全額含めて計算します。

基本的には会社までの最短ルートを選択

公共交通機関を利用している従業員には、基本的には、会社まで最も安くて、時間のかからない経路を選択してもらいます。

たとえば、大きなターミナル駅経由で申請しておいたほうが、何かと便利だという発想が生まれがちですが、そのルートが会社まで遠回りであり、最短ルートより交通費が多くかかるのであれば、認められません。

ただし例外的に、時間的には最短ルートでなくても、交通機関の本数が少

Keyword **平均賃金**　減給や保障の制限額を計算するときに基準となる賃金のことで、労働基準法で規定されている。

通勤手当の非課税限度額と課税対象の例

●通常の公共交通機関を利用して通勤

1カ月あたり15万円以内 → 非課税

1カ月あたり15万円超 → 課税

●新幹線で通勤

乗車料金	特急料金	グリーン車利用料金
非課税	非課税	課税

通勤手当の経路の選定基準

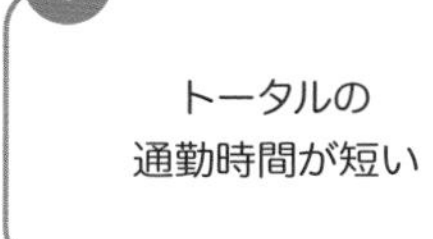
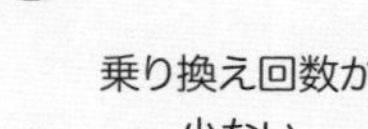

1. トータルの通勤時間が短い
2. 乗り換え回数が少ない
3. 乗り換え時の徒歩時間が短い
4. 家や会社の最寄駅からの徒歩時間が短い
5. 通勤経路の距離が短い
6. ほかに特別な事情がある（運行本数が少ない、子どもの送り迎えがあるなど）

ONE 通勤手当を支給しているのに徒歩通勤をしていた場合

通勤手当を申請されたルートに基づいて支給しているのにもかかわらず、徒歩で通勤していたような場合には、不正受給を目的としたものと判断され、従業員に対して返還請求することができます。また、万が一、通勤途中に事故に遭った場合、経路によっては労災扱いにならない可能性もあります。

なお、徒歩通勤に通勤手当を支払うこともできますが、その全額が課税対象となります。つまり、給与としての支払いと同じ扱いになるため、あえて通勤手当の名目で支給することに、会社にも本人にもメリットはありません。

ないなど、通勤に支障が出る明確な理由がある場合には、本人からの申し出により、遠回りでもルート変更を認めることができます。

通勤手当は必要となる最初の月に支給するのが原則

公共交通機関を使う場合、通勤手当として定期券代を支給することが一般的です。支給する間隔、つまり何カ月分を何回支給するのかは就業規則などで確認しておきます。

毎月支給（定期の1カ月更新）、3カ月分、6カ月分などの選択肢があります。3カ月分、6カ月分を支給する場合は支給月をチェックしておきましょう。通勤手当は法律上の支払い義務はないため、先払いにするか後払いにするかは、各会社の規定によります。

ただし、3カ月分、6カ月を前払いにすると、15万円の非課税対象額を超えてしまうケースも多く出てくるでしょう。そのため、こうしたケースでは、1カ月あたりに分割した金額が15万円を超えなければ、非課税とすることが認められています。

前払いで定期券を支給している従業員が退職する場合、勤務しない月の分の交通費は返還してもらいます。また、途中で住所変更があったときには、日割り計算で差額を支給するか返金してもらうのが一般的です。退職や住所変更の通勤手当の扱いについても就業規則などで確認しておきます。

ONE

通勤手当の扱いは所得税、社会保険、雇用保険で異なる

パートタイマーなど非正規雇用者として働いている人のなかには、103万円、130万円の壁に注意しながら働いている人もいます。

103万円（超）の壁とは、給与収入がその額を超えると、所得税がかかってくるラインのことです。本文で説明したとおり、通勤手当のうち15万円以内の部分についてはこの103万円に含めません。

一方、130万円（以上）の壁は、社会保険への加入義務が発生するラインのことです（勤務先の被保険者従業員が100人を超える場合は106万円以上）。社会保険への加入義務が発生すると扶養控除からも外れることになり、配偶者等の社会保険料も上がります。このように130万円の壁は社会保険料の基準のため、15万円の非課税対象額は関係ありません。通勤手当をそのまま給与収入にプラスして、130万円未満か以上かを判定します。

定期券代の支給方法

3カ月定期、半年定期などの場合は月割計算し、毎月支給でも可。

●1カ月定期券代を毎月払いで支給

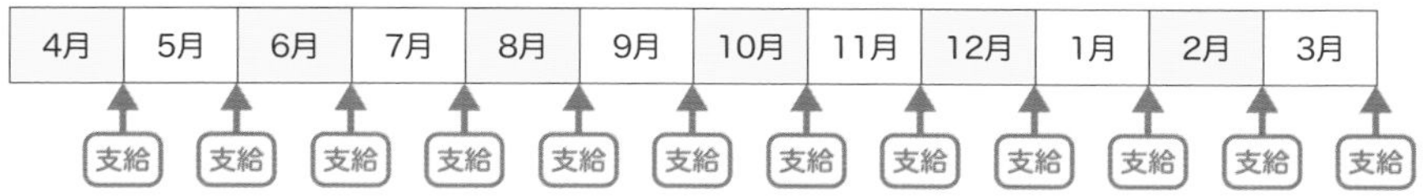

●3カ月定期券代を一括払いで支給

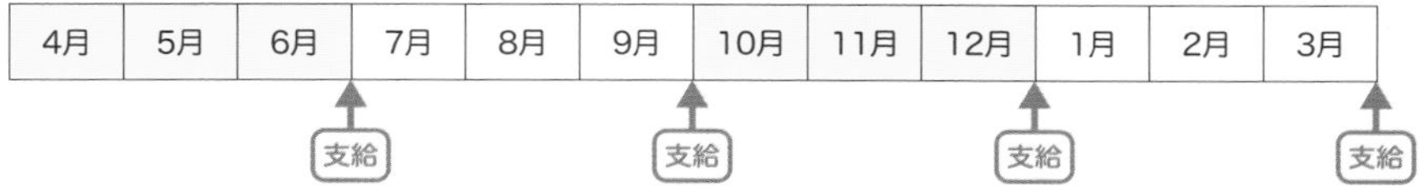

●半年定期券代を一括払いで支給

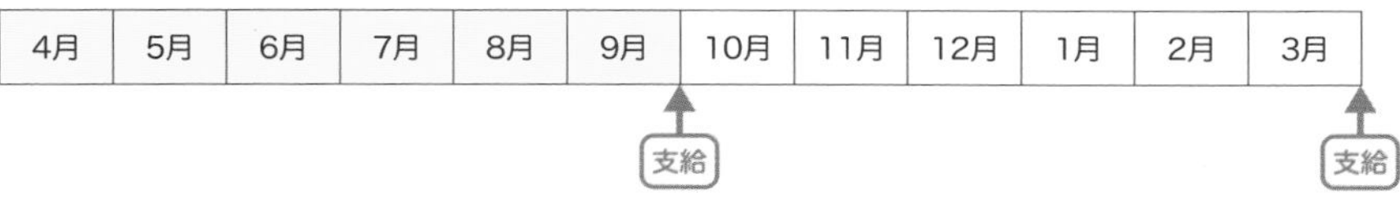

●半年定期券代を毎月の分割払いで支給

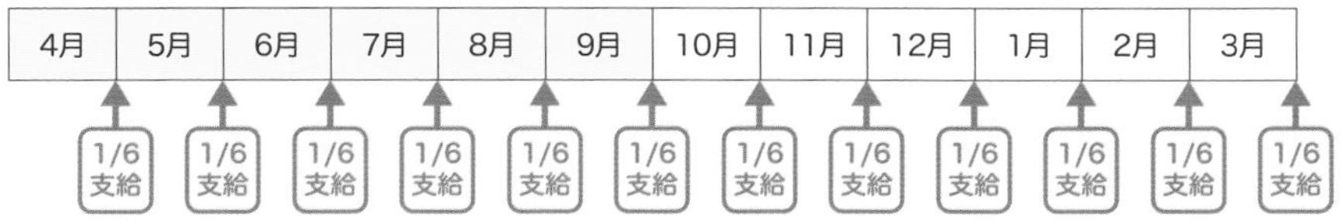

通勤手当の各種算定基礎への算入

種類	基礎となる法律	算定基礎に含める・含めない	算入額
所得税	所得税法	1カ月15万円まで含めない	1カ月15万円超の部分
社会保険料	健康保険・厚生年金保険法 労災保険・雇用保険法	含める	全額
割増賃金	労働基準法	含めない	−
平均賃金	労働基準法	含める	全額

04 マイカー・自転車通勤の計算

―― 非課税限度額は距離で異なる

頻度	ー	対象	従業員	時期	ー

POINT

- マイカー・自転車通勤の通勤手当は距離によって決定する
- 非課税限度額は片道の通勤距離が基準になる

マイカー通勤の手当には2つの計算方法がある

一般の交通機関を使っていても、駅までは自転車を利用する従業員もいます。また地方の場合は、自動車通勤（マイカー通勤）をしている従業員のほうが多いこともあるでしょう。

マイカー通勤の手当は一般的に2つの計算方法があります。まずガソリン単価と車の燃費で計算する方法です。これは走行距離と燃費の自己申告がベースとなります。ガソリン単価を燃費で割ることにより、1kmあたりのガソリン単価を求め、1カ月の走行距離分を支払います。この方法は、ガソリン単価の上下で金額が左右されます。

もうひとつは、最初から1kmあたり○円という規定をつくり、走行距離と勤務日数によって算出する方法です。勤務日数は、365日から所定休日日数を引いたものを12等分します。

どちらの方法で計算するか、またkm単価の場合は何円で設定されているかを確認しておきます。

非課税限度額は2km以上から段階的に変わる

マイカー・自転車通勤の非課税対象の限度額は、距離によって決められています。片道の利用距離が2km未満の場合は、全額が課税対象となりますが、2kmを超えると、その距離によって非課税限度額が異なります。

マイカーや自転車と公共交通機関を併用している場合は、交通機関の運賃とマイカー・自転車の区間の通勤手当の合計が15万円までは非課税です。たとえば、自宅から駅まで20kmを車、あとは電車で通う場合、1カ月の定期券代（交通費）+1万8,700円（右ページ）が15万円以下なら非課税です。なお、駐車場代等を通勤手当として支給すると、原則課税対象となります。

Advice　駐車場代等を通勤手当とすると原則課税になる。実務的には会社が最寄りの駐車場を借りて、控除項目として従業員に負担してもらうケースが多い。

マイカー通勤の通勤手当の計算方法

●ガソリン単価と燃費を基準にする場合

通勤手当 ＝ 往復の通勤距離 × 勤務日数 × ガソリン1L単価 ÷ 燃費

- 勤務日数：（365日－所定休日の日数）÷12カ月
- ガソリン1L単価：総務省統計局が毎月公表する「小売物価統計調査」の価格によるのが一般的。4月と10月など改定時期を決めておく
- 燃費：国土交通省が毎年公表する「燃費基準値」の平均値を用いるのが一般的

〈計算例〉

通勤片道：20km、勤続日数：20日、ガソリン単価：160円、燃費1L：22km

⇒20km×2×20日×160円÷22km＝5,819円
1円未満は切り上げ

●任意の距離単価を基準にする場合

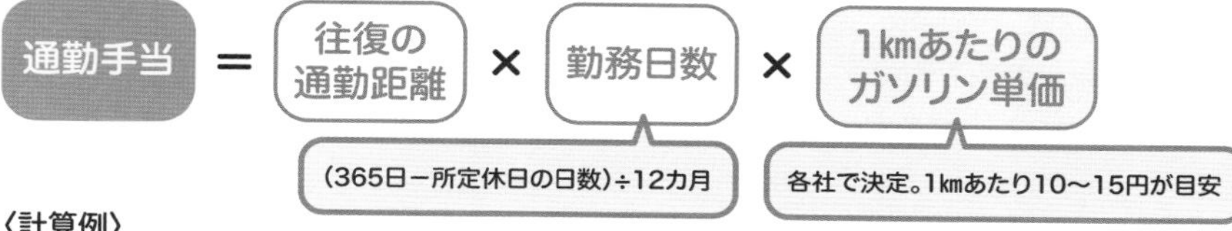

〈計算例〉

通勤片道：20km、1kmあたりのガソリン単価：10円、勤続日数：20日

⇒20km×2×20日×10円＝8,000円

マイカー・自転車通勤時の通勤手当の非課税限度額

区分	通勤距離（片道）	非課税限度額（1カ月）
マイカー・自転車などの交通手段を利用している場合	2km未満	全額課税
	2km以上10km未満	4,200円
	10km以上15km未満	7,100円
	15km以上25km未満	1万2,900円
	25km以上35km未満	1万8,700円
	35km以上45km未満	2万4,400円
	45km以上55km未満	2万8,000円
	55km以上	3万1.600円
マイカー・自転車の利用以外に、交通機関も利用している場合	－	最高限度15万円（上記の非課税限度額＋定期券代などの合計）
有料道路を利用している場合（最も合理的かつ経済的と認められる場合）	－	最高限度15万円（上記の非課税限度額との合計）

05 割増賃金の計算準備①
1カ月あたりの基準内賃金を計算する

頻度	毎月	対象	従業員	時期	ー

POINT
- 割増賃金の計算の基礎になるのが基準内賃金
- 固定的賃金との違いに注意する

基礎賃金の計算に必要な基準内賃金

時間外労働や深夜勤務、休日勤務などをしたときに加算される割増賃金は、1時間あたりの基礎賃金に割増率をかけて計算します。割増賃金の計算には、まずはこの1時間あたりの基礎賃金を計算しければばなりません。

基礎賃金は、各従業員の1カ月の基準内賃金がベースになります。

ここで用語を整理しておきましょう。基準内賃金という言葉には、じつは法律的な根拠はありません。慣例として、割増賃金を求めるもととなる賃金に対して使います。

基準内賃金は、固定的賃金＝所定内賃金とほぼ同義です。所定とはあらかじめ決まっているという意味で、残業代などの変動的賃金を除いた固定的賃金が所定内賃金です。

基準内賃金と固定的賃金は似ていますが、固定的賃金には家族手当や住宅手当、通勤手当を必ず含めます。一方、割増計算の基準となる賃金には、これらを条件付きで除外できるほか、右ページの表のように無条件で含めなくていい手当があります。こうした理由から、割増賃金の計算のもとなる賃金を、基準内賃金と呼び分けているのです。

「固定的賃金−個別事情で支給される手当」で計算

基準内賃金から外すことが可能な7つの手当のうち、家族手当、住宅手当、通勤手当については、除外できるのは条件付きです。たとえば、通勤手当を実際に定期代にかかる費用ではなく、一定額を一律に支給しているような場合は基準内賃金に含めなければなりません。外すことのできるのは、これらの手当が従業員の個別事情に基づいて支給されている場合です。

こうして基準内賃金を確定させた後、次のステップとして、1カ月の平均所定労働時間、そして1時間あたりの基礎賃金を算出します。

割増賃金の計算の基礎となる1時間あたりの賃金の計算方法（月給制の場合）

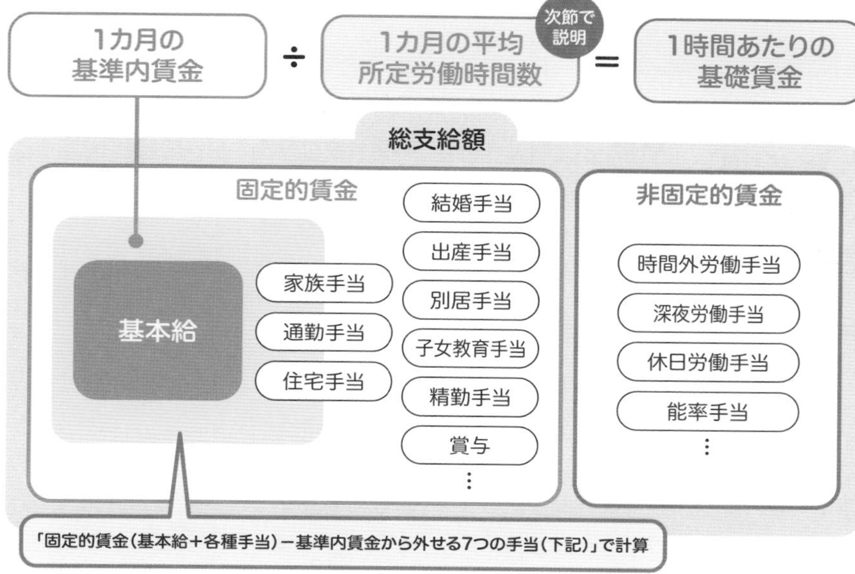

労働基準法により定められている基準内賃金から外すことのできる7つの手当

1カ月の給与には通常、基本給のほかに各種手当も含まれますが、割増賃金の基礎となる基準内賃金においては、労働基準法により、以下の7つの手当を差し引いて計算することが認められています。

手当	基準内賃金から外せる条件
家族（扶養）手当	家族（被扶養者）の人数に応じて支給されている
通勤手当	通勤距離などに従った実費で支給されている
住宅手当	賃貸住宅では賃貸料（付随する設備も含む）、持ち家ではその購入費や管理費用に応じて支給されている
臨時に支払われる手当 （結婚手当、出産手当など、臨時偶発的な理由で支給された手当）	無条件
別居手当	無条件
子女教育手当	無条件
1カ月を超える期間ごとに支払われる賃金 （賞与、勤続手当、奨励加給など）	無条件

外すことで、割増賃金の計算の基礎となる1時間あたりの賃金を抑えられる

割増賃金の計算準備②

06 1時間あたりの基礎賃金を計算する

頻度	毎月	対象	従業員	時期	ー

POINT
- 時間単価を出すには1カ月の平均所定労働時間が必要
- 割増賃金は、区分ごとに計算する

月の平均所定労働時間を計算する

続いて、1カ月の平均所定労働時間（月給制の場合）を計算します。年間の総労働時間を出し、12で割ったものが、月の平均所定労働時間となります。手順は次のとおりです。

①年間の所定労働日数を数える
②①に1日の所定労働時間をかけて年間の所定労働時間を算出する
③②を12で割ったものが、1カ月の平均所定労働時間

右ページのように、最終的な算出目的である「1時間あたりの基礎賃金」は、基本的に月による変動のない基準内賃金を1カ月の平均所定労働時間で割って求めます。各月で所定労働時間を計算すると、31日、30日、28日など暦日数が異なるのに加えて、祝祭日の日数も月によって違うため、毎月変わります。すると1時間あたりの基礎賃金も月により変動してしまい、それに基づいて計算する割増賃金は、所定労働時間の少ない年末年始や夏季休暇のある1月や8月は増え、祝祭日のない6月は減ることになります。

そのため、各月単位でなく、年間単位で月の平均の労働日数や労働時間を求めるのです。

1時間あたりの基礎賃金=時間単価を計算する

最後は1時間あたりの基礎賃金の算出です。1時間あたりの基礎賃金は割増賃金の計算のベースとする時間単価となるものです。

計算は簡単です。1カ月の基準内賃金を、①～③で計算した平均所定労働時間で割るだけです。これで割増賃金の計算の準備は完了です。

この時間単価は割増賃金を計算するにあたって、原則1年間を通して使います。ただし、基本給や手当に変化があった場合には、計算をし直します。

Keyword **基礎賃金**　基本給に各種手当（一部を除く）を加えた合計額を月の所定労働時間数で割った、1時間あたりの賃金額のこと。

割増賃金の計算の基礎となる1時間あたりの賃金の計算方法

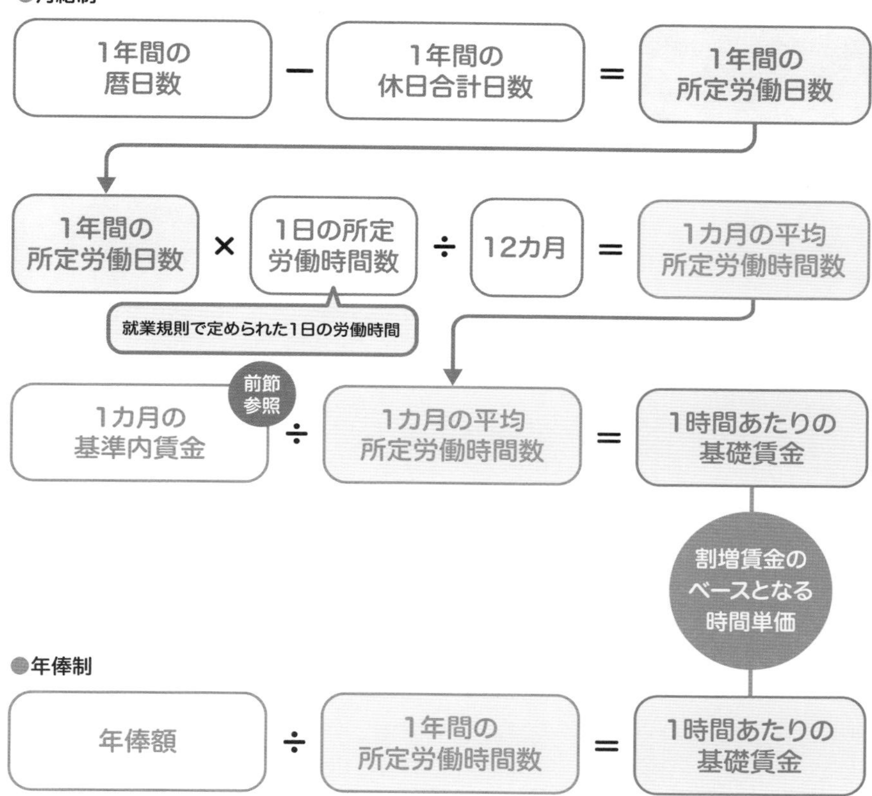

〈計算例〉

1カ月の給与（月給制）：25万7,000円
（基本給21万円、役職手当3万円、家族手当1万円、通勤手当7,000円　※通勤手当は定期代）
1年間の休日合計日数：125日
1日の所定労働時間：8時間

365日－125日＝240日……1年間の所定労働日数
⇒240日×8時間÷12カ月＝160時間……1カ月の平均所定労働時間数
⇒（25万7,000円－1万円－7,000円）÷160時間
＝1,500円……1時間あたりの基礎賃金（割増賃金のベースとなる時間単価）

07 割増賃金を計算する

頻度	毎月	対象	対象の従業員	時期	ー

POINT
- 時間外労働の区分ごとに出した割増賃金を集計する
- 1カ月の基礎賃金を平均所定労働時間数で割り時給単価を算出する

割増賃金の対象となる種類ごとに計算

第3章でも触れましたが、労働基準法で割増賃金の対象としているのは、法定時間外労働、深夜労働、法定休日労働の3つです。

割増賃金は【1時間あたりの基礎賃金（時間単価）×対象になる労働時間×割増率】で計算します。たとえば、法定時間外労働が月40時間だった場合の割増率は25％以上。その従業員の時間単価（前ページ）が1,500円だったとすると、割増賃金は「1,500円×40時間×25％以上＝1万5,000円以上」となります。

割増率は区分ごとに下限が定められていて、法定時間外労働については、月60時間を超えた部分は割増率が上がります。右ページの表のとおり、各割増率は、①法定時間外労働（60時間以内）：25％以上、②法定時間外労働（60時間超）：50％以上、③深夜労働：25％以上、④法定休日労働35％以上です。

割増賃金の計算は、この4つの区分ごとに行うのが原則です。前出の例で法定時間外労働が月80時間だった場合は、「1,500円×60時間×25％以上＋1,500円×20時間×50％以上＝3万7,500円以上」と計算します。

なお、上記例では「以上」としましたが、実際には就業規則に定められた固定の割増率で計算します（以降は「以上」を省略して説明します）。

組み合わさるときは各割増賃金をプラスする

割増賃金の計算でやや迷うのは、4つの区分が組み合わさるケースです。大きく2つのパターンがあります。

⑤「法定時間外労働＋深夜労働」
⑥「法定休日労働＋深夜労働」

法定時間外労働の割増賃金は「時間数」、法定休日労働は「休日」に対して支払われるものですが、深夜労働は22時～翌朝5時という「時間帯」を対象とします。そのため、⑤⑥とも、

賃金の割増率

	労働の種類	割増率
基本パターン	①法定時間外労働(月60時間以内の部分)	25%以上
基本パターン	②法定時間外労働(月60時間を超えた部分)	50%以上
基本パターン	③深夜労働(22時〜翌朝5時)	25%以上
基本パターン	④法定休日労働	35%以上
複合パターン	⑤法定時間外労働 +深夜労働(22時〜翌朝5時)	・月60時間以内 25%+25%=50%以上 ・月60時間超の部分 50%※+25%=75%以上
複合パターン	⑥法定休日労働 +深夜労働(22時〜翌朝5時)	35%+25%=60%以上
間違いやすいケース	所定労働7時間+残業3時間	*法定時間外のみ割増賃金が適用されるため、7時間+3時間−8時間=2時間のみに25%以上
間違いやすいケース	法定休日労働+法定時間外労働	*法定休日労働のみ適用 35%以上
間違いやすいケース	所定休日労働	0%
間違いやすいケース	所定休日労働+法定時間外労働	*法定時間外労働のみ適用 (月60時間以内)25%以上 (月60時間超の部分)50%以上
間違いやすいケース	所定休日労働+深夜労働(22時〜翌朝5時)	深夜労働のみ適用 25%以上

割増賃金の計算例

〈ケースA〉 平日／勤務時間10:00〜19:00(所定労働時間8時間、休憩1時間)／時間単価2,000円／24時まで残業

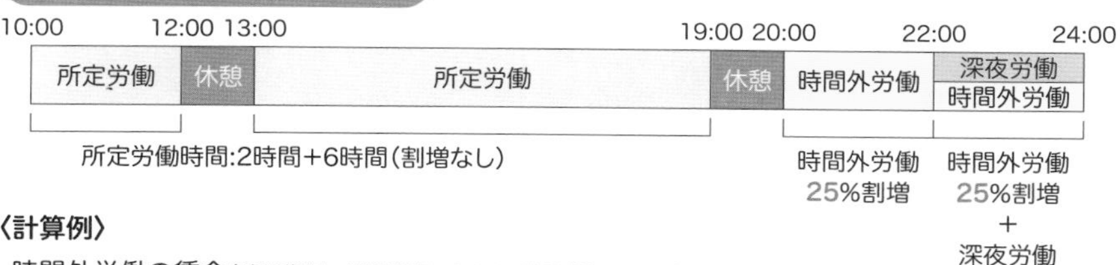

〈計算例〉

・時間外労働の賃金(時間単価+時間単価×0.25=時間単価×1.25)
4時間×2,000円(時間単価)×1.25(割増率加算)=1万円

・深夜労働の割増賃金
2時間×2,000円(時間単価)×0.25(割増率)=1,000円

深夜労働分の割増率（割増賃金）を加算して計算します。

たとえば、前ページの〈ケースA〉のように、勤務時間が10:00〜19:00（所定労働時間8時間）で、法定時間外労働が月60時間以内だった場合、

残業分については法定時間外労働（月60時間以内）の割増率を加算して「時間単価×1.25」で、深夜労働となる22:00〜24：00については、時間外労働（25％）と深夜労働（25％）の両者の割増率を適用して「時間単価×1.5」で計算します（月単位で法定労働時間と深夜労働時間をそれぞれ集計し、各割増率をかけてもOK）。

注意が必要なのが、深夜労働が所定労働時間内のケースです。〈ケースB〉のように交替勤務制などで15：00〜24：00までが所定労働時間内なら、法定時間外労働の割増賃金は発生しないため、22：00〜24：00は深夜労働分のみ加算して「時間単価×1.25」、24：00以降は通常の時間外労働と深夜労働の割増賃金になるので、「時間単価×1.5」で計算します。

休日労働+深夜労働は〇、休日労働+時間外労働は×

休日勤務の割増賃金の計算では、所定休日と法定休日の取り扱いの違いに注意します。

労働基準法で定められている休日の割増賃金は法定休日に対してです。所定休日は割増賃金の対象になりません。ただし、1日の法定時間8時間を超えた分については、通常の時間外労働分の割増賃金が発生します。深夜労働も同様です。また、月60時間を超えた時間外労働になっている場合はその分の割増賃金も加算されます。

一方、法定休日労働については労働時間の分だけ35％の割増賃金が発生し、深夜労働についても加算されます。ただし、法定時間外労働としての割増賃金は加算されません（100ページ）。

所定休日である土曜日と、法定休日である日曜日をまたいで勤務した〈ケースC〉で見てみましょう。

所定休日と法定休日の割増率は24：00に切り替わります。この例では、土曜日の20：00〜22：00は時間外労働の「時間単価×1.25」、22：00〜24：00は時間外労働＋深夜労働の「時間単価×1.5」で計算します。

日曜日になると法定休日となるため、24：00〜5：00は法定休日労働＋深夜労働の「時間単価×1.6」、5：00〜12：00は法定休日労働の「時間単価×1.35」で割増賃金を計算します（休憩時間は除く）。

〈ケースB〉 平日／勤務時間15:00〜22:00（所定労働時間8時間、休憩1時間）／時間単価2,000円／翌朝5時まで残業

シフト時（深夜労働が所定労働時間内）

15:00　19:00　20:00　22:00　24:00　5:00

所定労働｜休憩｜所定労働｜深夜労働（所定労働／時間外労働）

所定労働時間:4時間＋4時間
（時間外労働割増なし）

時間外労働25%割増

深夜労働25%割増

〈計算例〉

・時間外労働の賃金（時間単価＋時間単価×0.25＝時間単価×1.25）

5時間×2,000円（時間単価）×1.25（割増率加算）＝1万2,500円

・深夜労働の割増賃金

7時間×2,000円（時間単価）×0.25（割増率）＝3,500円

〈ケースC〉 土曜:所定休日、日曜:法定休日／勤務時間10:00〜19:00（所定労働時間8時間、休憩1時間）／時間単価2,000円

土曜日から日曜日の昼12時まで勤務

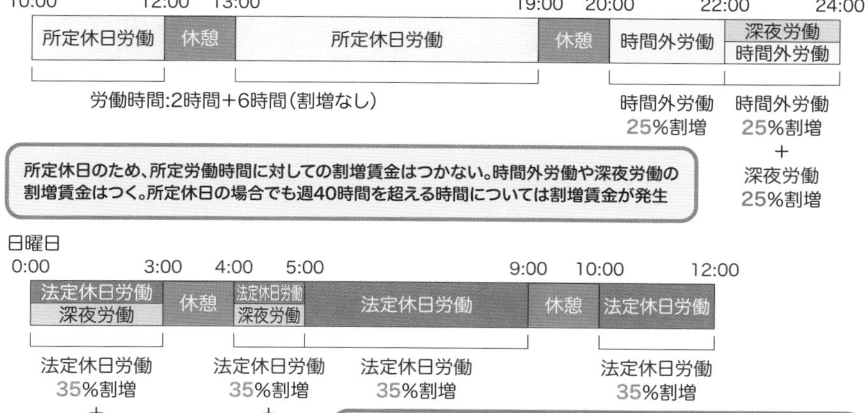

〈計算例〉

・時間外労働の賃金（時間単価＋時間単価×0.25＝時間単価×1.25）

4時間（土曜日）×2,000円（時間単価）×1.25（割増率加算）＝1万円

・法定休日労働の賃金（時間単価＋時間単価×0.35＝時間単価×1.35）

10時間（日曜日）×2,000円（時間単価）×1.35（割増率加算）＝27,000円

・深夜労働の割増賃金

6時間（土曜2時間、日曜4時間）×2,000円（時間単価）×0.25（割増率）＝3,000円

08 割増賃金の計算で生じる端数処理のルール

頻度	毎月	対象	ー	時期	ー

POINT

- 1カ月の時間外労働時間の集計、時間外賃金は四捨五入が可能
- 1カ月の所定労働時間の端数は切り捨て

時間外労働時間数は、日と月の集計で処理が異なる

割増賃金の計算では、従業員の不利になる処理は労働基準法に違反します。まず割増賃金の算出に必要な時間数の計算の端数処理について解説します。

◎1カ月の平均所定労働時間

4-6で従業員の時間単価（月給÷所定労働時間数）を算出する際の、分母になる時間です。「年間の所定労働日数×1日の所定労働時間÷12」で出た時間の小数点以下の数字は切り捨てて計算します。もしくは、小数点第2位くらいまでで以降は切り捨てます。

小数点以下を切り上げると時間単価は低くなり、切り捨てると高くなるので、従業員の有利になるよう切り捨てるか、そのまま使用します。

◎時間外労働時間の集計

1日の集計は分単位で行います。15分、30分などを基準とした切り捨ては不可です。切り捨てると、実際の労働時間よりも少なくなってしまうからです。

一方、1カ月の集計については、就業規則で規定することにより、30分未満の切り捨て、30分以上の切り上げが認められます。なお、1分単位で計算する場合には規定する必要はありません。

割増賃金の金額は基本的に四捨五入できる

時間単価、割増賃金、1カ月の割増賃金の合計額に少数点以下の端数が出た場合には、いずれも四捨五入が認められています。

たとえば、時間単価に1.25をかけて2,777.50円となったときは2,778円とすることができます。

つまり、時間外労働手当、深夜労働手当、休日労働手当の区分ごとに計算し、金額に1円未満の端数が生じた場合は、四捨五入してから合計してもよいということです。

計算で生じる端数の処理ルール

●労働時間で生じる端数の処理ルール

1日の時間外労働などの合計

切り捨て不可
1分単位で計算

1カ月の時間外労働などの合計

30分未満切り捨て
30分以上切り上げOK
※就業規則で規定が必要

1カ月の平均所定労働時間数

端数はそのまま
または切り捨て

1日の集計では、30分などを単位にした切り捨て処理は実際の労働時間との差が著しくなるため不可

・1日の集計を30分単位で行うと従業員の不利になる

残業した日数	1日	2日	3日	4日	合計
実際の残業時間	0.25h	1.15h	2.20h	1.05h	5.05h
1日の集計を30分単位にすると…	0.00h	1.00h	2.00h	1.00h	4.00h

この例では、4日間、約5時間の残業が1時間少なくカウントされてしまう

●金額で生じる端数処理のルール

1時間あたりの賃金額（時間単価）

1時間あたりの割増賃金

1カ月あたりの割増賃金の総額

50銭未満切り捨て、50銭以上切り上げ

〈計算例〉

年間所定労働日数：245日、所定労働時間8時間、月給25万円

$$時間単価＝\frac{月給25万円}{245日×8時間÷12カ月}＝1.530.61⇒1,531円$$

1円未満は四捨五入

09 時給、日給、月給日給制、歩合給、年俸制の勤怠集計と割増賃金

頻度	毎月	対象	従業員	時期	ー

POINT
- 時給制、日給制、月給日給制、歩合給制、年俸制も時間単価を基本にする
- 法定内労働時間に割増賃金を支払うかどうかは会社で定める

時給制、日給制は労働時間の種別に注意

時給制や日給制では、各従業員で始業・終業時刻が異なることが多くなります。始業時刻から終業時間までが所定労働時間、それを超えた勤務は所定外労働時間というのがルールです。所定外労働時間も法定労働時間内であれば、法的な割増賃金は発生しません(98ページ)。

一方、法定労働時間外の労働や深夜労働については、割増賃金の支払い義務があるため、勤怠を正しく集計することが重要になります。

勤怠集計の方法は、法定労働時間内の残業への割増賃金の適用を就業規則で定めているかどうかで異なります。

●規定なしの場合

1日の労働時間のうち、8時間を超えた分、1週間で40時間を超えた分を集計。これが法定外労働時間で、割増賃金の対象になります。

深夜労働については、22：00以降でも法定内であれば深夜割増分のみ加算します。

●規定ありの場合

1日の所定労働時間を超えた分を、割増賃金として集計します。

22：00以降の深夜労働があれば、深夜労働時間も集計します。

勤務形態にかかわらず時間単価が基本

時給制、日給制、月給日給制、歩合給（出来高払い）制、年俸制の割増賃金は時間単価をもとに計算します。時間単価の計算方法はそれぞれ違います。

①時給制の場合

時間給＝時間単価です。

②日給制の場合

日給を1日の所定労働時間で割って計算します。

③月給日給制の場合

月給を1カ月の平均所定労働時間で割って計算します。

時間単価の計算方法

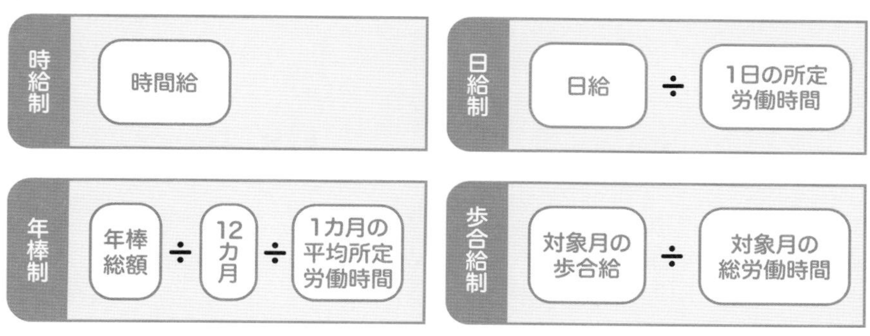

時給制・日給制の勤怠の集計例

勤務時間9:00〜17:00／1日の所定労働時間(7時間、休憩1時間)／週3日勤務

●法定内残業の割増賃金制度「なし」のケース

日付	出社	退社	労働時間	所定外労働時間	法定外労働時間
月	9:00	17:00	7時間		
火					
水	9:00	19:00	9時間	2時間	1時間
木					
金	9:00	20:00	10時間	3時間	2時間
土					
日					
月	9:00	18:00	8時間	1時間	
火					
水	9:00	17:30	7時間30分	30分	
木					
金	9:00	17:00	7時間		

1日8時間の法定労働時間を超えているため、残業(割増賃金対象)として計算

所定労働時間を超えているが、法定労働時間内のため、割増賃金の対象ではない

●法定内残業の割増賃金制度「あり」のケース

日付	出社	退社	労働時間	所定外労働時間	法定外労働時間
月	9:00	17:00	7時間		
火					
水	9:00	19:00	9時間	2時間	1時間
木					
金	9:00	20:00	10時間	3時間	2時間
土					
日					
月	9:00	18:00	8時間	1時間	
火					
水	9:00	17:30	7時間30分	30分	
木					
金	9:00	17:00	7時間		

POINT
法定労働時間の8時間を超えていなくても、所定労働時間(7時間)を超えた分を残業(割増賃金対象)として計算。2+3+1+0.5=6.5時間が割増賃金の対象になる

④年俸制の場合

総支給額を12カ月で割って計算します。業績などによって変動する賞与などがあれば、変動部分は含まず計算します。

年俸を「12カ月分の賃金＋4カ月分の賞与」などと決めている場合には賞与部分も含めて計算します。

⑤歩合給制の場合

固定給部分と歩合給部分を分けて計算します。固定給部分については、「固定給部分の賃金÷1カ月の平均所定労働時間」、歩合給部分については「歩合給部分の賃金÷総労働時間」で計算します。

時給制・日給制・年俸制・歩合制の賃金の計算例

※すべて交通費は除く

●時給制の場合

〈計算例〉

時給：1,050円　　1カ月の時間外労働時間：10時間
勤務日数：20日

1,050円×8時間×20日＝**16万8,000円**……**基本給**
⇒1,050円×10時間×1.25＝1万3,125円……割増賃金
⇒16万8,000円＋1万3,125円＝**18万1,125円**……支給額

●日給制の場合

〈計算例〉

日給：1万500円　　1カ月の時間外労働時間：10時間
勤務日数：20日
1日の所定労働時間：8時間

1万500円×20日＝**21万円**……**基本給**
⇒1万500円÷8時間＝1,313円……時間単価　（1円未満は四捨五入）
⇒1,313円×10時間×1.25＝1万6,413円……時間外労働の賃金（割増賃金を含む）
⇒21万円＋1万6,413円＝**22万6,413円**……支給額

給与全般　健康保険　厚生年金　雇用保険　所得税　住民税

●年俸制の場合

〈計算例〉

年俸：1,200万円（月額75万円＋賞与4カ月300万円） 1カ月の時間外労働時間：10時間
1カ月の平均所定労働時間：160時間

1,200万円÷12カ月＝**100万円**……**1カ月の給与相当額**
⇒100万円÷160時間＝6,250円……時間単価
⇒6,250円×10時間×1.25＝7万8,125円……時間外労働の賃金（割増賃金を含む）
⇒75万円＋7万8,125円＝**82万8,125円**……支給額

1円未満は四捨五入

●歩合給制の場合

A.完全歩合給制の場合

〈計算例〉

歩合給：19万円 1カ月の時間外労働時間：10時間
総労働時間：180時間
1カ月の平均所定労働時間：170時間

19万円÷180時間＝1,056円……時間単価
⇒1,056円×0.25＝**264円**……**1時間あたりの割増賃金**
⇒**264円**×10時間＝2,640円……割増賃金
⇒19万円＋2,640円＝**19万2,640円**……支給額

1円未満は四捨五入

B.固定給と歩合給がある場合

〈計算例〉

固定給：15万円／歩合給：4万円 1カ月の時間外労働時間：10時間
総労働時間：180時間
1カ月の平均所定労働時間：170時間

固定給

15万円÷170時間＝882円……時間単価
⇒882円×1.25＝**1,103円**……**時間外労働1時間あたりの賃金**
⇒**1,103円**×10時間＝1万1,030円……割増賃金

歩合給

4万円÷180時間＝222円……時間単価
⇒222円×0.25＝**56円**……**1時間あたりの割増賃金**
⇒56円×10時間＝560円……割増賃金
⇒19万円＋1万1,030円＋560円＝**20万1,590円**……支給額

1円未満は四捨五入

10 欠勤日の控除額の計算

頻度	毎月	対象	従業員	時期	ー

POINT
- 基準になる1カ月の労働日数の扱いは就業規則に定める
- 欠勤控除で矛盾が生じた場合には、出勤日分を支給する方法もある

控除の計算ルールは会社で決める

所定労働日に、代休や振替休日、有給休暇を取らずに休むと、欠勤扱いになります。欠勤控除額を計算するには、まず1日単価を求めます。

計算方法は右ページのとおりですが、1日単価の分母となる1カ月の日数の取り方には、①1カ月の平均所定労働日数、②対象月の所定労働日数、③対象月の暦日数の3つがあります。

それにより控除額が違ってきますが、労働義務のある日（就業規則などに基づく）に働けなかった分を賃金から差し引く不就労控除の方法には法的な基準はなく、どれを採用するかは会社で決めることができます。ただし、就業規則で規定しておく必要があります。就業規則の作成義務のない従業員数が10人未満の会社でも、計算方法をその都度変えることはできません。

②や③にすると、日割り単価が毎月変わるため、同じ欠勤日数でも月によって控除額が変わってきます。一般的には、①の1カ月の平均所定労働日数を使うことが多いようです。

欠勤控除に矛盾が生じた場合の対処方法

欠勤控除は本来の総支給額から欠勤した日数分の賃金を差し引くだけですが、矛盾が生じるケースもあります。

たとえば、1カ月の給与25万円、平均所定労働日数20日、対象月の所定労働日数22日、欠勤20日だったとします。欠勤控除を計算すると1日単価は「25万円÷20＝1万2,500円」なので、欠勤控除額は「1万2,500円×20＝25万円」です。給与から差し引くと0円になり、2日間の労働分が消滅してしまいます。

こうした場合は「1日単価×出勤日数」の賃金を支払うなど、対処方法を定めておく必要があります。欠勤日数が何日に達したら支給方法を切り替えるか、就業規則に基準や計算方法を明記しておかなければなりません。

欠勤控除の計算方法

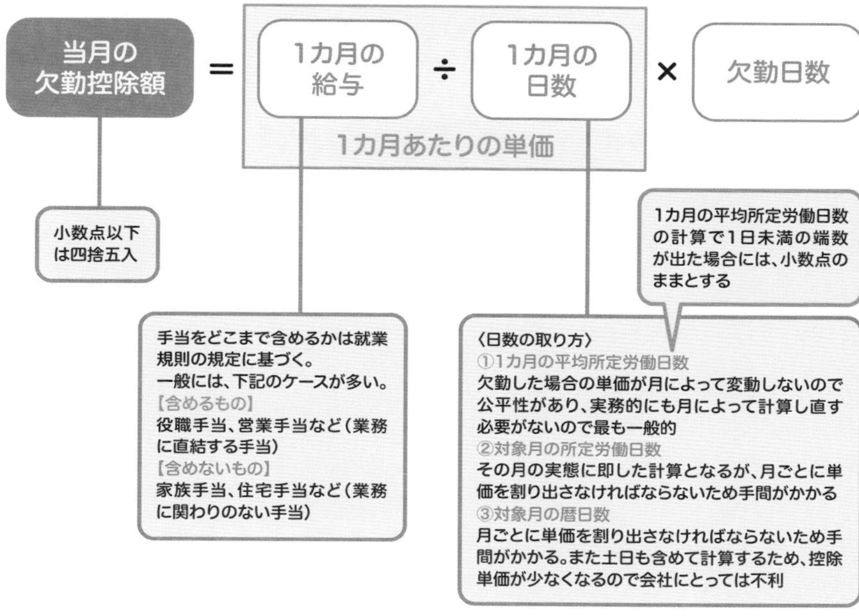

当月の欠勤控除額
=
1カ月の給与
÷
1カ月の日数
×
欠勤日数
1カ月あたりの単価
小数点以下は四捨五入
手当をどこまで含めるかは就業規則の規定に基づく。
一般には、下記のケースが多い。
【含めるもの】
役職手当、営業手当など（業務に直結する手当）
【含めないもの】
家族手当、住宅手当など（業務に関わりのない手当）
1カ月の平均所定労働日数の計算で1日未満の端数が出た場合には、小数点のままとする
〈日数の取り方〉
①1カ月の平均所定労働日数
欠勤した場合の単価が月によって変動しないので公平性があり、実務的にも月によって計算し直す必要がないので最も一般的
②対象月の所定労働日数
その月の実態に即した計算となるが、月ごとに単価を割り出さなければならないため手間がかかる
③対象月の暦日数
月ごとに単価を割り出さなければならないため手間がかかる。また土日も含めて計算するため、控除単価が少なくなるので会社にとっては不利

〈計算例〉

1カ月の給与：25万円　　欠勤日数：3日間
1カ月の所定労働日数：22日間
1日の所定労働時間：8時間

25万円÷22日間×3日＝3万4,091円……当月の欠勤控除額 ― 1円未満は四捨五入

⇒25万円−3万4,091円＝**21万5,909円**……**当月の総支給額**（欠勤控除後の額）

ONE

欠勤控除や遅刻・早退控除が支給項目に記載されるわけ

欠勤や遅刻、早退があった場合には、ノーワーク・ノーペイの原則により、その分の給与は支払われません。所定賃金から「控除」される額ですが、給与明細などの「支給項目」に記載されています。「控除項目」に記載される各種保険料や税金は、これらの不就労控除をした総支給額をもとに計算されます。総支給額を確定させるために、便宜上、支給項目の計算に欠勤等が記載されていると考えるといいでしょう。

11 遅刻・早退の控除額の計算

頻度	毎月	対象	従業員	時期	ー

POINT
- 欠勤控除と同様に控除の時間単価が基本になる
- ノーワーク・ノーペイの原則に従って処理する

控除額は時間単価に遅刻・早退時間をかける

遅刻・早退控除の計算も欠勤控除と同じく、給与から働かなかった分の時間を差し引きます。

具体的には、月給を1カ月の労働時間数で割って時間単価を割り出し、遅刻・早退した分数を（時間単位に換算して）かけて算出します。

1カ月の労働時間数には、割増賃金の計算と同じく「1カ月の平均所定労働時間」か「対象月の所定労働時間」を使用します。対象月の所定労働時間で計算すると毎月控除の単価が変わってしまうため、一般的には1カ月の平均所定労働時間が使われています。実際にどちらを使用しているかは、就業規則で確認してください。

遅刻・早退時間は厳密にカウントする

1カ月の遅刻・早退時間を算出するときは実際の時間より多く引いてしまうと、労働基準法に違反します。第3章でも説明しましたが、原則として1分単位で計算します。

また「15分遅刻したら30分に切り上げる」というような処理方法は、働いた時間分を支払わないことになるため、認められません。一方、5分の遅刻までは切り捨ててカウントしないなど、労働者の不利にならない処理は可能です。

就業規則に、懲戒処分として遅刻・早退の回数による減給方法が定められていることもありますが、これは、遅刻・早退控除とは別のルールに基づく制度です。労働基準法で上限が定められています（93ページ）。

控除額の計算で端数が出た場合には四捨五入となりますが、労働者の不利にならないよう、ノーワーク・ノーペイの原則にのっとって処理しましょう。

Keyword **懲戒処分**　従業員が就業規則や企業秩序に違反した場合に会社が科す処分。戒告、譴責、減給、出勤停止、降格、諭旨解雇、懲戒解雇などがあり、その種類と理由を就業規則で定める。

遅刻・早退控除の計算方法

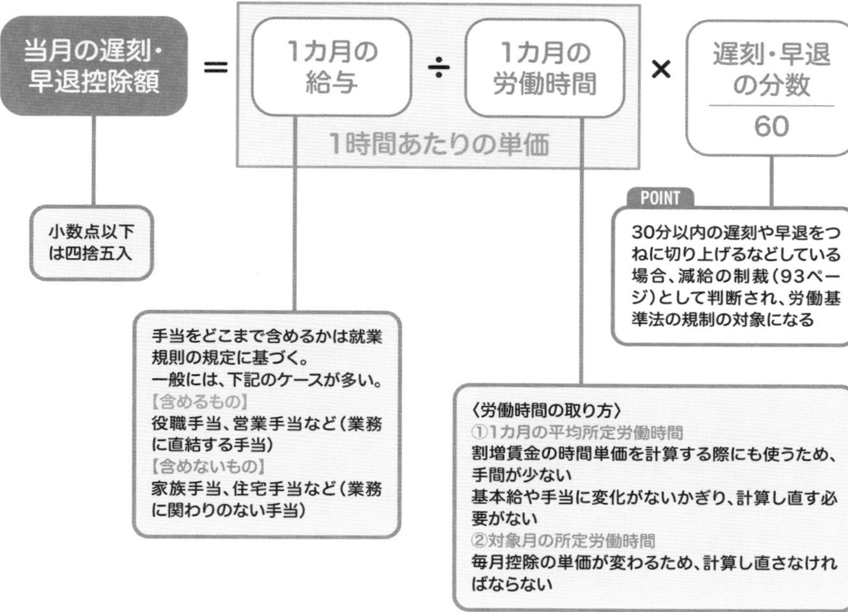

当月の遅刻・早退控除額
=
1カ月の給与
÷
1カ月の労働時間
1時間あたりの単価
×
遅刻・早退の分数 / 60
小数点以下は四捨五入
手当をどこまで含めるかは就業規則の規定に基づく。
一般には、下記のケースが多い。
【含めるもの】
役職手当、営業手当など（業務に直結する手当）
【含めないもの】
家族手当、住宅手当など（業務に関わりのない手当）
〈労働時間の取り方〉
①1カ月の平均所定労働時間
割増賃金の時間単価を計算する際にも使うため、手間が少ない
基本給や手当に変化がないかぎり、計算し直す必要がない
②対象月の所定労働時間
毎月控除の単価が変わるため、計算し直さなければならない
POINT
30分以内の遅刻や早退をつねに切り上げるなどしている場合、減給の制裁（93ページ）として判断され、労働基準法の規制の対象になる

〈計算例〉

1カ月の給与：32万円　　1カ月の遅刻時間：45分
1カ月の平均所定労働時間：160時間
対象月の所定労働時間：120時間

①1カ月の平均所定労働時間で計算

32万円÷160時間＝2,000円……時間単価
⇒2,000円×45/60分＝**1,500円**……**遅刻・早退控除額**

②対象月の所定労働時間で計算

32万円÷120時間＝2,666円……時間単価
⇒2,666円×45/60分＝**1,999円**……**遅刻・早退控除額**

1円未満は四捨五入

12 有給休暇中の給与計算

―― 1日、半日、時間単位の計算方法

頻度	発生の都度	対象	従業員	時期	ー

POINT

- 3つの計算方法から就業規則に定められた方法で計算する
- 法定内労働であれば割増賃金の支払い義務はなし

通常の賃金をもとにした計算方法

96ページで触れたように、有給休暇中の給与計算は、①通常の賃金、②平均賃金、③標準報酬月額のいずれかをもとにします。どの方法を用いるかは就業規則の規定によります。就業規則を作成していない会社でも、計算方法を頻繁に変えることはできません。

3つのなかで最も一般的なのは、①の計算方法です。通常の賃金を支払うので、月給制の従業員の有給休暇については特別な給与計算は不要です。

日給や時給で働いている従業員に対しても考え方は同じです。有給休暇中も働いたものとして、その日数や時間分の金額を給与として支払います。

出来高払いや請負制などでは、直近で支払われた「賃金算定期間の賃金総額」を通常の賃金として、【賃金算定期間の賃金総額÷賃金算定期間における総労働時間×1日の平均所定労働時間】で1日あたりの賃金を算出し、取得した有給休暇の日数をかけて支給します。たとえば、直近に支払われた賃金が10日間で15万円、この期間の総労働時間が80時間、1日の平均所定労働時間が6時間だった場合、15万円÷80時間×6時間＝11,250円が有給休暇1日あたりの賃金となります。

平均賃金をもとにした計算方法

②の平均賃金による計算方法は、直近3カ月の賃金総額を暦日数で割った額と、直近3カ月の賃金総額を労働日数で割った額の60%を比較し、金額の大きいほうを1日あたりの平均賃金とします。これに有給休暇の取得日数をかけて計算します。

直近3カ月の給与総額には、基本給のほかに諸手当、歩合給、割増賃金など毎月支払われている手当を含みます。臨時に支払われた賃金や半年ごとの賞与などは含めません。そのため、①の方法よりも給与額は少なくなります。

日給や時給、歩合制などの従業員の

有給休暇中の通常の賃金による計算方法

月　給	月給÷当月の所定労働日数
日　給	そのまま
週　給	週給÷当週の所定労働日数
時　給	時給×所定労働時間
上記以外の一定期間賃金	上記に準じて計算

平均賃金の計算方法

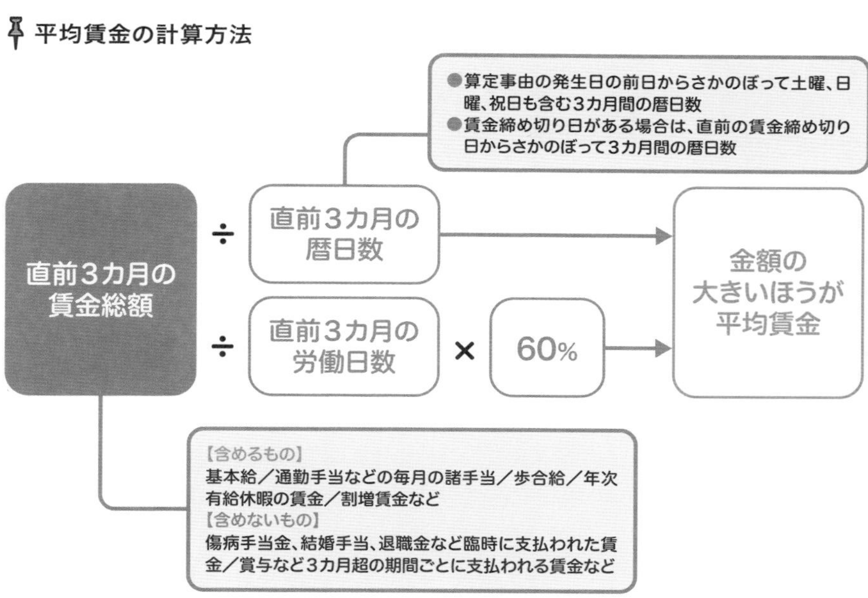

〈計算例〉

直前3カ月の賃金：28万円、32万3,000円、30万1,400円
直前3カ月の暦日数：30日、31日、30日／直前3カ月の労働日数：20日、19日、22日

28万円＋32万3,000円＋30万1,400円＝**904,400円**……**3カ月の賃金総額**

904,400円÷（30日＋31日＋30日）＝**9,939円**……**暦日数による計算**

904,400円÷（20日＋19日＋22日）×60％＝**8,896円**……**労働日数による計算**

1円未満は小数点3位以下を切り捨て

9,939円 ＞ 8,896円

平均賃金

場合、直近3カ月に土日・祝日などが多いと、暦日数に対して給与が相対的に少なくなります。その結果、1日あたりの平均賃金も少なくなるため、有給休暇中の賃金が下がり、月給制の従業員との間に不公平感が生まれる可能性があります。

なお、平均賃金は会社都合で従業員を休ませた場合の休業手当や、懲戒処分、**解雇予告手当**などの計算の際にも用います。計算の仕方を覚えておきましょう。

標準報酬月額をもとにした計算方法

③の標準報酬月額による計算方法は、健康保険料の標準報酬月額を30日で割り、有給休暇の日数分をかけて計算するものです。あらかじめ決まっている標準報酬月額を利用するため、②の方法よりも簡単です。

ただし、健康保険料の標準報酬月額には139万円という上限があります。それ以上の給与をもらっている人は139万円をもとに計算するため、有給休暇中の給与額は普段より少なくなります。この計算を用いるには労使協定の締結が必要なこともあり、あまり使われていません。

半日有給に残業が発生したときの計算方法は?

午前中に半日の有給休暇を取得していて、午後から出社して残業になった場合の給与計算はどのように処理すればいいのでしょうか。

実労働時間が8時間を超えなければ、割増賃金は発生しません（98ページ）。ただし、就業規則で終業時刻後の労働に対して割増賃金の支払いが規定されている場合は割増賃金を加算します。

また、深夜労働については時間帯に対して発生するため、通常の割増賃金が発生します。

では、午後から半日有給休暇を取得していたのに、午後に仕事がズレ込んだときはどうでしょう。

残業の理由が従業員の自己都合の場合は、午後半休を取り消し、定時より早く終業したら早退扱いにできます。

一方、会社都合の場合には、特例的に残業時間分の賃金を支払うことで処理する場合もあります。“特例的に”と断わりを入れたのは、有給休暇中に勤務を命じることはあってはならないからです。また、就業規則に時間単位の年次有給休暇制度の取得が規定されていなければ、時間単位で有給取得することもできません。あくまで非常手段と心得ましょう。

Keyword **解雇予告手当**　企業は原則として、従業員を解雇する場合は少なくとも30日前に通告しなければならない。30日前までに解雇予告をしなかった場合、解雇予告手当を支払わなければならない。

半日休暇を午前中に取得して午後残業になった場合

所定勤務時間9:00～18:00(所定労働時間8時間、休憩1時間)／24時まで残業

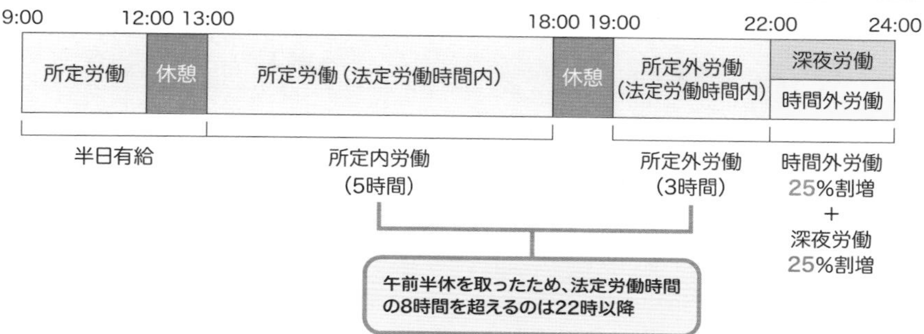

〈計算例〉

通常の賃金をもとに計算した場合
時間単価1,200円のケース

=18,000円……**この日の賃金**

ONE

平均賃金で計算する会社都合の休業手当と解雇予告手当

平均賃金は会社の都合で従業員を休ませた場合の休業手当や、解雇予告手当などの賃金計算にも使います。労働基準法では、会社都合による休業期間中は平均賃金の60%以上の支払いを定めています。

また、解雇予告手当は、会社が30日以上前の解雇予告をせずに従業員を解雇するときに支払う手当です。30日に不足する日数分の平均賃金の支払いが義務づけられています(平均賃金の30日分が最大)。

13 入社・退職者の給与の計算

頻度 発生の都度 ｜ 対象 新入社員・退職者 ｜ 時期 ー

POINT
- 日割り賃金を出す計算は3つの方法がある
- 通勤手当(交通費)の支給・返金ルールを確認しておく

入社、退職者の給与は日割り計算する

月の途中で入社・退職した月給制・日給月給制の従業員は1日単価の給与で計算します。いわゆる日割り計算となります。

1日単価の計算の分母となる1カ月の日数の取り方は欠勤控除（136ページ）の場合と同じで、①平均所定労働日数、②所定労働日数、③暦日数の3つがあり、どれを用いるかは就業規則の規定によります。

また、1日単価の計算の分子となる月給の金額も就業規則によります。通常、基本給は当然として、諸手当については、どこまで含めるかはさまざまです。業務に直結しない家族手当や住宅手当などは除外するところもあるので注意が必要です。

通勤手当の支給・返金方法はルールを確認

入社月の通勤手当の支給は、通勤経路の「1日分の往復単価×出勤日数」か「1カ月分の定期代の日割り計算」で、どちらの方法を採用しているか就業規則を確認しましょう。支給額に違いが出ますが、方法が統一されていれば問題ありません。

退職時の通勤手当については、通勤定期の期限が残っている場合は返金してもらう必要があります。返金額は①交通機関から払い戻した金額、②定期代を月割した額×未使用分の月数の額、③未使用期間を日割り計算した額、といった計算方法があります。

ただし、定期券の払い戻しは額面を日割りして返金されるわけではなく、手数料が差し引かれたり、有効期間が1カ月未満では払い戻しができない場合があります。鉄道会社によっても対応が異なるため、返金のルールを細かく就業規則で規定しておく必要があります。

1日単価（日割り賃金）の計算方法

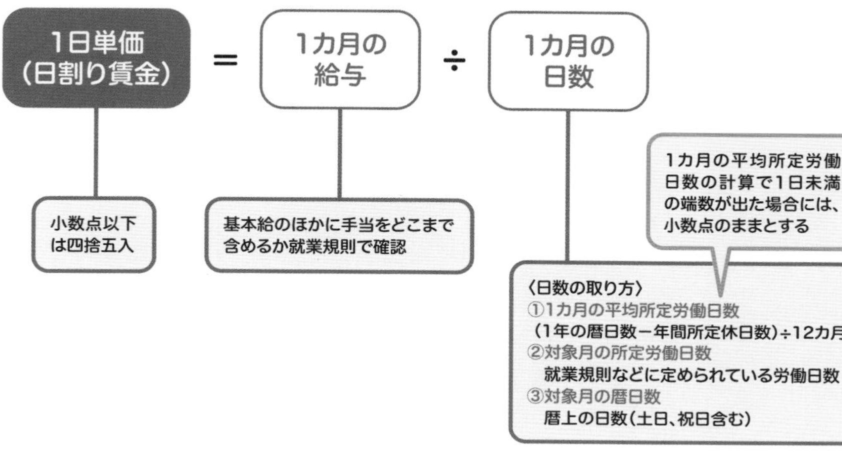

日数の取り方による通勤手当の1日単価の違い

〈計算例〉

1カ月の給与：25万円（諸手当を一部含む）　出勤日数：10日（月の途中で入社または退社）
1カ月の平均所定労働日数：20日
対象月の所定労働日数：22日
対象月の暦日数：30日

①1カ月の平均所定労働日数で計算

25万円÷20日＝1万2,500円……1日単価
⇒1万2,500円×10日＝**12万5,000円**……支給額

②対象月の所定労働日数で計算

25万円÷22日＝1万1,364円……1日単価
⇒1万1,364円×10日＝**11万3,640円**……支給額

1円未満は四捨五入

③対象月の暦日数で計算

25万円÷30日＝8,333円……1日単価
⇒8,333円×（10日＋2日）＝**9万9,996円**……支給額

勤務期間の休日を含める

暦日数で計算する場合は、勤務期間の所定休日の日数も計算に含めます

第4章 月次の給与計算③ 支給項目を計算する

COLUMN 4

短時間正社員の給与計算の方法

短時間正社員の基本給の求め方

短時間正社員とは、フルタイムの正社員と同等の能力やスキルがありながら、育児や介護など、諸事情により長い時間働けない人材に向けた雇用形態です。労働条件としては一般的に、

①期間の定めがない労働契約（無期労働契約）を締結

②時間あたりの基本給および賞与・退職金等の算定方法等は同種のフルタイム正社員と同等

となっています。

短時間正社員の基本給は、以下のように求めます。

※所定労働時間：1日の所定労働時間×1カ月の所定労働日数

上記の計算式に当てはめると、以下のような計算になります。

〈計算例〉

フルタイムの正社員基本給：27万円　1日の所定労働時間：8時間

短時間正社員の1日の所定労働時間：6時間

1カ月の所定労働日数：20日（正社員、短時間正社員も同じ）

27万円×(6時間×20日)÷(8時間×20日)

＝27万円×120時間÷160時間

＝20万2,500円

上記に各種手当などを加えたものが総支給額となります。

なお、短時間正社員でも残業はできます。時間外労働に関する考え方は正社員と同じです。

第5章

月次の給与計算④
控除項目を計算する

第５章では、控除項目について解説していきます。控除項目とは、従業員の給与から差し引かれるもので、健康保険料や厚生年金保険料などの社会保険料、所得税、住民税などがあります。社会保険料と税金は、天引きしたものを会社がまとめて納付します。計算方法や納付に関しては決められたルールがあるので、しっかり理解しておく必要があります。

01 社会保険料のしくみと計算

頻度	ー	対象	ー	時期	ー

POINT
- 標準報酬月額に保険料率を掛けて保険料を算出する
- 介護保険は40歳になった翌月から徴収開始

4、5、6月の給与の1カ月平均が算定の基本になる

社会保険料（健康保険料、介護保険料、厚生年金保険料）は、毎月の給与から前月分の保険料を徴収し、その月の末日までに日本年金機構に納付します（4月分の保険料であれば、納付期限は5月末日）。

社会保険料の額は、標準報酬月額×各保険料率で求めます。ただし、実務的には、健康保険・厚生年金保険の保険料額表に、計算した各従業員の報酬月額をあてはめ、該当する標準報酬等級の行を見れば保険料がわかります。そのため、実際に保険料を計算する必要はありません。

報酬月額とは、原則、4、5、6月の3カ月間の給与の総支給額の1カ月あたりの平均額のことです。この報酬月額は9月～翌年8月までの社会保険料の算定基準となります。途中で給与が大きく変動した場合を除き、毎月の社会保険料の控除額に変動はありません。

標準報酬等級は健康保険で50、厚生年金保険で32に分かれており、たとえば報酬月額が35万円以上37万円未満の人なら、健康保険料は25等級、厚生年金保険料は22等級となります。

保険料は会社と従業員で折半しますので、保険料額表の「折半額」を従業員の給与から控除します。

加入している健保によって保険料率は異なる

保険料額表による健康保険料については、会社が全国健康保険協会（協会けんぽ）と組合健保のどちらに加盟しているかによって保険料率が異なるため、注意が必要です。

協会けんぽは、中小企業が主に加入していて、都道府県ごとに保険料率が決められています。

健康保険組合は、大企業が独自に運営している、あるいは業界内の企業が

Keyword **日本年金機構**　公的年金の保険料徴収や加入記録の管理、年金給付など、公的年金の事務全般を取り扱う特殊法人。

給与全般　健康保険　厚生年金　雇用保険　所得税　住民税

社会保険料の納付スケジュール

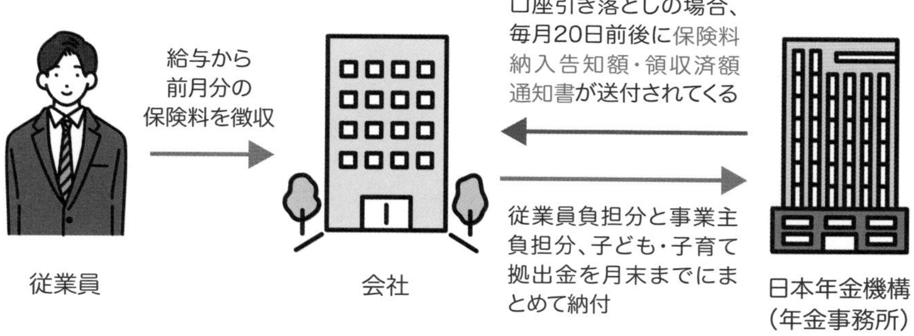

給与から
前月分の
保険料を徴収
口座引き落としの場合、
毎月20日前後に保険料
納入告知額・領収済額
通知書が送付されてくる
従業員負担分と事業主
負担分、子ども・子育て
拠出金を月末までにま
とめて納付
従業員
会社
日本年金機構
（年金事務所）

健康保険・厚生年金の保険料額表

●協会けんぽ東京支部（令和6年3月分）の例

令和6年3月分（4月納付分）からの健康保険・厚生年金保険の保険料額表

・健康保険料率：令和6年3月分～　適用　　・厚生年金保険料率：平成29年9月分～　適用
・介護保険料率：令和6年3月分～　適用　　・子ども・子育て拠出金率：令和2年4月分～　適用

（東京都）　　　　　　　　　　　　　　　　　　　　　　　　　　　　　（単位：円）

標準報酬		報酬月額		全国健康保険協会管掌健康保険料				厚生年金保険料（厚生年金基金加入員を除く）	
				介護保険第2号被保険者に該当しない場合		介護保険第2号被保険者に該当する場合		一般、坑内員・船員	
				9.98%		11.58%		18.300%※	
等級	月額			全額	折半額	全額	折半額	全額	折半額
		円以上	円未満						
1	58,000	～	63,000	5,788.4	[illegible]	[illegible]	[illegible]		
2	68,000	63,000 ～	73,000	6,786.4	[illegible]	[illegible]	[illegible]		
3	78,000	73,000 ～	83,000	7,784.4	[illegible]	[illegible]	[illegible]		
4(1)	88,000	83,000 ～	93,000	8,782.4	[illegible]	[illegible]	[illegible]	[illegible]	[illegible]
5(2)	98,000	93,000 ～	101,000	9,780.4	[illegible]	[illegible]	[illegible]	[illegible]	[illegible]
6(3)	104,000	101,000 ～	107,000	10,379.2	[illegible]	[illegible]	[illegible]	[illegible]	9,516.00
7(4)	110,000	107,000 ～	114,000	10,978.0	5,489.0	12,738.0	6,369.0	20,130.00	10,065.00
8(5)	118,000	114,000 ～	122,000	11,776.4	5,888.2	13,664.4	6,832.2	21,594.00	10,797.00
9(6)	126,000	122,000 ～	130,000	12,574.8	6,287.4	14,590.8	7,295.4	23,058.00	11,529.00
10(7)	134,000	130,000 ～	138,000	13,373.2	6,686.6	15,517.2	7,758.6	24,522.00	12,261.00
11(8)	142,000	138,000 ～	146,000	14,171.6	7,085.8	16,443.6	8,221.8	25,986.00	12,993.00
12(9)	150,000	146,000 ～	155,000	14,970.0	7,485.0	[illegible]	[illegible]	27,450.00	13,725.00
[illegible]	[illegible]	[illegible]	[illegible]	[illegible]	7,984.0	[illegible]	[illegible]	29,280.00	14,640.00
[illegible]	[illegible]	[illegible]	[illegible]	[illegible]	8,483.0	[illegible]	[illegible]	31,110.00	15,555.00
[illegible]	[illegible]	[illegible]	[illegible]	[illegible]	8,982.0	[illegible]	[illegible]	32,940.00	16,470.00
[illegible]	[illegible]	[illegible]	[illegible]	[illegible]	9,481.0	[illegible]	[illegible]	34,770.00	17,385.00
[illegible]	[illegible]	[illegible]	[illegible]	[illegible]	9,980.0	[illegible]	[illegible]	36,600.00	18,300.00
[illegible]	[illegible]	[illegible]	[illegible]	[illegible]	10,978.0	25,476.0	12,738.0	40,260.00	20,130.00
[illegible]	[illegible]	[illegible]	[illegible]	[illegible]	11,976.0	27,792.0	13,896.0	43,920.00	21,960.00
[illegible]	[illegible]	[illegible]	[illegible]	[illegible]	12,974.0	30,108.0	15,054.0	47,580.00	23,790.00
21(18)	280,000	270,000 ～	290,000	27,944.0	[illegible]	[illegible]	[illegible]	[illegible]	25,620.00
22(19)	300,000	290,000 ～	310,000	29,940.0	14,970.0	34,740.0	17,370.0	54,900.00	27,450.00
23(20)	320,000	310,000 ～	330,000	31,936.0	15,968.0	37,056.0	18,528.0	58,560.00	29,280.00
24(21)	340,000	330,000 ～	350,000	33,932.0	16,966.0	39,372.0	19,686.0	62,220.00	31,110.00
25(22)	360,000	350,000 ～	370,000	35,928.0	17,964.0	41,688.0	20,844.0	65,880.00	32,940.00
26(23)	380,000	370,000 ～	395,000	37,924.0	18,962.0	44,004.0	22,002.0	69,540.00	34,770.00
27(24)	410,000	395,000 ～	425,000	40,918.0	20,459.0	47,478.0	23,739.0	75,030.00	37,515.00
28(25)	440,000	425,000 ～	455,000	43,912.0	21,956.0	50,952.0	25,476.0	80,520.00	40,260.00
29(26)	470,000	455,000 ～	485,000	46,906.0	23,453.0	54,426.0	27,213.0	86,010.00	43,005.00
30(27)	500,000	485,000 ～	515,000	49,900.0	24,950.0	57,900.0	28,950.0	91,500.00	45,750.00
31(28)	530,000	515,000 ～	545,000	52,894.0	26,447.0	61,374.0	30,687.0	96,990.00	48,495.00
32(29)	560,000	545,000 ～	575,000	55,888.0	27,944.0	64,848.0	32,424.0	102,480.00	51,240.00
33(30)	590,000	575,000 ～	605,000	58,882.0	29,441.0	68,322.0	34,161.0	107,970.00	53,985.00
34(31)	620,000	605,000 ～	635,000	61,876.0	30,938.0	71,796.0	35,898.0	113,460.00	56,730.00
[illegible]	[illegible]	[illegible]	[illegible]	[illegible]	[illegible]	[illegible]	[illegible]	[illegible]	[illegible]
[illegible]	[illegible]	[illegible]	[illegible]	[illegible]	[illegible]	[illegible]	[illegible]		
[illegible]	[illegible]	[illegible]	[illegible]	[illegible]	[illegible]	[illegible]	[illegible]		
[illegible]	[illegible]	[illegible]	[illegible]	[illegible]	[illegible]	[illegible]	[illegible]		
[illegible]	[illegible]	[illegible]	[illegible]	[illegible]	[illegible]	[illegible]	[illegible]		
[illegible]	[illegible]	[illegible]	[illegible]	[illegible]	[illegible]	[illegible]	[illegible]		
41	880,000	855,000 ～	[illegible]	[illegible]	[illegible]	[illegible]	[illegible]		
42	930,000	905,000 ～	[illegible]	[illegible]	[illegible]	[illegible]	[illegible]		
43	980,000	955,000 ～	1,005,000	97,804.0	48,902.0	[illegible]	[illegible]		
44	1,030,000	1,005,000 ～	1,055,000	102,794.0	51,397.0	119,274.0	59,637.0		
45	1,090,000	1,055,000 ～	1,115,000	108,782.0	54,391.0	126,222.0	63,111.0		
46	1,150,000	1,115,000 ～	1,175,000	114,770.0	57,385.0	133,170.0	66,585.0		
47	1,210,000	1,175,000 ～	1,235,000	120,758.0	60,379.0	140,118.0	70,059.0		
48	1,270,000	1,235,000 ～	1,295,000	126,746.0	63,373.0	147,066.0	73,533.0		
49	1,330,000	1,295,000 ～	1,355,000	132,734.0	66,367.0	154,014.0	77,007.0		
50	1,390,000	1,355,000 ～		138,722.0	69,361.0	160,962.0	80,481.0		

※厚[illegible]厚生[illegible]定められている免除保険料率（2.4%～5.0%）を控除した率となります。

加入する基金ごとに異なりますので、免除保険料率および厚生年金基金の掛金については、加入する厚生年金基金にお問い合わせください。

◆介護保[illegible]号被保険者[illegible]歳から64歳[illegible]であり、健[illegible]料率（9.98[illegible]護保険料率[illegible]が加わりま[illegible]

POINT 保険料率は都道府県ごとに変わる。従業員の居住地ではなく、会社の所在地が適用される

4月～6月の平均給与（報酬月額）が36万5,000円の場合、「35万～37万円」の欄に該当し、標準報酬月額は「36万円」となる

折半額の欄の金額を給与から控除

健康保険：25等級
厚生年金保険：22等級

介護保険料の徴収なし（40歳未満）の健康保険料

介護保険料の徴収あり（40歳以上65歳未満）の健康保険料

厚生年金保険料

協同で設立したものがあり、組合ごとに保険料率が異なります。

どちらも保険料率は毎年3月分（4月納付分）から改定されます。必ず最新の健康保険・厚生年金保険の保険料額表を使用してください。

なお、厚生年金も、基金のある会社は保険料率が低くなります。会社ごとの運営のため、厚生年金基金保険料もそれぞれ違います。

介護保険料の控除は40歳以上65歳未満

介護保険の被保険者は40歳以上で、65歳未満の第2号被保険者、65歳以上の第1号被保険者に分かれます。

40歳から64歳までの医療保険加入者は第2号被保険者といい、健康保険料に加える形で介護保険料も徴収されます。対象年齢の人は、前出の健康保険・厚生年金保険の保険料額表で「介護保険第2号被保険者に該当する場合」の欄の保険料を控除します。

65歳以上の介護保険第1号被保険者は、住所のある市区町村に自身で納めます。39歳以下の人は介護保険料の負担はありません。どちらも「介護保険第2号被保険者に該当しない場合」の保険料となります。会社が給与から介護保険料も控除する人は、40歳から64歳の従業員だけです。

介護保険料率は、第1号被保険者は市区町村ごとに、第2号被保険者は全国一律で決まっており、3年ごとに見直しが行われます。

給与全般
健康保険
厚生年金
雇用保険
所得税
住民税

ONE 子ども･子育て拠出金は事業主のみの負担

従業員の給与の控除には関係ありませんが、給与計算の際に「子ども･子育て拠出金」を計算します。これは、子育て支援のための税金です。

給与から控除する社会保険料と異なり、子ども･子育て拠出金を従業員が負担する必要はありません。従業員を雇用している会社が負担するもので、従業員に子どもがいるかどうかは関係なく、厚生年金に加入している全従業員が対象です。従業員の標準報酬月額に拠出金率を掛けて算出し、全従業員の合計額を厚生年金保険料と一緒に納付します。

Keyword **介護保険**　介護を必要としている人の自立支援や、介護する家族の負担軽減を目的とし、介護を必要としている人に費用を給付する保険制度。40歳以上は加入が義務づけられている。

社会保険料の負担割合（2024年度、東京都の例）

	保険の種類	保険料率	会社負担／本人負担	徴収年齢	保険料率の説明
社会保険	健康保険料（協会けんぽ）	9.98%	4.99%／4.99%	75歳未満	保険料率は都道府県によって異なる
	介護保険料（協会けんぽ）	1.6%	0.8%／0.8%	40歳〜64歳	保険料率は全国一律
	厚生年金保険料	18.3%	9.15%／9.15%	70歳未満	一般、坑内員・船員とも同じ保険料率に（2017年より）

標準報酬月額 × 保険料率 ÷ 2 ＝ 給与から控除する保険料（本人負担分）

報酬月額（4〜6月の平均給与）で決まる …

報酬月額に含まれる給与	報酬月額に含まれない給与
基本給、諸手当、通勤手当、残業代、賞与（年4回以上の場合）など	退職金、祝い金、見舞金、賞与（年3回以下）、休業補償手当、傷病手当、出張費など

「健康保険・厚生年金の保険料額表」以外に保険料を確認できる書類

●保険料納入告知額・領収済通知書

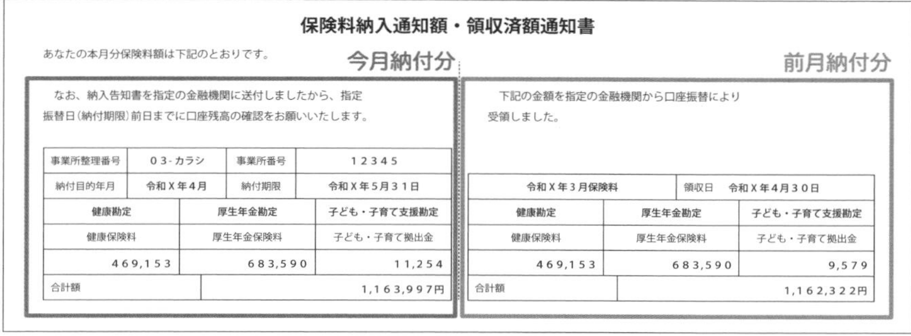

保険料納入通知額・領収済額通知書

あなたの本月分保険料額は下記のとおりです。

今月納付分
前月納付分

なお、納入告知書を指定の金融機関に送付しましたから、指定振替日（納付期限）前日までに口座残高の確認をお願いいたします。

事業所整理番号	03-カラシ	事業所番号	12345
納付目的年月	令和X年4月	納付期限	令和X年5月31日

健康勘定	厚生年金勘定	子ども・子育て支援勘定
健康保険料	厚生年金保険料	子ども・子育て拠出金
469,153	683,590	11,254
合計額		1,163,997円

下記の金額を指定の金融機関から口座振替により受領しました。

令和X年3月保険料	領収日　令和X年4月30日

健康勘定	厚生年金勘定	子ども・子育て支援勘定
健康保険料	厚生年金保険料	子ども・子育て拠出金
469,153	683,590	9,579
合計額		1,162,322円

●健康保険・厚生年金保険被保険者標準報酬決定通知書

健康保険・厚生年金保険被保険者標準報酬決定通知書

事業所整理記号　57-ノロヌ

事業所番号　18589

被保険者整理番号	被保険者氏名	※1 適用年月	決定後の標準報酬月額（健保）	決定後の標準報酬月額（厚年）	※1 生年月日	※2 種別
1	中村英明	RX. 9	360千円	360千円	S42. 11. 24	第一種

7月に算定基礎届（254ページ）を提出すると、日本年金機構や健康保険組合から交付される
適用年月と標準報酬月額

02 社会保険料の計算における端数処理のルール

頻度	ー	対象	ー	時期	ー

POINT
- 個人負担分と合計社会保険料で端数処理が異なる
- 社会保険料額から個人負担額を引いて会社負担額を出す

個人負担分の社会保険料は50銭以下を切り捨てる

健康保険・厚生年金保険の保険料額表には、1円未満の端数が記載されています。社会保険料の計算をする際、1円未満の端数が出るためです。給与から控除する際はどのように処理すればいいのでしょうか。

本人負担分の計算においては、「50銭以下を切り捨て、50銭を超えたら切り上げ」が基本です。四捨五入ではなく、五捨五超入（ごしゃごちょうにゅう）となります。

たとえば、健康保険料の折半額が5,395.5円と記載されている場合、この0.5円＝50銭は切り捨てて、5,395円を本人から徴収します。

健康保険、介護保険、厚生年金保険ともに同じルールで処理します。

従業員の社会保険料の合計は端数を切り捨てる

会社負担分は本人負担分と同額になるとは限りません。前出の例では、本人と同じ5,395円を会社負担とすると合計10,790円となり、保険料額表の健康保険料額の「全額」の10,791円に1円足りません。この不足分は会社が負担することになっています。

実務上の手順としては、まず折半する前の各人の保険料の全額を端数処理せずに合計し、1円未満の端数を切り捨てたものが納付額となります。

次に、各従業員から徴収する保険料（折半額）を端数処理して確定させ、その徴収した合計額を納付額から差し引いたものが、会社負担分の保険料となります。

厚生年金保険料についても手順や端数の処理方法は同じです。会社負担分は、【社会保険料納付額（全額を合計して1円未満を切り捨て）－本人負担分の保険料（端数処理済み）の合計額】となります。

Keyword **五捨五超入**　小数点以下が0.5以下の場合は切り捨て、小数点以下が0.5を超えた場合は切り上げて処理すること。

社会保険料の計算手順と端数処理のルール

健康保険料、介護保険料、厚生年金保険料とも手順やルールは共通

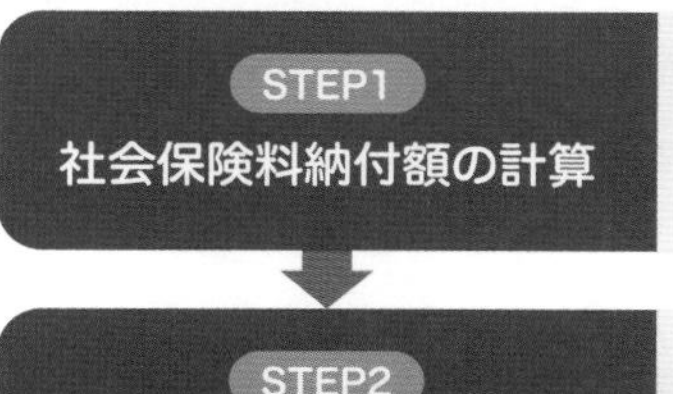

保険料額表から、各従業員に該当する保険料の「全額」を端数処理せずに合計したあと、1円未満の端数を切り捨て

STEP2 徴収する保険料の計算

保険料額表から、各従業員の報酬月額および被保険者タイプに該当する「折半額」を五捨五超入で端数処理し、本人負担分の保険料を確定

STEP3 会社負担分の保険料の計算

社会保険料の納付額(STEP1)
ー本人負担分の保険料(STEP2)

社会保険料の計算例(愛知県の場合)

	種　別	Aさん	Bさん	Cさん(介護保険料あり)
基礎	報酬月額	14万円	30万円	58万円
全体	健康保険料(全額)……①	14,214.2円	30,030円	69,797円
	厚生年金保険料(全額)……②	25,986円	54,900円	107,970円
	保険料合計(①+②)	40,200.2円	84,930円	177,767円
	納付額……③(端数処理)	**40,200円**	**84,930円**	**177,767円**
従業員	健康保険料(折半額)	7,107.1円	15,015.1円	34,898.5円
	上記端数処理……④	7,107円	15,015円	34,898円
	厚生年金保険料(折半額)	12,993円	27,450円	53,985円
	上記端数処理……⑤	12,993円	27,450円	53,985円
	本人負担分……④+⑤=⑥	20,100円	42,465円	88,883円
会社	会社負担分(③−⑥)	20,100円	42,465円	88,884円

端数つきのまま各従業員の社会保険料を合計

STEP1 社会保険料合計の1円未満の端数切り捨てが納付額

STEP2 従業員負担の折半額は端数を五捨五超入

STEP3 端数処理による不足分は、会社が負担する

03 社会保険料が変わるタイミングと徴収開始・終了年齢

頻度	ー	対象	ー	時期	ー

POINT

- 40歳、65歳、70歳、75歳になる従業員がいないかを月ごとにチェック
- 健康保険の75歳到達以外は、誕生日前日が到達日になる

誕生日ではなく、年齢到達日が基準

社会保険料は年齢によって、徴収開始月、終了月が異なります。毎月、その年齢に達する従業員がいないか確認します。その際、年齢は誕生日ではなく、年齢到達日が基準となることに注意しましょう。年齢到達日とは、社会保険では原則、誕生日の前日のことです。たとえば、1日生まれの人は前月末日、2日生まれの人は当月1日が年齢到達日となります。この年齢到達日が属する月を基準に、保険料の支払いの開始月や終了月が決まります。

毎月、確認が必要な4つの年齢

社会保険料の節目となるのは以下の年齢です。保険料を翌月徴収している場合で説明します。

【40歳】介護保険の第2号被保険者として、保険料の支払い義務が年齢到達日の月から発生します。給与からの徴収はその翌月からです。

【65歳】介護保険第2号被保険者の資格を年齢到達日の月に喪失します。その前月分まで保険料の支払い義務があるため、給与からの徴収は年齢到達日の月が最後となります。

【70歳】70歳の誕生日の前日に厚生年金の被保険者の資格を喪失します。最後の支払い義務、徴収月の考え方は介護保険料と同じです。健康保険料については引き続き徴収します。

【75歳】75歳の誕生日で健康保険の被保険者資格を喪失し、**後期高齢者医療**の被保険者となります。ほかのケースと違って、資格喪失日は年齢到達日ではなく、誕生日当日となります。よって、75歳の誕生日の属する月の前月分まで保険料の支払い義務があり、給与から徴収するのは誕生日の月までとなります。

Keyword **後期高齢者医療**　75歳以上（一定の障害と認定された場合は65歳以上）の人がそれまでの健康保険に代わって加入する医療保険制度。

社会保険料の対象年齢

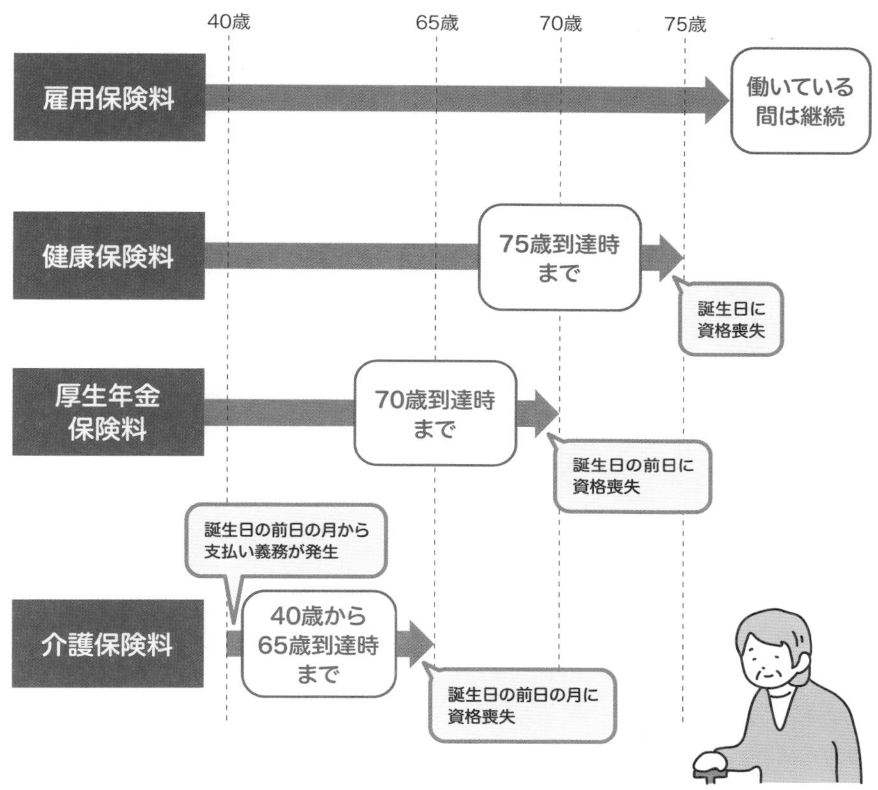

ONE

厚生年金の受給資格期間に満たない70歳以上の従業員の救済措置「高齢任意加入」

老齢年金を受給できる加入期間を満たしていないため70歳を過ぎても会社に勤める場合は、満たすまで任意に厚生年金に加入することができます。

勤務先が年金保険の適用事業所の場合、被保険者が保険料を全額負担し、自分で納める義務があります。ただし、事業主が同意する場合は、事業主が保険料の半額を負担し、本人負担分と合わせて年金事務所に納めます。

適用事業所以外に勤務する場合は、事業主の同意と厚生労働大臣の認可を得られれば任意加入できます。事業主が保険料を半額負担し、本人負担分と合わせて年金事務所に納めます。

04 産前産後休業・育児休業など休業中の社会保険料の免除

頻度	発生の都度	対象	出産・育児をする従業員	時期	出産前後等

POINT

- 産前・産後休業、育児休業中は健康保険料と厚生年金保険料が免除
- 休業後の保険料の標準報酬月額は、「随時改定」の特例がある

産前産後休業中の社会保険料の免除

産前休業は出産予定日6週間前から取得できます。産後休業は、出産翌日から8週間取得でき、こちらは取得が義務づけられています。早期復帰を希望する場合でも、産後42日までは就業できません。

産前産後休業中のうち、出産予定日前の42日（多胎妊娠の場合は98日）から産後56日（出産日の翌日からカウント）については、申請すれば、健康保険料と厚生年金保険料、介護保険料が本人負担分、会社負担分ともに免除されます（住民税は免除不可）。

ただし、社会保険料は月単位で徴収するため、実際に免除されるのは、休業期間開始月から終了日の翌日の属する月の前月までとなります。たとえば、休業終了日が5月30日であれば4月分の給与まで、5月31日であれば5月分の給与までです。

産前産後休業中の社会保険料の免除申請方法

免除の申請は休業中に行います。本人からの申し出が出産前にあった場合と、出産後にあった場合とでは、手続きが異なるため、注意が必要です。

出産前に申し出があった場合は、産前期間中に産前産後休業取得者申出書/変更（終了）届を年金事務所、健康保険組合へ提出します。出産日がずれた場合も、同申出書を提出して期間を変更します。

出産後に申し出があった場合は出産後に同申出書を出せば済みますが、申し出までの保険料は一時的に会社が立て替える必要があります。

これにより、免除期間中も、保険料を納めた期間として扱われます。そのため、将来受け取る年金額は変わりません。**被保険者資格**（加入年月）にも影響しません。

Keyword **被保険者資格**　保険料を支払って公的年金や健康保険に加入している人を被保険者という。公的年金の場合、加入年月数によって給付される年金額に違いが生じる。

産前産後休業の社会保険料免除の例

●出産前に申し出て、出産日が予定より遅れた場合

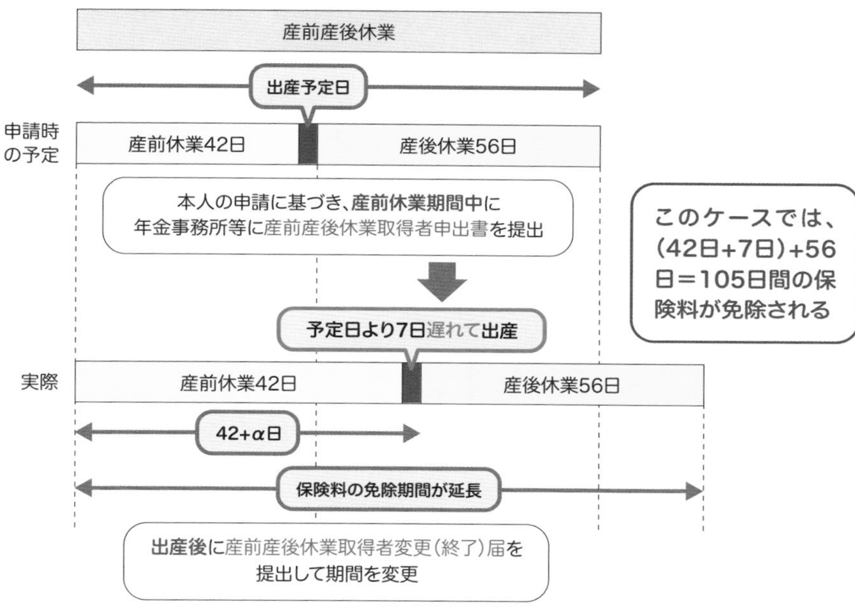

このケースでは、(42日+7日)+56日=105日間の保険料が免除される

●出産前に申し出て、出産日が予定より早まった場合

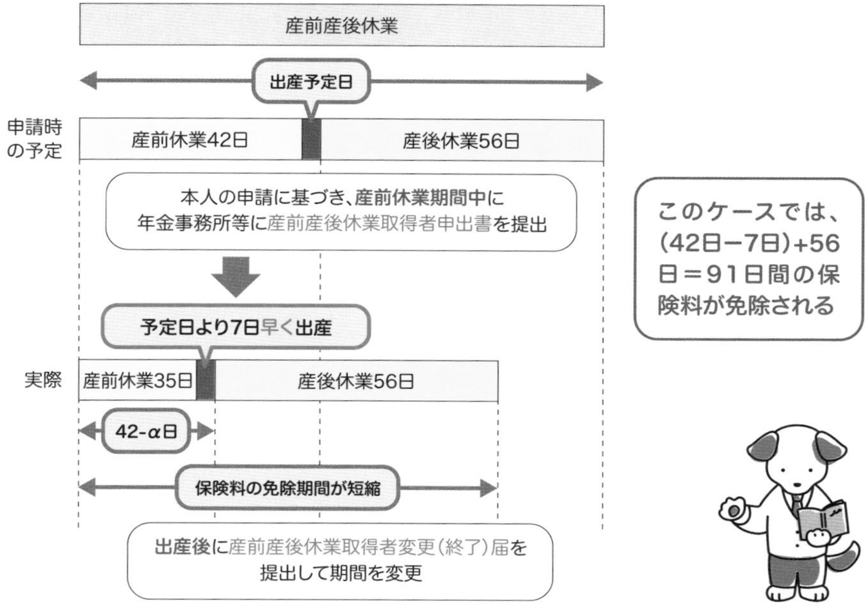

このケースでは、(42日－7日)+56日=91日間の保険料が免除される

育児休業中の社会保険料の免除

育児休業は子どもが1歳に達するまで（延長を申し込むと満3歳未満まで）取得できる制度です。産後休業終了日の翌日から連続して取得することもできます。産前産後休業と同様に、社会保険料はすべて本人負担分、会社負担分ともに免除されます。また、将来受け取る年金額や被保険者資格（加入年月）に影響しない点も同じです。

2022年10月に法律が改正され、要件が変わりました。「月末時点で育児休業を取得している（改正前からの要件）」か「同月内に14日以上の育児休業を取得している（新要件）」のいずれかを満たしていれば、該当月の社会保険料が免除されます。

賞与にかかる社会保険料は「1カ月を超える育児休業を取得している」ことが免除の要件となっています。

休業終了後は1等級の差で標準報酬月額を変更できる

休業期間が終了すると、社会保険料の徴収を再開します。復帰後は時短勤務などで給与額が下がることもあり、休業前の算定基準を用いると、相対的に社会保険料が高くなってしまいます。

そこで、通常、随時改定を行うには、標準報酬月額が2等級以上変動することが条件ですが、産前産後休業・育児休業明けについては、従業員の申し出があれば、1等級の差で標準報酬月額を改定できます（264ページ）。

休業終了日の翌日が属する月から3カ月間の報酬の平均額を報酬月額とすることは随時改定と同じで、**支払基礎日数**と算定対象月の考え方は定時決定と同じです（250ページ）。よって、改定した標準報酬月額が適用されるのは最短で4カ月目の給与分から、実際に徴収額が減るのは5カ月後に支払われる給与からです。

ONE

産前産後休業・育児休業中の雇用保険料、介護休業中の社会保険料は免除されない

雇用保険料については、産前産後休業、育児休業中も免除されません。給与計算の際に徴収を忘れないようにしましょう。また、会社が負担する労働保険料も納付しなければなりません。なお、介護休業中の社会保険料は免除されません。介護休業期間は最大93日と短いためです。

Keyword **支払基礎日数** 賃金や報酬の支払い対象となる日数のこと。標準報酬月額を決める際に必要となる。

育児休業中の社会保険料免除のパターン（給与が当月締め・翌月払いの場合）

●給与の社会保険料の免除の可否

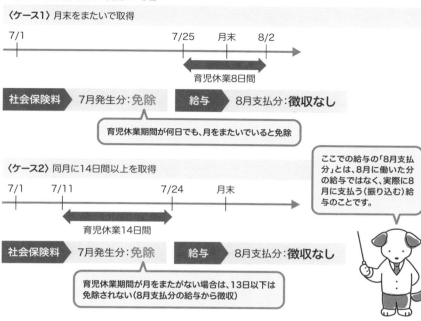

〈ケース1〉月末をまたいで取得

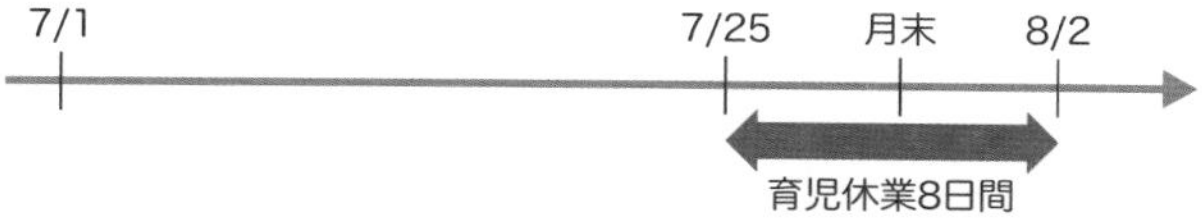

7/1　7/25　月末　8/2

育児休業8日間

社会保険料　7月発生分：免除

給与　8月支払分：徴収なし

育児休業期間が何日でも、月をまたいでいると免除

〈ケース2〉同月に14日間以上を取得

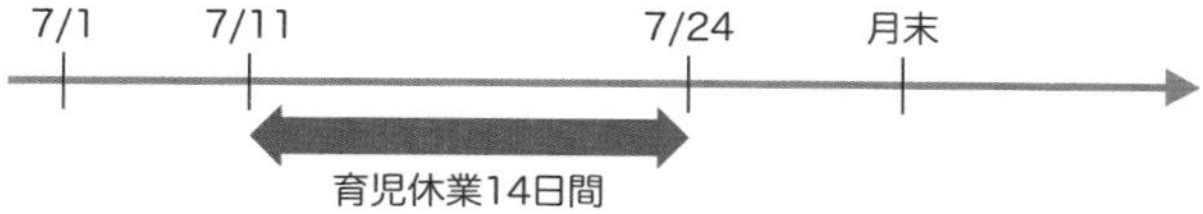

7/1　7/11　7/24　月末

育児休業14日間

社会保険料　7月発生分：免除

給与　8月支払分：徴収なし

育児休業期間が月をまたがない場合は、13日以下は免除されない（8月支払分の給与から徴収）

ここでの給与の「8月支払分」とは、8月に働いた分の給与ではなく、実際に8月に支払う（振り込む）給与のことです。

●賞与の社会保険料の免除の可否

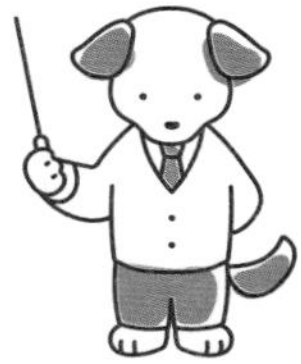

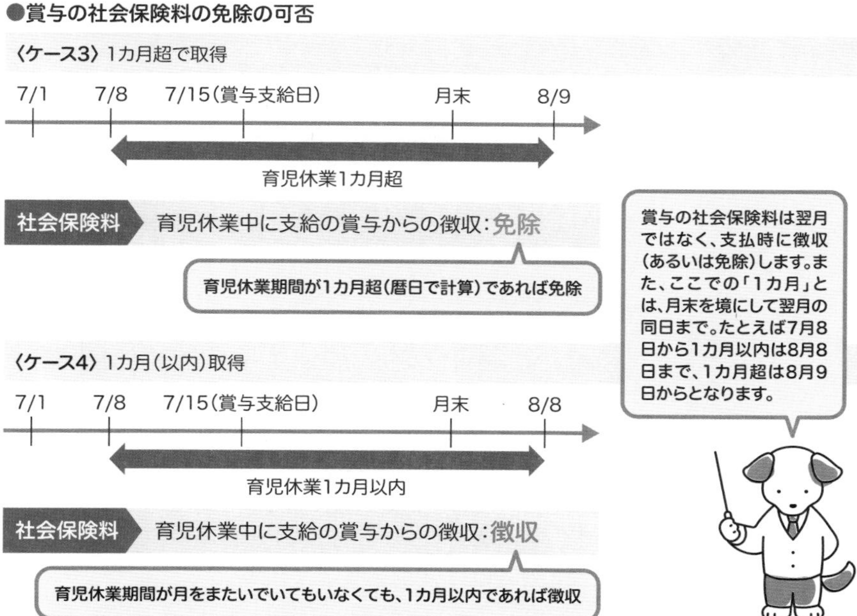
〈ケース3〉1カ月超で取得
7/1
7/8
7/15（賞与支給日）
月末
8/9
育児休業1カ月超
社会保険料
育児休業中に支給の賞与からの徴収：免除
育児休業期間が1カ月超（暦日で計算）であれば免除
〈ケース4〉1カ月（以内）取得
7/1
7/8
7/15（賞与支給日）
月末
8/8
育児休業1カ月以内
社会保険料
育児休業中に支給の賞与からの徴収：徴収
育児休業期間が月をまたいでいてもいなくても、1カ月以内であれば徴収
賞与の社会保険料は翌月ではなく、支払時に徴収（あるいは免除）します。また、ここでの「1カ月」とは、月末を境にして翌月の同日まで。たとえば7月8日から1カ月以内は8月8日まで、1カ月超は8月9日からとなります。

「健康保険・厚生年金保険 産前産後休業取得者申出書／変更（終了）届」の記入例

書類内容　産前産後休業を取得し、保険料の免除を受けるための書類
届出先　事業所管轄の年金事務所または健康保険組合

●出産前に申し出る場合

●出産後に申し出る場合

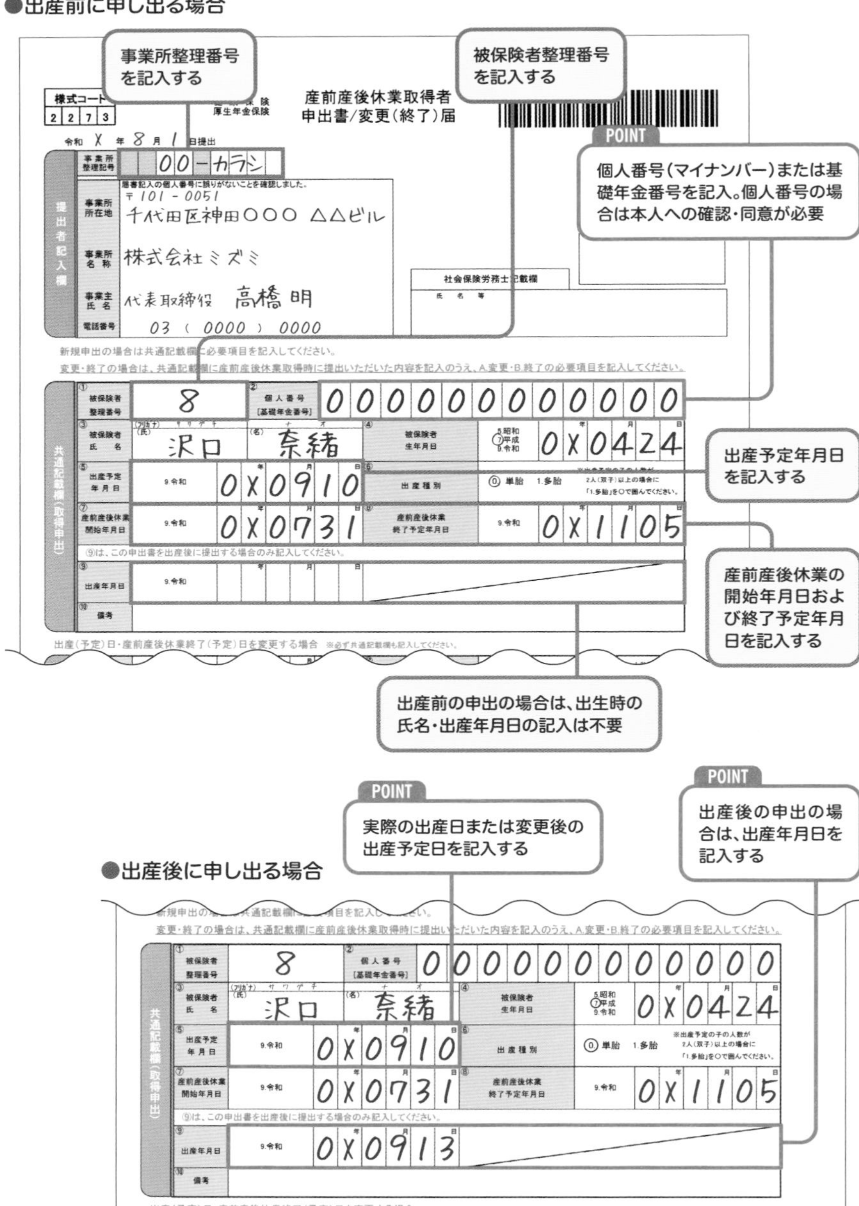
事業所整理番号を記入する
被保険者整理番号を記入する
POINT
個人番号（マイナンバー）または基礎年金番号を記入。個人番号の場合は本人への確認・同意が必要
出産予定年月日を記入する
産前産後休業の開始年月日および終了予定年月日を記入する
出産前の申出の場合は、出生時の氏名・出産年月日の記入は不要
POINT
実際の出産日または変更後の出産予定日を記入する
POINT
出産後の申出の場合は、出産年月日を記入する
産前産後休業取得者申出書/変更（終了）届
令和 X 年 8 月 1 日提出
00－カラシ
〒101－0051
千代田区神田〇〇〇 △△ビル
株式会社ミズミ
代表取締役 高橋 明
03（0000）0000
8
000000000000
沢口 奈緒
0X0424
0X0910
0X0731
0X1105
0X0913

●出産前に申し出て、出産予定日より前に出産した場合

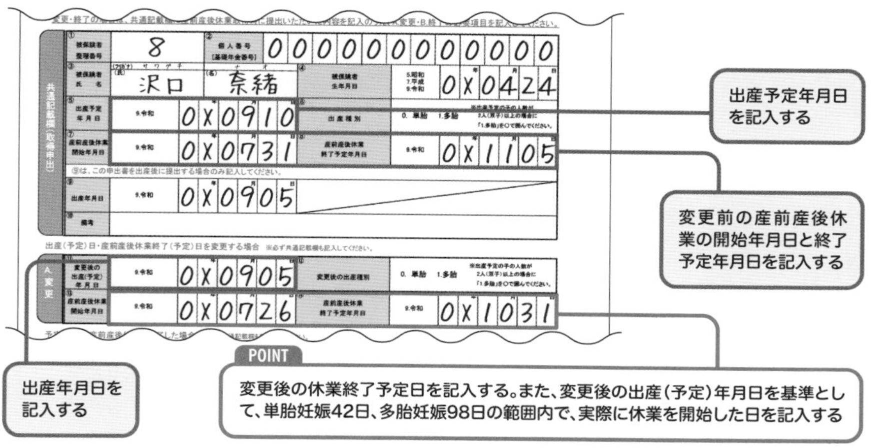

共通記載欄（取得申出）
① 被保険者整理番号 8 ② 個人番号［基礎年金番号］ 000000000000
③ 被保険者氏名 （フリガナ）サワグチ ナオ （氏）沢口 （名）奈緒 ④ 被保険者生年月日 5.昭和 7.平成 9.令和 0X0424
⑤ 出産予定年月日 9.令和 0X0910 ⑥ 出産種別 0.単胎 1.多胎 ※出産予定の子の人数が2人（双子）以上の場合に「1.多胎」を○で囲んでください。
⑦ 産前産後休業開始年月日 9.令和 0X0731 ⑧ 産前産後休業終了予定年月日 9.令和 0X1105
⑨は、この申出書を出産後に提出する場合のみ記入してください。
⑨ 出産年月日 9.令和 0X0905
⑩ 備考
出産（予定）日・産前産後休業終了（予定）日を変更する場合 ※必ず共通記載欄も記入してください。
A.変更
⑪ 変更後の出産（予定）年月日 9.令和 0X0905 ⑫ 変更後の出産種別 0.単胎 1.多胎 ※出産予定の子の人数が2人（双子）以上の場合に「1.多胎」を○で囲んでください。
⑬ 産前産後休業開始年月日 9.令和 0X0726 ⑭ 産前産後休業終了予定年月日 9.令和 0X1031

出産予定年月日を記入する
変更前の産前産後休業の開始年月日と終了予定年月日を記入する
出産年月日を記入する
POINT
変更後の休業終了予定日を記入する。また、変更後の出産（予定）年月日を基準として、単胎妊娠42日、多胎妊娠98日の範囲内で、実際に休業を開始した日を記入する

●出産前に申し出て、出産予定日より後に出産した場合

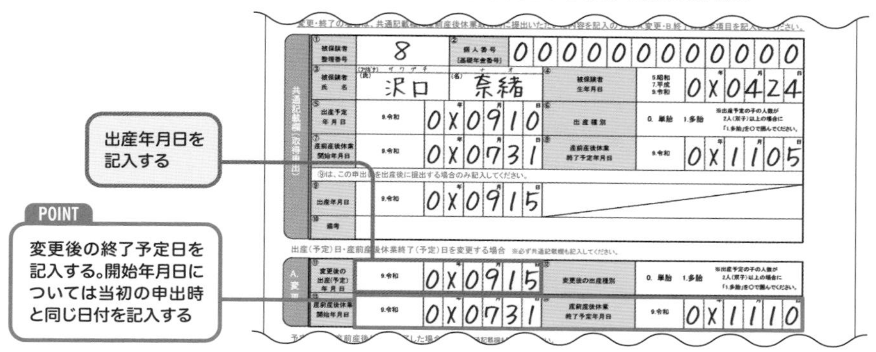

共通記載欄（取得申出）
① 被保険者整理番号 8 ② 個人番号［基礎年金番号］ 000000000000
③ 被保険者氏名 （フリガナ）サワグチ ナオ （氏）沢口 （名）奈緒 ④ 被保険者生年月日 5.昭和 7.平成 9.令和 0X0424
⑤ 出産予定年月日 9.令和 0X0910 ⑥ 出産種別 0.単胎 1.多胎 ※出産予定の子の人数が2人（双子）以上の場合に「1.多胎」を○で囲んでください。
⑦ 産前産後休業開始年月日 9.令和 0X0731 ⑧ 産前産後休業終了予定年月日 9.令和 0X1105
⑨は、この申出書を出産後に提出する場合のみ記入してください。
⑨ 出産年月日 9.令和 0X0915
⑩ 備考
出産（予定）日・産前産後休業終了（予定）日を変更する場合 ※必ず共通記載欄も記入してください。
A.変更
⑪ 変更後の出産（予定）年月日 9.令和 0X0915 ⑫ 変更後の出産種別 0.単胎 1.多胎 ※出産予定の子の人数が2人（双子）以上の場合に「1.多胎」を○で囲んでください。
⑬ 産前産後休業開始年月日 9.令和 0X0731 ⑭ 産前産後休業終了予定年月日 9.令和 0X1110

出産年月日を記入する
POINT
変更後の終了予定日を記入する。開始年月日については当初の申出時と同じ日付を記入する

●産休終了予定日よりも前に産休を終了した場合の変更届

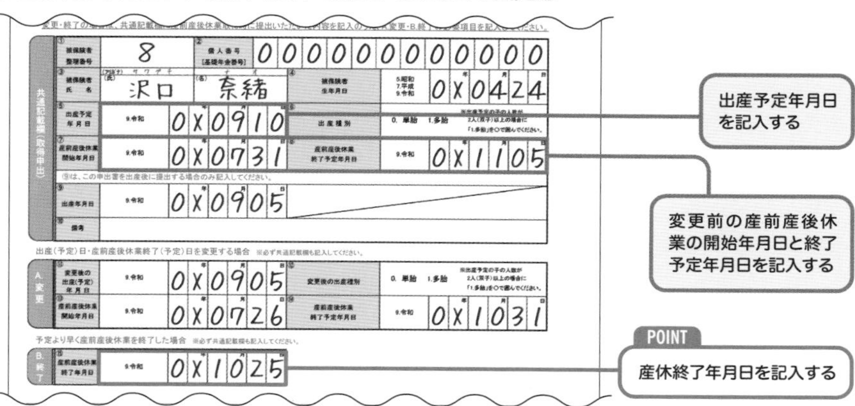

共通記載欄（取得申出）
① 被保険者整理番号 8 ② 個人番号［基礎年金番号］ 000000000000
③ 被保険者氏名 （フリガナ）サワグチ ナオ （氏）沢口 （名）奈緒 ④ 被保険者生年月日 5.昭和 7.平成 9.令和 0X0424
⑤ 出産予定年月日 9.令和 0X0910 ⑥ 出産種別 0.単胎 1.多胎 ※出産予定の子の人数が2人（双子）以上の場合に「1.多胎」を○で囲んでください。
⑦ 産前産後休業開始年月日 9.令和 0X0731 ⑧ 産前産後休業終了予定年月日 9.令和 0X1105
⑨は、この申出書を出産後に提出する場合のみ記入してください。
⑨ 出産年月日 9.令和 0X0905
⑩ 備考
出産（予定）日・産前産後休業終了（予定）日を変更する場合 ※必ず共通記載欄も記入してください。
A.変更
⑪ 変更後の出産（予定）年月日 9.令和 0X0905 ⑫ 変更後の出産種別 0.単胎 1.多胎 ※出産予定の子の人数が2人（双子）以上の場合に「1.多胎」を○で囲んでください。
⑬ 産前産後休業開始年月日 9.令和 0X0726 ⑭ 産前産後休業終了予定年月日 9.令和 0X1031
予定より早く産前産後休業を終了した場合 ※必ず共通記載欄も記入してください。
B.終了
⑮ 産前産後休業終了年月日 9.令和 0X1025

出産予定年月日を記入する
変更前の産前産後休業の開始年月日と終了予定年月日を記入する
POINT
産休終了年月日を記入する

05 60歳以上の再雇用における社会保険料の手続きと計算

頻度	発生の都度	対象	再雇用の従業員	時期	定年退職時

POINT

- 同日得喪で、退職の次月から再雇用後の社会保険料を減額できる
- 雇用保険の手続きには給付金が支給される場合もある

資格喪失届と資格取得届を同時提出し、標準報酬月額を変更

60歳の定年後も雇用を継続する場合、いったん定年退職とし、雇用条件を見直して**再雇用する制度**を取っている会社が多いでしょう。役職付きでなくなったり、勤務日数が減ったりするため、一般的には給与が大きく下がります。退職前の標準報酬月額に基づいて再雇用者の社会保険料を徴収すると、保険料の負担が重くなり、手取り額が減ることになります。

こうしたことから、定時決定や随時改定を待たずに改定できる同日得喪という制度が用意されています。年金事務所に、退職に伴う被保険者資格喪失届と入社（再就職）に伴う被保険者資格取得届を同時に提出することで、再雇用が行われた月分の保険料から、再雇用後の給与をもとにした標準報酬月額で、社会保険料を計算できるようになります（健康保険組合の加入者は健康保険組合にも提出が必要）。随時改定では、2等級以上の差が必要ですが(264ページ)、同日得喪では1等級の差で変更できます。

ただし、退職日と再雇用日に空白がある場合は認められません。

同日得喪（どうじつとくそう）の手続きに必要な書類

同日得喪の手続きには、被保険者資格喪失届、被保険者資格取得届以外に、①退職したことがわかる書類（就業規則や退職辞令の写しなど）、②継続して再雇用されたことがわかる書類（雇用契約書）または事業主の証明（退職日と再雇用日が明記されているもの）が必要です。

なお、同日得喪は60歳の定年時だけでなく、それ以降であれば何度でも行えます。再雇用後の有期労働契約の終了時に継続して再雇用し、標準報酬月額の変更が必要な場合にも申請できます。正社員に限らず、社会保険の被

Keyword **再雇用制度**　高年齢者雇用安定法で定められている「高齢者雇用確保措置」のひとつ。定年退職後の従業員と新たに雇用契約を交わす。

同日得喪と随時改定の比較

標準報酬月額の見直し方法	対象者	等級差	改定時期	実施
随時改定	すべての従業員	2等級差以上	4カ月目（5カ月目の給与支払いから改定）	必須
同日得喪	60歳以上で退職し、継続再雇用された従業員	1等級差でも可	退職月の翌月（再雇用後の給与支払いから改定）	任意

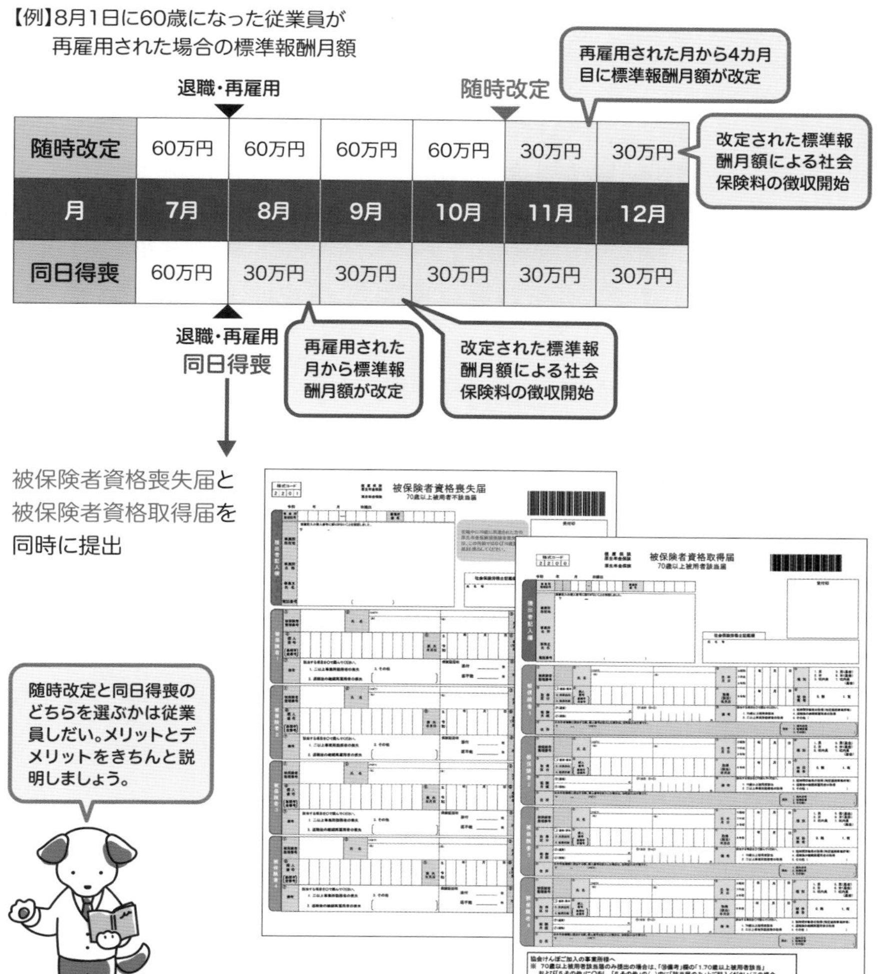

保険者となっているパートタイマーやアルバイトも対象になります。

デメリットについても再雇用者に伝える

同日得喪の手続きを行うと、社会保険料の負担は軽くなりますが、納める保険料が減るぶん、わずかながら将来の年金額が少なくなります。また、私傷病などで会社を休んだ場合にもらえる傷病手当給付金なども減少します。

同日得喪を行うか否かは任意です。本人にデメリットについても説明し、判断を委ねましょう。

なお、会社にとっては、同日得喪をしてもらったほうが、保険料の事業主負担分が減るメリットがあります。

雇用保険の手続き、給付金の手続きが必要になる場合も

雇用保険料については、①週の所定労働時間が20時間以上、②31日以上引き続き雇用される見込みがある、という要件を満たす場合には、再雇用後も継続して徴収します。特に手続きは必要ありません。これまでどおり、毎月の給与総額に雇用保険料率をかけて保険料を算出します（166ページ）。

手続きが必要になるのは、労働条件が変わり、上記の①②の要件を満たさなくなった場合です。管轄のハローワークに雇用保険被保険者資格喪失届を提出し、雇用保険料の徴収を終了します。

高年齢雇用継続給付金の手続きも忘れずに

60歳で定年退職したのち、空白期間がなく同一企業で再雇用され、新たな給与が60歳到達時点の給与の75％未満となる場合には、雇用保険から高年齢雇用継続給付金として、毎月支払われた給与の最大15％（賃金低下率による）が本人に支給されます。60歳に到達した月から65歳に達する月までが支給対象です。

支給を受けるには、被保険者が記入した高年齢雇用継続給付受給資格確認票・（初回）高年齢雇用継続給付支給申請書を、会社から4カ月以内に管轄のハローワークに提出します（ほかに賃金台帳や出勤簿など添付資料あり）。原則として2カ月ごとに支給申請を行います。

「高年齢雇用継続給付受給資格確認票・(初回)高年齢雇用継続給付支給申請書(様式第33号の3)」の記入例

書類内容　高年齢雇用継続基本給付を受けるとき、初回に提出する書類
届出先　事業所管轄のハローワーク

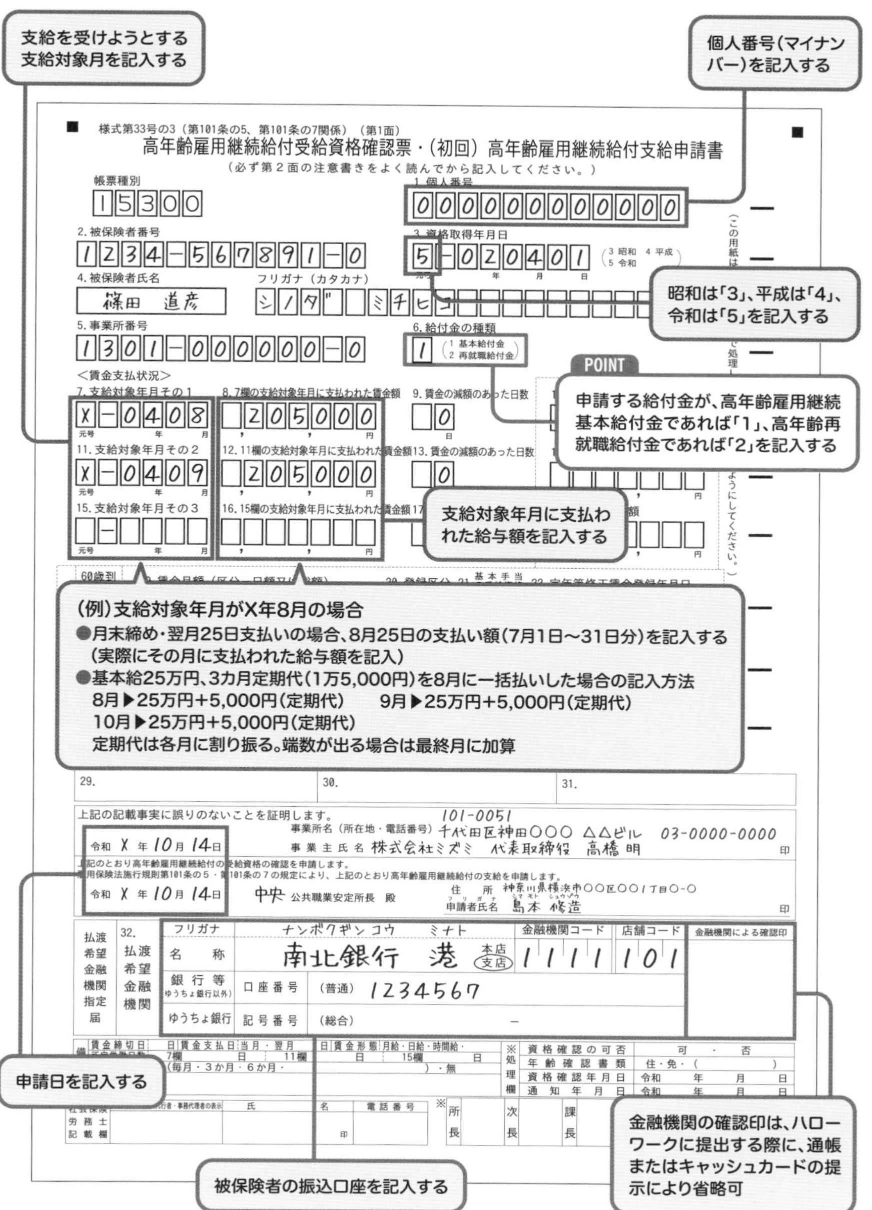

支給を受けようとする支給対象月を記入する
個人番号(マイナンバー)を記入する
昭和は「3」、平成は「4」、令和は「5」を記入する
POINT
申請する給付金が、高年齢雇用継続基本給付金であれば「1」、高年齢再就職給付金であれば「2」を記入する
支給対象年月に支払われた給与額を記入する
(例)支給対象年月がX年8月の場合
●月末締め・翌月25日支払いの場合、8月25日の支払い額(7月1日〜31日分)を記入する(実際にその月に支払われた給与額を記入)
●基本給25万円、3カ月定期代(1万5,000円)を8月に一括払いした場合の記入方法
8月▶25万円+5,000円(定期代)　9月▶25万円+5,000円(定期代)
10月▶25万円+5,000円(定期代)
定期代は各月に割り振る。端数が出る場合は最終月に加算
申請日を記入する
被保険者の振込口座を記入する
金融機関の確認印は、ハローワークに提出する際に、通帳またはキャッシュカードの提示により省略可

様式第33号の3(第101条の5、第101条の7関係)(第1面)
高年齢雇用継続給付受給資格確認票・(初回)高年齢雇用継続給付支給申請書
(必ず第2面の注意書きをよく読んでから記入してください。)

帳票種別 15300
1.個人番号 000000000000
2.被保険者番号 1234-567891-0
3.資格取得年月日 5-020401 (3 昭和 4 平成 5 令和)
4.被保険者氏名 篠田 道彦　フリガナ(カタカナ) シノダ ミチヒコ
5.事業所番号 1301-000000-0
6.給付金の種類 1 (1 基本給付金 2 再就職給付金)

<賃金支払状況>
7.支給対象年月その1 X-0408
8.7欄の支給対象年月に支払われた賃金額 205,000円
9.賃金の減額のあった日数 0日
11.支給対象年月その2 X-0409
12.11欄の支給対象年月に支払われた賃金額 205,000円
13.賃金の減額のあった日数 0
15.支給対象年月その3
16.15欄の支給対象年月に支払われた賃金額

29.　30.　31.

上記の記載事実に誤りのないことを証明します。
令和 X 年 10月 14日
事業所名(所在地・電話番号) 101-0051 千代田区神田○○○ △△ビル 03-0000-0000
事業主氏名 株式会社ミズミ 代表取締役 高橋 明　印

上記のとおり高年齢雇用継続給付の受給資格の確認を申請します。
雇用保険法施行規則第101条の5・第101条の7の規定により、上記のとおり高年齢雇用継続給付の支給を申請します。
令和 X 年 10月 14日
中央 公共職業安定所長 殿
住所 神奈川県横浜市○○区○○1丁目○-○
申請者氏名 島本 修造　印

払渡希望金融機関指定届	32. 払渡希望金融機関			金融機関コード	店舗コード	金融機関による確認印
	フリガナ	ナンボクギンコウ ミナト				
	名称	南北銀行 港 本店・支店		1111	101	
	銀行等(ゆうちょ銀行以外)	口座番号	(普通) 1234567			
	ゆうちょ銀行	記号番号	(総合) −			

06 雇用保険料のしくみと計算

頻度	ー	対象	従業員	時期	ー

POINT
- 保険料率には3つの区分があり、該当事業の保険料率を使用する
- 端数処理は社会保険と同様に50銭以下を切り捨てる

雇用保険の徴収額は毎月計算が必要

雇用保険料は毎月の賃金総額に、業種ごとの雇用保険料率（右ページ）をかけて算出します。毎月の賃金総額がもとになるので、雇用保険料も毎月変わります。賃金総額には、基本給のほかに通勤手当、家族手当など各種手当が含まれます。出張旅費や結婚祝い金など臨時で支払われたものは対象外です。休業中でも、休業手当など給与が発生する場合は徴収します。

賞与も雇用保険料の対象となります。計算方法は同じです。11月に給与25万円、賞与50万円を支払った場合を例にとると、一般事業の場合、雇用保険料の本人負担額は、給与に「25万円×0.006＝1,500円」、賞与に「50万円×0.006＝3,000円」。会社負担額は給与に「25万円×0.0095＝2,375円」、賞与に「50万円×0.0095＝4,750円」となります。1円未満の端数が生じた場合は社会保険料と同様に五捨五超入（50銭以下は切り捨て）をします。

なお、役員報酬からは雇用保険料を徴収しません。役員報酬と使用人としての給与の両方を支払っている場合は、使用人の給与部分からのみ徴収します。

保険料率は原則4月1日に改定

雇用保険料率の改定は、通常、毎年4月1日に行われますが、変更のない年や2022年度のように、4月1日と10月1日の2回改定される年もあります。新しい保険料率を適用した雇用保険料を徴収するタイミングについては次ページを参照してください。

雇用保険料の徴収は毎月行いますが、納付は年1回です。労災保険料とともに、毎年4月1日から翌3月31日に発生した全従業員の賃金総額を集計、保険料率をかけて1年間の保険料を算出し、6月1日から7月10日の間に1年分の保険料金額を精算納付します。

Keyword **役員報酬**　取締役・執行役・監査役・理事などの役員に支給される報酬。原則として事業年度を通じて一定額でなければならない。従業員給与とは税務上のルールが異なる。

雇用保険料の計算方法（2024年4月）

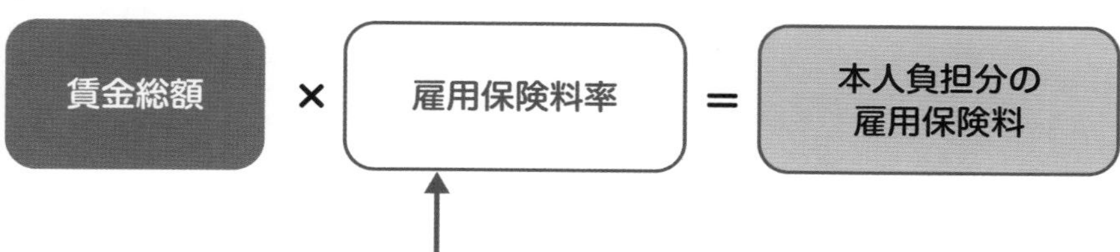

事業の種類＼負担者	①労働者負担（本人負担）	②事業主負担	雇用保険料率（①＋②）
一般事業	6/1000 (=0.6%)	9.5/1000 (=0.95%)	15.5/1000 (=1.55%)
農林水産・清酒製造の事業	7/1000 (=0.7%)	10.5/1000 (=1.05%)	17.5/1000 (=1.75%)
建設事業	7/1000 (=0.7%)	11.5/1000 (=1.15%)	18.5/1000 (=1.85%)

〈計算例〉

一般事業／賃金総額329,550円

本人負担分（徴収額）：329,550円×0.6%＝1,977.3円

▼

1,977円（50銭以下切り捨て）

雇用保険料率が改定された場合の徴収開始のタイミング

雇用保険料率の改定後、最初の「締め日」の給与分から適用

●同月払いの場合

雇用保険料率の改定：4月1日、締め日：毎月15日、支払い日：同月25日

⇒締め日が4月15日分の給与から新しい雇用保険料を適用。
4月25日分に支払う給与から徴収開始

●翌月払いの場合

雇用保険料率の改定：4月1日、締め日：毎月20日、支払い日：翌月5日

⇒締め日が4月20日分の給与から新しい雇用保険料を適用。
5月5日分の給与の支払いから徴収開始

07 源泉徴収税のしくみと計算

頻度	ー	対象	役員・従業員	時期	ー

POINT

- 総支給額から非課税対象額、社会保険料を差し引いたのが課税対象額
- 課税対象額を源泉徴収税額に照らし合わせる

源泉所得税と源泉徴収税の違い

給与や収入から税金を天引きすることを源泉徴収といいます。毎月会社が給与等にかかる所得税額を計算して、従業員から徴収したものが源泉所得税です。最終的に従業員に代わって国に納付します。

ところで、源泉所得税よりも源泉徴収税という言い方のほうが耳慣れているかもしれません。両者を同義と理解している人も多いようですが、厳密には異なります。源泉徴収税は本来の源泉所得税と、2037年12月31日までの間に生ずる所得に特別に課される復興特別所得税（所得税額×2.1%）を合わせたものを指します。

現在、毎月、源泉徴収しているのは源泉徴収税です。両者を区別することは毎月の給与計算ではありませんので（年末調整のみ）、ここでは源泉徴収税に統一して説明しています。

非課税対象項目を差し引き、課税対象額を特定する

源泉徴収税の計算には、①課税対象額の算出、②当該従業員の扶養親族等の人数把握、③給与所得の源泉徴収税額表と照合の3ステップで行います。

①課税対象額の算出は、まず給与の総支給額から非課税支給額を差し引いて課税支給額を計算します。非課税支給額に該当するのは、限度額内の通勤交通費（116ページ）や出張旅費、慶弔見舞金、結婚祝い金などです。

課税支給額が計算できたら、そこから社会保険料や雇用保険料を差し引きます。その結果が課税対象額です。

②当該従業員の扶養親族等の人数把握が必要なのは、それによって税額が違ってくるからです。通常は入社時もしくは勤務して2年目以降の人は年末調整で提出してもらった給与所得者の扶養控除等（異動）申告書（214ページ）で確認します。ここに記載されて

源泉徴収税の計算の流れ

STEP1 課税対象額を算出する

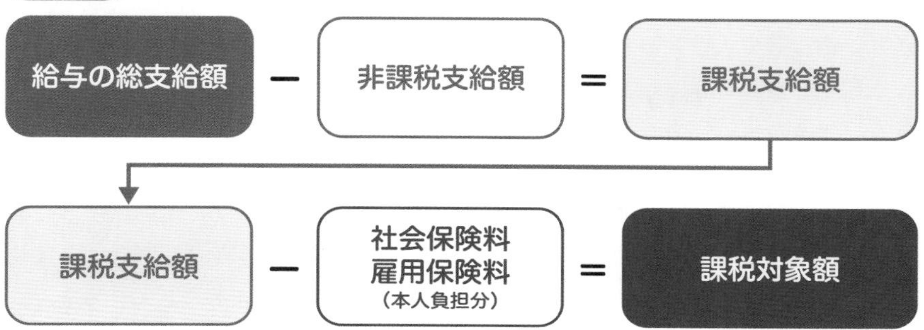

〈計算例〉

給与の総支給額35万円－非課税支給額2万5,000円＝課税支給額32万5,000円
課税支給額32万5,000円－社会保険料5万598円－雇用保険料1,750円
＝課税対象額27万2,652円

STEP2 当該従業員の扶養親族等の人数把握

給与所得者の扶養控除等（異動）申告書（214ページ）で確認します。

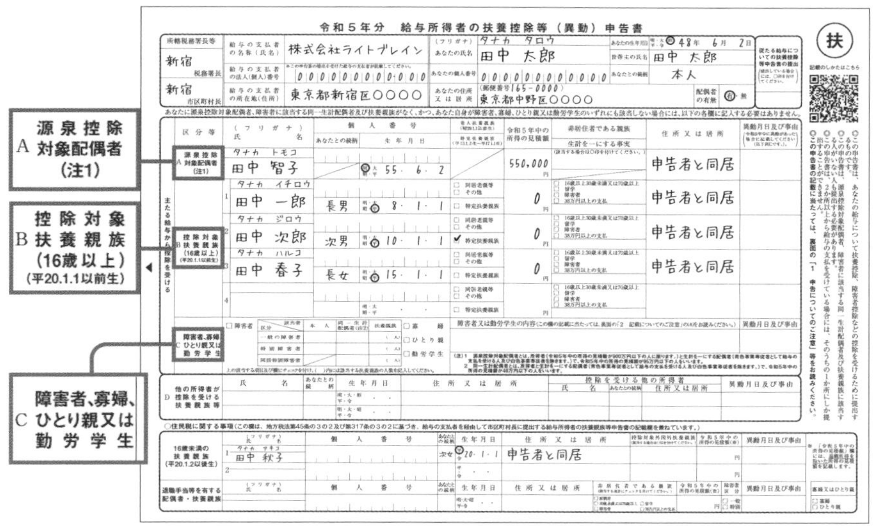

令和５年分　給与所得者の扶養控除等（異動）申告書

所轄税務署長等	給与の支払者の名称（氏名）	株式会社ライトブレイン	（フリガナ）	タナカ　タロウ	あなたの生年月日	昭48年　6月　2日
新宿 税務署長			あなたの氏名	田中　太郎	世帯主の氏名	田中　太郎
	給与の支払者の法人（個人）番号	0000000000000	あなたの個人番号	000000000000	あなたとの続柄	本人
新宿 市区町村長	給与の支払者の所在地（住所）	東京都新宿区○○○○	あなたの住所又は居所	（郵便番号165-0000） 東京都中野区○○○○	配偶者の有無	有

あなたに源泉控除対象配偶者、障害者に該当する同一生計配偶者及び扶養親族がなく、かつ、あなた自身が障害者、寡婦、ひとり親又は勤労学生のいずれにも該当しない場合には、以下の各欄に記入する必要はありません。

区分等	（フリガナ）氏名	あなたとの続柄	生年月日	老人扶養親族／特定扶養親族	令和5年中の所得の見積額	非居住者である親族／生計を一にする事実	住所又は居所	異動月日及び事由
A 源泉控除対象配偶者（注1）	タナカ　トモコ 田中　智子		昭55・6・2		550,000円		申告者と同居	
B 控除対象扶養親族（16歳以上）（平20.1.1以前生） 1	タナカ　イチロウ 田中　一郎	長男	平8・1・1		0円		申告者と同居	
2	タナカ　ジロウ 田中　次郎	次男	平10・1・1	☑特定扶養親族	0円		申告者と同居	
3	タナカ　ハルコ 田中　春子	長女	平15・1・1		0円		申告者と同居	
4								

C 障害者、寡婦、ひとり親又は勤労学生：□障害者　□寡婦　□ひとり親　□勤労学生

D 他の所得者が控除を受ける扶養親族等

○住民税に関する事項（この欄は、地方税法第45条の3の2及び第317条の3の2に基づき、給与の支払者を経由して市区町村長に提出する給与所得者の扶養親族等申告書の記載欄を兼ねています。）

16歳未満の扶養親族（平20.1.2以後生）	（フリガナ）氏名	個人番号	あなたとの続柄	生年月日	住所又は居所
1	タナカ　アキコ 田中　秋子		次女	平20・1・1	申告者と同居
2					

退職手当等を有する配偶者・扶養親族

〈計算例〉

A源泉控除対象配偶者1人、B控除対象扶養親族（16歳以上）3人で、
合計4人が扶養親族等に該当

いる「源泉控除対象配偶者」「控除対象扶養親族（16歳以上）」「障害者、寡婦、ひとり親又は勤労学生」の総数が扶養親族等の人数となります。

注意が必要なのは、社会保険の被扶養者（114ページ）や一般にいわれる扶養家族と、税法上の扶養親族では対象の範囲が異なることです。たとえば、年の途中で子どもが生まれても、税法上の扶養親族には数えません（16歳以上であることが条件だからです。ただし、障害者の場合は扶養親族「等」として1人に数えます）。

配偶者は扶養親族とは分けて考えられています。扶養親族等の「等」は、従業員（給与所得者）本人の合計所得金額が900万円以下で、配偶者の年間合計所得金額が48万円以下の場合のみ含められます。そのため、配偶者が年の途中で仕事を辞めていわゆる扶養家族になっても、それだけで「等」に含めるわけではありません。一方、配偶者が障害者に該当する場合は、条件によって扶養親族等は0人から3人にまで数えるケースがあります。

また、従業員本人が障害者や寡婦、ひとり親、勤労学生などに該当する場合は1人ではなく、2人に数えます。

源泉徴収税額から所得税を算出する

①と②を把握したら、③給与所得の源泉徴収税額表と照合を行います。同表には復興特別所得税を加算した金額が記載されているため、自分で税額を計算する必要はありません。

給与所得の源泉徴収税額表には月額表と日額表があり、月給制の従業員の場合は月額表を使用します。日額表は日払いの従業員などに使います。

表の縦方向「その月の社会保険料等控除後の給与等の金額」に①課税対象額を当てはめます。横方向には甲欄と乙欄がありますが、扶養控除等（異動）申告書を提出している従業員については甲欄を見ます。乙欄は、副業などで2社以上から給与の支給を受けていたり、扶養控除等（異動）申告書を提出していない場合に使用します。甲欄の対象者は、②の扶養親族等の人数を当てはめます。そして、縦の列と横の行が交差するところにある金額がその従業員の源泉徴収税額になります。

STEP3 給与所得の源泉徴収税額表と照合

給与所得の源泉徴収税額表と照合します。

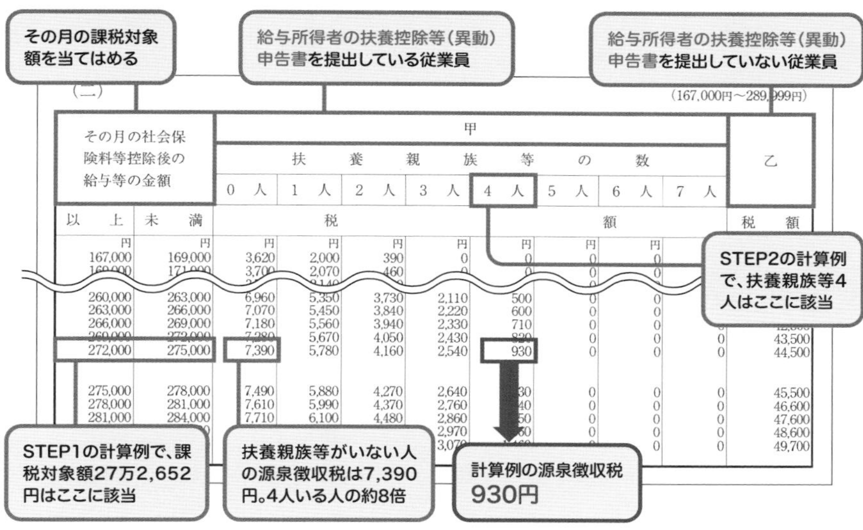

税額表の甲欄を適用する場合の扶養親族等の数え方

●配偶者の数え方

配偶者の合計所得金額	扶養親族等の数 給与所得者の合計所得金額 900万円以下	 900万円超	備考
48万円以下	1人 ＋ 配偶者が障害者の場合：1人分加算 ＋ 配偶者が障害者で同居の場合：1人分加算	0人	(例) 給与所得者の合計所得金額：900万円以下 ●配偶者の合計所得金額が48万円以下⇒扶養親族1人 ●配偶者が障害者⇒扶養親族１人 ●上記かつ同居している⇒扶養親族1人 ▼ **配偶者1人を扶養親族3人として数える**
48万超95万円以下	1人	0人	配偶者が障害者等であっても、1人分加算しない
95万円超	0人	0人	

●配偶者以外の数え方

・対象となるのは生計を一としている16歳以上、合計所得金額が48万円以下の親族(配偶者を除く)
・年齢を問わず(16歳未満も含む)、障害者であれば1人、さらに同居している場合は1人を加算して数える
・給与所得者本人がひとり親の場合、本人を扶養親族１人として数える

08 住民税のしくみと計算

頻度	ー	対象	役員・従業員	時期	ー

POINT

- 特別徴収税額の決定・変更通知書に従って住民税を控除、納付する
- 休業中の従業員は特別徴収から普通徴収に切り替える方法もある

住民税は6月から新しい税額を徴収する

住民税も源泉所得税と同じく、所得に対して課されます。前年の年末調整の結果をもとに市区町村が算出するので、会社が計算をする必要はありません。5月ごろ、市区町村から特別徴収税額の決定・変更通知書が届きます。

通知書には6月から翌年5月までの住民税額が記載されています。毎月、その金額のとおり徴収します。12カ月分の均等割ですが、100円未満の端数は6月に加算されるため、最初だけ税額が高くなっています。

控除した住民税は、翌月の10日までに納付します。ただし、自治体によっては従業員が常時10人未満の場合、住民税を2回に分けて納付する「納付の特例」を利用できます。市区町村に申請して承認を受けることが必要です。

休業中の従業員も住民税を支払わなければならない

年末調整のあとで従業員が確定申告をしたなどの場合、住民税額が変わることもあります。その場合、特別徴収税額の変更通知書が届くので、従業員に通知したうえで、変更月から新しい住民税額を控除します。

また、産前産後休業、育児休業など従業員が休業している期間は、給与が支払われないこともあります。その場合も住民税の納付は免除されません。次のいずれかの方法で処理します。

①特別徴収のまま

給与の支払いがない場合は会社が立て替えます。復職後に支払ってもらうか、毎月振り込んでもらいます。

②事前に一括徴収

休業取得の前に一括で徴収します。1月1日から4月30日の間に休業に入る場合は、一括徴収が原則です。

③普通徴収に切り替える

個人で支払う方法に切り替えます。給与支払報告特別徴収に係る給与所得者異動届出書を市区町村に提出します。

住民税の手続きと毎月の徴収の流れ

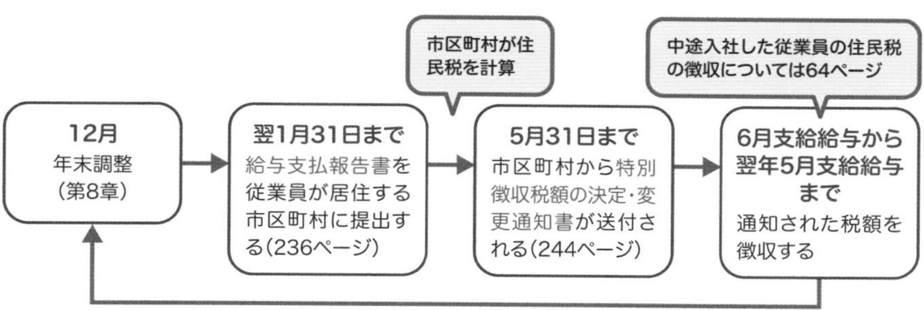

住民税の徴収額

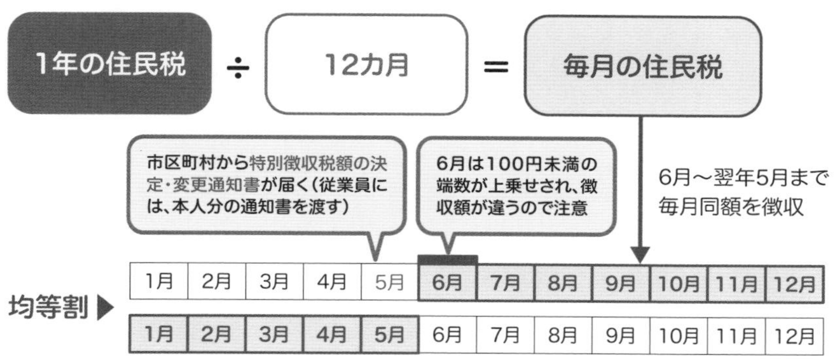

産前産後休業・育児休業など休業中の住民税の徴収

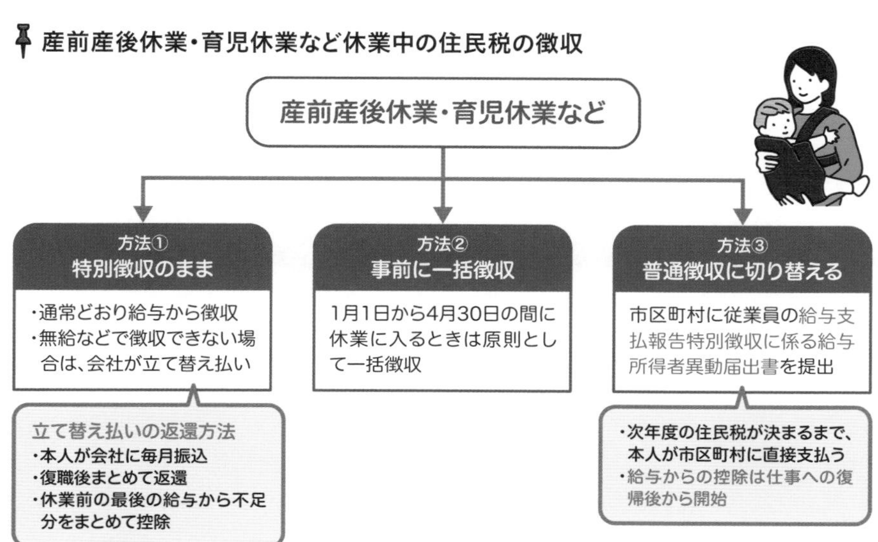

産前産後休業・育児休業など
方法①
特別徴収のまま
・通常どおり給与から徴収
・無給などで徴収できない場合は、会社が立て替え払い
立て替え払いの返還方法
・本人が会社に毎月振込
・復職後まとめて返還
・休業前の最後の給与から不足分をまとめて控除
方法②
事前に一括徴収
1月1日から4月30日の間に休業に入るときは原則として一括徴収
方法③
普通徴収に切り替える
市区町村に従業員の給与支払報告特別徴収に係る給与所得者異動届出書を提出
・次年度の住民税が決まるまで、本人が市区町村に直接支払う
・給与からの控除は仕事への復帰後から開始

09 財形貯蓄・積立金や社宅費などを控除するしくみ

頻度	ー	対象	役員・従業員	時期	ー

POINT

- 労使の代表が協定書を確認し締結する
- 労働組合がない場合は労働者の代表を選出する

協定控除は労働基準法で認められている

労働基準法24条で、「賃金は全額支払わなければならない」（賃金支払いの5原則→32ページ）と定めています。ただし、法令の定めがある場合（法定控除）と、事業場の労働者の過半数で組織する労働組合等との書面による協定がある場合（協定控除）の2つは、例外として賃金から差し引くことができます（38ページ）。

前節までの法定控除以外に、毎月の給与から、財形貯蓄や社宅費、社宅光熱費などを控除する場合は、協定控除にあたります。会社が一方的に決めて差し引くことはできず、事前に労使協定を結ばなければなりません。ほかにも会社によってさまざまな協定控除がありますが（39ページ）、控除項目は協定書に明記しておく必要があります。

協定書に具体的項目と給与支払い日を明記

協定控除を行うのに必要な労使協定の締結手順は次のようになります。

①従業員代表を選出する

労働組合がある場合は労働組合と協定を結びます。労働組合がない場合は従業員代表を選出します。従業員代表は、部長や工場長など管理監督者を除く、従業員の過半数が選任を支持する人です。選出の手続きは、投票や話し合い、回覧などでも構いません。その従業員代表者と会社の代表者で協定を結びます。

②協定書に記名押印する

協定書に特定の書式はありません。具体的な協定控除項目、賃金の支払い日、賃金の支払い日に控除すること、有効期限などを明記します。内容を確認し、従業員代表と会社代表者が記名し、押印します。

協定書は労働基準監督署に提出する必要はなく、会社で保管しておきます。発効日から協定控除が可能になります。

Keyword　労使協定　労働者と使用者との間で結ぶ特定の合意のことで、書面で締結する。

給与全般

健康保険

厚生年金

雇用保険

所得税

住民税

「賃金控除に関する協定書」の記入例

書類内容　協定控除に必要な労使協定を結ぶときに作成する書類
届出先　事業所で保管

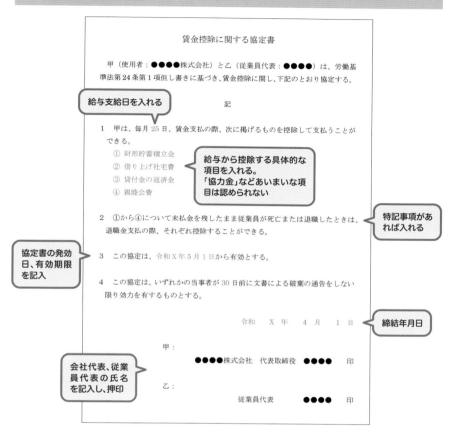

賃金控除に関する協定書

甲（使用者：●●●●株式会社）と乙（従業員代表：●●●●）は、労働基準法第24条第1項但し書きに基づき、賃金控除に関し、下記のとおり協定する。

記

1　甲は、毎月25日、賃金支払の際、次に掲げるものを控除して支払うことができる。
① 財形貯蓄積立金
② 借り上げ社宅費
③ 貸付金の返済金
④ 親睦会費

2　①から④について未払金を残したまま従業員が死亡または退職したときは、退職金支払の際、それぞれ控除することができる。

3　この協定は、令和X年5月1日から有効とする。

4　この協定は、いずれかの当事者が30日前に文書による破棄の通告をしない限り効力を有するものとする。

令和　X 年　4 月　1 日

甲：
●●●●株式会社　代表取締役　●●●●　印

乙：
従業員代表　●●●●　印

給与支給日を入れる

給与から控除する具体的な項目を入れる。「協力金」などあいまいな項目は認められない

特記事項があれば入れる

協定書の発効日、有効期限を記入

締結年月日

会社代表、従業員代表の氏名を記入し、押印

●協定控除を実施するには、会社代表と従業員代表が労使協定を結ぶ

協定控除の提案
財形貯蓄／労働組合費／団体保険の保険料／社宅費・寮費　など

労使協定を締結
・必ず協定書を作成
・具体項目の明記
・控除の確定と給与の支払い日

協定控除の合意を議論
・従業員の過半数で構成された労働組合
・従業員の代表

COLUMN 5

iDeCoの掛金を給与から天引きするときの処理

事業主払込の場合は国民年金基金連合会に納付する

iDeCoは個人で加入するものなので、社内規定や労使協定などは不要です。ただし、従業員がiDeCoに加入するために、会社の協力が義務づけられています。具体的には以下のような手続きがあるので、すぐに対応できるように準備しておきましょう。

①事業主証明書の発行（新規加入、転職時などに随時）
⇒加入従業員から書類が提出されるので、必要事項を記載
②加入従業員が「事業主払込」を選択している場合の掛金の納付
③加入従業員が「事業主払込」を選択している場合の源泉徴収および年末調整
⇒掛金全額が所得控除の対象
④現況届（企業年金制度への加入状況や従業員の在籍状況など）の提出
⇒年１回、毎年６月ごろ会社宛てに郵送で届くので記載して返送
⑤事業主にかかわる変更手続き
⇒会社の名称や住所が変わったとき、掛金額や納付方法を変更するときなど

掛金を「事業主払込」で納付する場合、国民年金基金連合会から会社宛てに、「事業主払込」を選択している加入者分をまとめた個人型年金掛金納付結果通知書 兼 個人型年金掛金引落事前通知書が届きます。記載された対象従業員の給与から掛金を天引きし、毎月26日までに国民年金基金連合会に納付します。

給与天引きは会社の事務手続きが増えるのでどうしても困難、という場合もあるでしょう。その場合は、天引きができない理由を従業員に説明したうえで、「個人払込」にしてもらいます。

第6章

給与の支給と支給後の作業

第６章では、給与計算終了後の作業の流れと実作業について解説していきます。給与計算が終わったら実際に給与を支給しますが、ただ振り込めばいいわけではありません。給与支払明細書を交付したり、賃金台帳を作成したり、税金を納付したり、給与支給にともなう作業が発生します。実際にお金が動くことになるので、しっかり内容を把握しておきましょう。

01 給与計算後の作業の流れを知ろう

頻度	ー	対象	ー	時期	ー

POINT

- 実際にお金が動くことになるのでミスがないように気をつける
- 給与を振り込む前に支給額等の再確認をする

ダブルチェックできる体制を整えよう

給与計算の作業が終わったら、従業員への実際の支払いや税金・社会保険料などの納付といった作業が発生します。これまでの作業ももちろんミスは許されませんが、給与計算終了後の作業は実際にお金が動くことになりますので、これまで以上に細心の注意を払って行います。支給後や納付後にミスが発覚するとよけいな手間がかかるだけでなく、信用という大きなものを失いかねません。ミスが起こらないよう、ダブルチェックできる体制を作っておくことをおすすめします

給与を振り込み、税金や社会保険料を納付するまでが給与計算と考えておきましょう。

支給額の再確認と税金等の納付期限に注意

給与を振り込む際に注意すべきなのは、支給額を再確認することです。新入社員・中途入社・退職者がいるときは日割り計算に間違いがないか、社会保険料や厚生年金保険料の料率は合っているかなどを、もう一度確認していきましょう。振込口座の変更や扶養人数の増減があった従業員の確認や、欠勤控除などが会社のルールに則って処理されているのかにも注意が必要です。

また、給与の支払いの際には、給与明細書を各従業員に交付することが義務づけられています。支給項目・控除項目・勤怠項目に誤りがないかを確認します。また、労働基準法で義務づけられている賃金台帳を作成します。それと同時に、源泉徴収簿に源泉徴収した内容を記入していきます。こちらは法的に必要なものではありませんが、年末調整の計算で使うものなので、忘れずに作成しましょう。

税金や社会保険料の納付には支払い期限があるので、期日に送れないように納付しましょう。

Keyword **源泉徴収簿**　毎月支給した給与や賞与の源泉所得税額、従業員の扶養親族等の状況などを記入する帳簿。年末調整の計算で使うのに便利（第８章参照）。

給与計算後の流れ

給与の支給

- 支給額を確認する
- 入退職者・育休者などの日割り計算を確認する
- 有給休暇取得の有無の確認する
- 社会保険料や税金などの控除額を確認する
- 銀行振込の場合は「給与口座振込依頼書」の有無を確認する

給与支給明細書の交付

- 法律で定められた項目を網羅しているかを確認
- 電子データで交付する場合は要件を満たしているかを確認

賃金台帳の作成

- 法律で定められた項目を網羅しているかを確認
- 源泉徴収簿ともリンクさせておく

税金の納付

- 振込用口座の残高に不足がないかを確認
- 所定の納付書に漏れなく記入されているかを確認
- 納付期限を確認し期日までに納付

社会保険料・雇用保険料の納付

- 納付期限を確認し期日までに納付
- 雇用保険料のしくみを理解して年度更新に備える

02 給与の締め日と支払い日の確認

頻度	―	対象	―	時期	―

POINT
- 締め日の翌日から締め日までの賃金を計算し、支払い日に給与を支払う
- パートアルバイトが要る場合、締め日と支払い日が複数回あることもある

締め日と支払い日の関係を整理する

給与には「締め日」と「支払い日」があります。締め日とは、毎月の給与の締め切り日のことです。起算日から締め日までの期間で残業代や欠勤控除などを含めて賃金を計算し、支払い日に給与が支給されます。起算日は、前月の締め日の翌日です。

締め日と支払い日が同じ月であれば「当月払い」、支払い日が締め日の翌月であれば「翌月払い」となります。たとえば、当月払いでよくあるケースが、締め日が15日で、支払い日が25日の場合です。「15日締め、25日払い」といわれるケースで、前月16日から当月15日までの賃金を計算し、25日に給与が支払われます。

翌月払いだと、締め日が20日で、支払い日が翌月５日（「20日締め、翌月５日払い」）というのがよくあるケースです。この場合、前月21日から当月20日までの賃金が翌月５日に支払われます。会社によっては、締め日の前に支払い日をもうける前払い制もあるので確認が必要です。

締め日と支払い日が複数回ある場合もある

正社員だけの会社であれば、締め日と支払い日は１ケースだけの場合が多いと思いますが、パートやアルバイトを雇っていると、締め日と支払い日が数種類あることもあります。中には、正社員は当月払い、パートやアルバイトは翌月払いといったケースも見受けられます。こういう場合、締め日と支払い日が月に２回以上あることになります。締め日から支払い日までの期間が短いと、締め日と支払い日が複数回あって混乱を生じることもあります。しっかりスケジュール管理をしておく必要があります。

当月払いと翌月払い

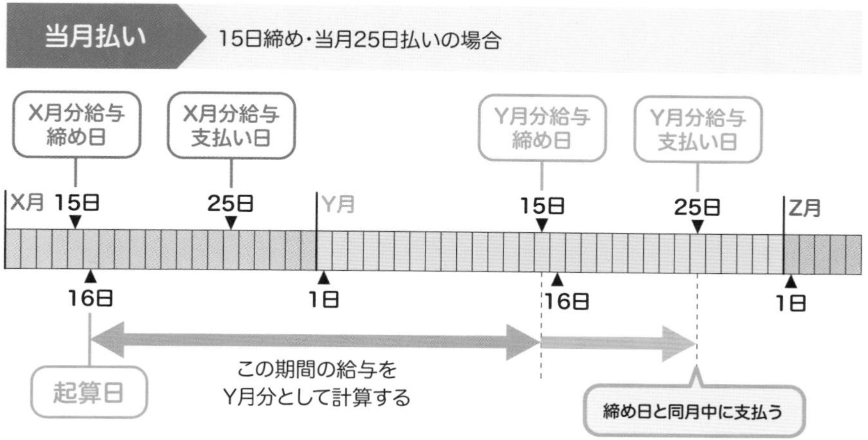

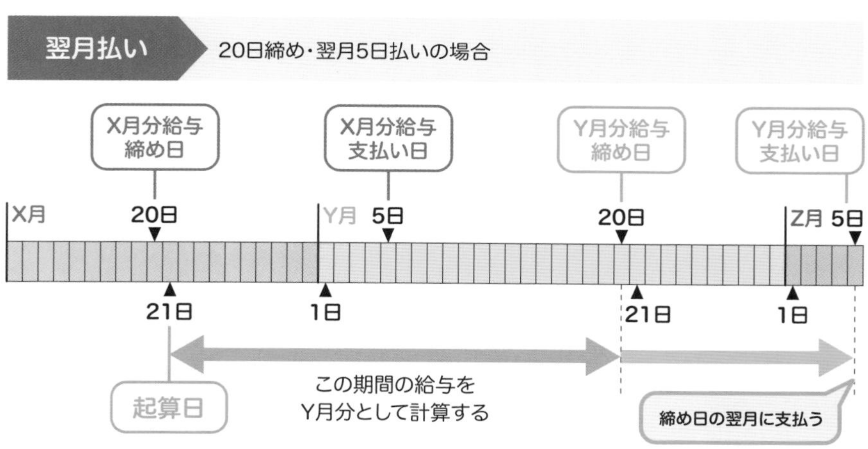

ONE

支払い日が休日の場合はどうする?

支払い日が平日ばかりとは限りません。土日や祝日と重なってしまうこともあります。その際、多くの企業では支払い日を前倒しにしますが、法律で決められているわけではなく、支払い日を休日明けに設定することも可能です。ただし、従業員利益を考えれば、前倒しにしたほうがいいでしょう。

03 振り込みによる給与の支給手続き

頻度	毎月	対象	役員・従業員	時期	支払日の3～4日前

POINT
- 給与を銀行口座に振り込む際は従業員から同意を得る
- 給与からは法律で決められたもの以外は控除できない

給与を銀行口座に振り込む際の注意点

給与の支払いは銀行口座に振り込む方法が主流です。しかし、実は法律上は現金払いの原則があり（通貨払いの原則）、銀行振込は例外的扱いとされています（34ページ）。法律が現実に追い付いていないわけですが、そういう事情のため、給与を口座振り込みで支払う場合は、事前に従業員から同意を得ていなければなりません。同意を得るには、書面による同意が必要で、そのために「給与口座振込依頼書」を従業員から提出してもらいます。口座振込依頼書には、口座振込を希望する賃金の範囲、振込先の情報、口座振込の開始時期の記入が必要になります。書式は自由なのでひな形を作成しておきましょう。給与口座振込依頼書は個人情報を記した重要な書類です。しっかり保管・管理してください。

給与を手渡しで支給する場合は、依頼書の必要はありません。

支払い日の3～4日前に銀行に振込を依頼する

給与を従業員の口座に振り込む際には、金融機関に依頼書を提出し、期日どおりに振り込んでもらいます。依頼書の提出期限は金融機関によりますが、3～4日前くらいまでを期限にしているところが多いです。

銀行口座に振り込む際、振込手数料がかかります。この手数料は会社側が負担する事務費のひとつであり、従業員の給与から差し引くことはできません。労働基準法によって「賃金全額払いの原則」が定められているからです。上場企業ではこのようなことは起こり得ませんが、気をつけておきましょう。

また、行政通達により、給与は支給日の午前10時頃までに引き出せるようにしなければなりません。

Keyword **現金払いの原則** 賃金は所定の支払い日に、確定している全額を支払わなければならないとする原則。ただし、社会保険料や税金など、法律で定められているものは控除できる。

「給与口座振込依頼書」の記入例

書類内容	口座振替による給与支払いを従業員に同意してもらう書類
届出先	従業員から事業所へ（事業所で保管）

従業員が口座振込を希望する金融機関名・支店名・口座の種類（普通・当座など）・口座番号を指定する
POINT
口座振込を希望する賃金の範囲、あるいはその金額をしっかり明示する
口座振込の開始を希望する年月
口座名義人の名前。口座名義は従業員本人のものしか認められない

提出日：令和 X 年 10月 1 日

給与振込依頼書

株式会社トーノ
代表取締役　長峰　真一　殿

社員番号　14
氏名　佐藤 真琴

私の給与・賞与の全額については、以下の口座への振込を依頼します。

記

金融機関名	東南銀行
支店名	上荻支店
預金の種類	(普通)・当座
口座番号	0123456
（カタカナ） 口座名義人	ヒラタ マコト 平田 真琴
開始月	令和 X 年10月20日

04 給与明細書の作成と賃金台帳への記入

頻度	毎月	対象	役員・従業員	時期	支払日の前後

POINT
- 従業員への給与明細書の交付は法律上の義務
- 賃金台帳は3年間の保管が義務づけられている

給与の支払いと同時に給与明細書を交付する

給与を支払う際、給与明細書を本人に発行します。労働基準法による定めはありませんが、所得税法で義務づけられています。

給与明細書には、基本給や諸手当などの種類ごとの支給額、源泉所得税や社会保険料等の控除額、出勤日・勤務時間等の勤怠項目を記載することになっています。そのほか、記載義務はありませんが、有給休暇の残日数などを記載する場合もあります。

通常、書面で交付しますが、一定の要件を満たせばPDFなどで電子交付することもできます。その際には従業員との同意が必要になります。

賃金台帳の作成は法律で義務づけられている

従業員の給与の支払い状況を記した書類に「賃金台帳」があります。これは労働基準法で作成が義務づけられており、正社員だけでなく管理職はもちろん、パートやアルバイト・日雇労働者に至るまですべての労働者について作成しなければなりません。

また、最後の賃金を記入した日（記録した日よりも賃金の支払いが遅い場合は、その支払い日）から５年（当分の間は３年）の保存義務があり、法律上、重要書類に位置付けられている書類です。保管にも十分な注意が必要です。

賃金台帳には、賃金の計算期間、出勤日数と労働時間、時間外労働時間、各種手当額、源泉所得税額や社会保険料などの控除額などを記載します。記載事項を漏れなく記載していれば書式は自由で、保存方法も書面、デジタルデータともに可能です。

気をつけたいのは、賃金台帳は事業所ごとに作成・保存する点です。本社が一括して作成・保存するわけではないので気をつけてください。

「賃金台帳」の記入例

書類内容　すべての従業員ごとに給与の支払い状況を記した書類
届出先　なし（事業所で３年保存）

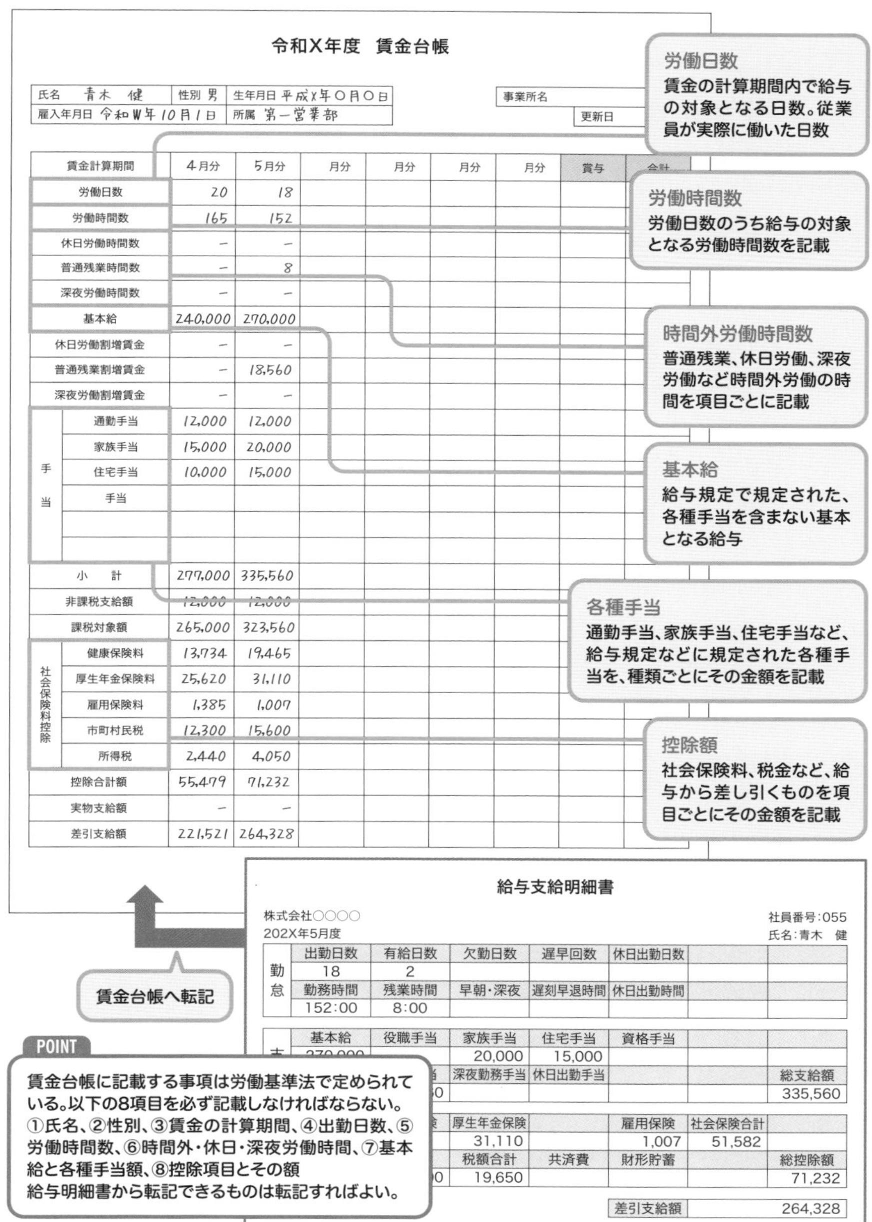

令和X年度　賃金台帳

氏名　青木　健	性別 男	生年月日 平成X年〇月〇日
雇入年月日 令和W年10月1日		所属 第一営業部

事業所名
更新日

賃金計算期間		4月分	5月分	月分	月分	月分	月分	賞与	合計
労働日数		20	18						
労働時間数		165	152						
休日労働時間数		−	−						
普通残業時間数		−	8						
深夜労働時間数		−	−						
基本給		240,000	270,000						
休日労働割増賃金		−	−						
普通残業割増賃金		−	18,560						
深夜労働割増賃金		−	−						
手当	通勤手当	12,000	12,000						
	家族手当	15,000	20,000						
	住宅手当	10,000	15,000						
	手当								
小計		277,000	335,560						
非課税支給額		12,000	12,000						
課税対象額		265,000	323,560						
社会保険料控除	健康保険料	13,734	19,465						
	厚生年金保険料	25,620	31,110						
	雇用保険料	1,385	1,007						
	市町村民税	12,300	15,600						
	所得税	2,440	4,050						
控除合計額		55,479	71,232						
実物支給額		−	−						
差引支給額		221,521	264,328						

労働日数
賃金の計算期間内で給与の対象となる日数。従業員が実際に働いた日数
労働時間数
労働日数のうち給与の対象となる労働時間数を記載
時間外労働時間数
普通残業、休日労働、深夜労働など時間外労働の時間を項目ごとに記載
基本給
給与規定で規定された、各種手当を含まない基本となる給与
各種手当
通勤手当、家族手当、住宅手当など、給与規定などに規定された各種手当を、種類ごとにその金額を記載
控除額
社会保険料、税金など、給与から差し引くものを項目ごとにその金額を記載
賃金台帳へ転記

給与支給明細書

株式会社〇〇〇〇　　社員番号:055
202X年5月度　　氏名:青木　健

勤怠	出勤日数	有給日数	欠勤日数	遅早回数	休日出勤日数		
	18	2					
	勤務時間	残業時間	早朝・深夜	遅刻早退時間	休日出勤時間		
	152:00	8:00					

支	基本給	役職手当	家族手当	住宅手当	資格手当		
	270,000		20,000	15,000			
		…当	深夜勤務手当	休日出勤手当			総支給額
		…0					335,560

	…険	厚生年金保険		雇用保険	社会保険合計	
		31,110		1,007	51,582	
		税額合計	共済費	財形貯蓄		総控除額
	…0	19,650				71,232

差引支給額	264,328

POINT

賃金台帳に記載する事項は労働基準法で定められている。以下の8項目を必ず記載しなければならない。
①氏名、②性別、③賃金の計算期間、④出勤日数、⑤労働時間数、⑥時間外・休日・深夜労働時間、⑦基本給と各種手当額、⑧控除項目とその額
給与明細書から転記できるものは転記すればよい。

05 源泉所得税と住民税を納付する

頻度	毎月	対象	役員・従業員	時期	支払い月の翌月10日

POINT

- 源泉所得税は給与支払い日の翌月10日までに納める
- 住民税は給与支払い日の翌月10日までに納める

源泉所得税を税務署に納付する

従業員に給与を支払ったら、税金や社会保険料などを納付します。税金として納付するのは源泉所得税と住民税です。

会社は毎月、従業員の給与から所得税を源泉徴収しています。その源泉所得税を毎月、従業員の代わりに税務署に納めなければなりません。納付先の税務署は従業員の居住地ではなく、会社の所在地になります。納付期限は給与の支払い日の翌月10日です。5日払いでも25日払いでも納付期限に変わりはありません。ただし、給与を支払っている従業員が常時10人未満の会社には、納期の特例という制度が用意されています。税務署に申請することで、年に2回、1月と7月にまとめて納付することができるようになります。

源泉所得税を納付する際は、金融機関に所得税徴収高計算書を提出します。賞与の支給月は、通常の給与と賞与は分けて記載します。

住民税を各市区町村に納付する

会社は毎月、住民税も従業員から徴収していますので、住民税も納付します。住民税の納付期限も、給与の支払い日の翌月10日になります。住民税の納付先は従業員の居住地の市区町村となり、源泉所得税と違って納付先が複数になるので混乱しないように注意しましょう。

住民税は毎年6月に更新され、その際、各市区町村から特別徴収税額の決定・変更通知書が送られてきますが、そこに1年分の納付書が同封されています。納付書にはすでに住民税額が印字されていますので、これを金融機関に提出して納付することになります。ただし、入社・退職者がいる月は税額が変わるので、印字された数字を訂正してください。

Keyword **納期の特例**　住民税にも、源泉所得税と同様に、従業員が常時10人未満の会社であれば、年2回にまとめて納付できる特例がある。

「給与所得・退職所得等の所得税徴収高計算書（一般用）」の記入例

書類内容 給与・賞与などの源泉所得税を納付する書類
届出先 金融機関

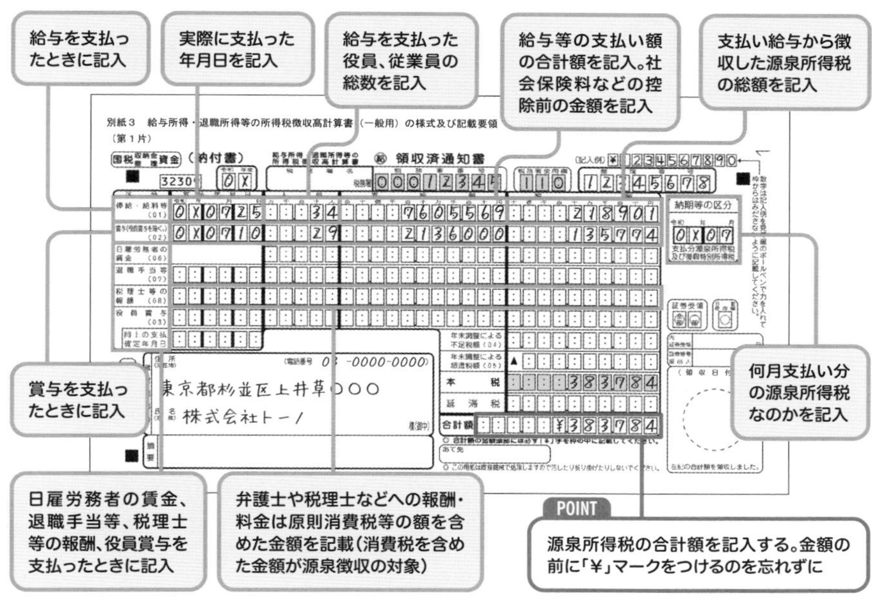
給与を支払ったときに記入
実際に支払った年月日を記入
給与を支払った役員、従業員の総数を記入
給与等の支払い額の合計額を記入。社会保険料などの控除前の金額を記入
支払い給与から徴収した源泉所得税の総額を記入
賞与を支払ったときに記入
何月支払い分の源泉所得税なのかを記入
日雇労務者の賃金、退職手当等、税理士等の報酬、役員賞与を支払ったときに記入
弁護士や税理士などへの報酬・料金は原則消費税等の額を含めた金額を記載（消費税を含めた金額が源泉徴収の対象）
POINT
源泉所得税の合計額を記入する。金額の前に「¥」マークをつけるのを忘れずに

別紙3　給与所得・退職所得等の所得税徴収高計算書（一般用）の様式及び記載要領
（第1片）
国税収納金整理資金（納付書）　給与所得・退職所得等の所得税徴収高計算書　領収済通知書
32309　0X　税務署 00012345　110　12345678

区分	支払年月日	人員	支給額	税額
俸給・給料等 (01)	0X0725	34	7605569	218901
賞与（役員賞与を除く）(02)	0X0710	29	2136000	135774
日雇労務者の賃金 (06)				
退職手当等 (07)				
税理士等の報酬 (08)				
役員賞与 (03)				
同上の支払確定年月日				

年末調整による不足税額 (04)
年末調整による超過税額 (05)
本税　383784
延滞税
合計額　¥383784

納期等の区分　令和 0X年 07月
支払分源泉所得税及び復興特別所得税

住所（所在地）東京都杉並区上井草○○○　（電話番号 03-0000-0000）
氏名（名称）株式会社トーノ
摘要

「給与所得・退職所得等の所得税徴収高計算書（納期特例用）」の記入例

書類内容 納期特例の適用事務所が給与・賞与などの源泉所得税を納付する書類
届出先 金融機関

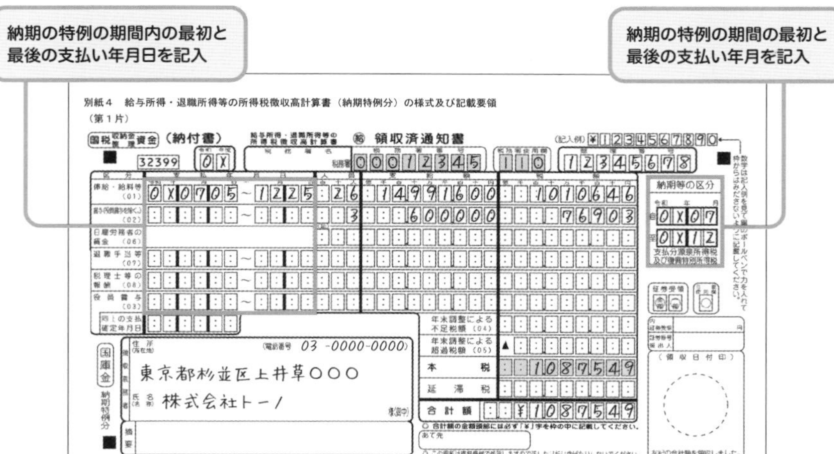
納期の特例の期間内の最初と最後の支払い年月日を記入
納期の特例の期間の最初と最後の支払い年月を記入

別紙4　給与所得・退職所得等の所得税徴収高計算書（納期特例分）の様式及び記載要領
（第1片）
国税収納金整理資金（納付書）　給与所得・退職所得等の所得税徴収高計算書　領収済通知書
32399　0X　税務署 00012345　110　12345678

区分	支払年月日	人員	支給額	税額
俸給・給料等 (01)	0X0705～1225	26	14991600	1010646
賞与（役員賞与を除く）(02)	～	3	600000	76903
日雇労務者の賃金 (06)				
退職手当等 (07)	～			
税理士等の報酬 (08)	～			
役員賞与 (03)	～			
同上の支払確定年月日				

年末調整による不足税額 (04)
年末調整による超過税額 (05)
本税　1087549
延滞税
合計額　¥1087549

納期等の区分　令和 自 0X年 07月　至 0X年 12月
支払分源泉所得税及び復興特別所得税

住所（所在地）東京都杉並区上井草○○○　（電話番号 03-0000-0000）
氏名（名称）株式会社トーノ
摘要

「住民税納付書」の書式例

書類内容 毎月の給与の住民税を納付する書類
届出先 金融機関

納付書は1年分がまとめて送られてくるので、何月分の納付書かを必ず確認する

POINT
基本的には印字されている金額を納付すればよい。ただし、中途入社者や退職者がいる場合は金額が変わるので、その際は都度金額を訂正する。また、退職者に退職金を支給した場合は、「退職所得分」の欄に加算する住民税額を記入する

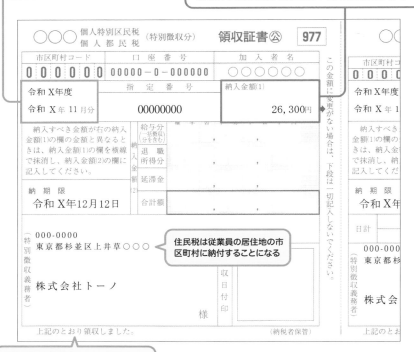

○○○ 個人特別区民税 個人都民税 (特別徴収分) 領収証書㊣ 977

市区町村コード	口座番号	加入者名
000000	00000－0－000000	○○○○○○
令和 X年度 令和 X年 11 月分	指定番号 00000000	納入金額(1) 26,300円

この金額に変更がない場合は、下段は一切記入しないでください。

納入すべき金額が右の納入金額(1)の欄の金額と異なるときは、納入金額(1)の欄を横線で抹消し、納入金額(2)の欄に記入してください。

納入金額(2)
給与分(一括徴収分を含む)	, ,
退職所得分	, ,
延滞金	, ,
合計額	, ,

納期限 令和 X年12月12日

(特別徴収義務者)
000-0000
東京都杉並区上井草○○○
株式会社トーノ 様

領収日付印

上記のとおり領収しました。 (納税者保管)

住民税は従業員の居住地の市区町村に納付することになる

住民税の納付書は各市区町村によって様式が異なる場合がある

ONE 退職者の特別徴収から普通徴収への変更時期

退職者がいた場合、退職時期によって対応が変わるので注意が必要です。住民税の特別徴収は課税額が6月に切り替わるので、1月～4月に退職した場合は原則として一括徴収します。5月に退職した場合は、5月分は特別徴収で以降は普通徴収となります。6月～12月に退職した場合は、一括徴収、普通徴収、また間をあけずに転職する場合は転職先で特別徴収を継続のいずれかを選択可能です。

「特別徴収税額の納期の特例に関する承認申請書」の記入例

書類内容　納期特例制度を受けるための申請書類
届出先　従業員の居住地の市区町村の税務担当部署

受付印

特別徴収税額の納期の特例に関する承認申請書

○○区長宛

令和 X 年 6 月 1 日

地方税法第321条の5の2並びに杉並区特別区税条例第35条の2及び第35条の3の規定により、特別徴収税額の納期の特例に関する承認を申請いたします。

所在地（住所）	〒167－0023 東京都杉並区上井草○○○		
フリガナ	カブシキガイシャ トーノ		
名称（氏名）	株式会社トーノ		
代表者職氏名	代表取締役 長峰真一	電話番号	03 － 0000 － 0000
法人番号	1234567890123	担当者	（連絡先）03-0000-0000
特別徴収義務者指定番号	12345678 ※市町村ごとに異なります		（氏名）小芝 景子
関与税理士署名		（連絡先）	

特例の適用を受けようとする税額	令和 X 年 6 月以後の特別徴収税額		
	月区分	給与支払人員	給与支払額
申請の日前6か月間の各月末の常時給与の支払を受ける者の人員及び各月の支払金額	W年12月	（臨時 2人）	（　円）
		常時 12人	4,800,000円
	X年1月	（臨時 1人）	（　円）
		常時 12人	4,800,000円
※賞与等の臨時の給与の金額を含む。	X年2月	（臨時 1人）	（　円）
		常時 12人	4,800,000円
※杉並区以外の全市町村を含む、事業所全体の人員及び支払金額	X年3月	（臨時 0人）	（　円）
		常時 14人	5,250,000円
※臨時勤務者分がある場合は、常時給与の支払いを受ける者の分とは別にして2段書き（上段に記載）にしてください。	X年4月	（臨時 1人）	（　円）
		常時 14人	5,250,000円
※交通費は除く	X年5月	（臨時 1人）	（　円）
		常時 14人	5,250,000円
市町村に係る徴収金に滞納がある場合において、それがやむを得ない理由によるものであるときは、その理由の詳細			
申請の日前1年以内に納期の特例の承認を取り消されたことの有無及び取消年月日	有（令和　年　月　日承認取消）・㊀無		

【注意事項】
1. 申請書の提出は、特例の適用を受けようとする月の20日までにお願いいたします。
2. 送付先が所在地と異なる場合は、書類送付先を記入してください。
3. 給与の支払を受けるものが常時10人未満と認められない場合や、徴収金の滞納がある場合、また、徴収金の滞納があることにより納期の特例の承認の取消を受けて1年を経過していない場合は申請を却下することがあります。

申請書を提出する前6カ月間に、臨時のパートやアルバイトを雇っていた場合は、常時働いている従業員とは別に支給人員と支給金額を記入する

申請書を提出する前6カ月間に支払った給与の「支払人員」と「支払金額」の合計をそれぞれ記入する。たとえば、6月に申請書を提出する場合、前年12月から5月の給与の支払人員と支払金額を記入する

納期の特例の対象になる期間と納期限

●源泉所得税

対象となる期間	納期限
1月～6月までの源泉所得税	7月10日
7月～12月までの源泉所得税	翌年1月20日

●住民税

対象となる期間	納期限
12月～5月までに徴収した住民税	6月10日
6月～11月までに徴収した住民税	12月10日

06 社会保険料と雇用保険料を納付する

頻度　社毎月／雇年1回　対象　(役員)従業員　時期　社翌月末／雇6月1日〜7月10日

POINT

- 社会保険料は会社負担分と従業員負担分を合わせて納付する
- 雇用保険料は労災保険料と合わせて年に1回納付する

社会保険料は日本年金機構に納付する

会社は従業員から税金だけでなく、社会保険料（健康保険料・介護保険料・厚生年金保険料）も毎月徴収しています（介護保険料は40歳から64歳まで）。税金と違い、社会保険料は会社と従業員が折半して負担しているので、会社負担分と従業員負担分を合わせ、それに子ども・子育て拠出金を加算して納付することになります。

協会けんぽに所属している場合、毎月20日頃、日本年金機構から「保険料納入告知額・領収済額通知書」（151ページ）が送られてきます。3枚綴りになっていますが、切り離さずに金融機関に提出するのと同時に、告知書に印字されている保険料を納付します。納付期限は、告知書送付の当月末日です。金融機関で直接手続きするだけでなく、口座振替で納付することもできます。その際には、あらかじめ保険料口座振替納付（変更）申出書を金融機関経由で日本年金機構に提出します。

雇用保険料は労災保険料と一緒に納付する

社会保険料のほかに雇用保険料の納入も必要です（役員はなし）。雇用保険料は労災保険料とともに労働局に納付します。雇用保険料は税金や社会保険料とは違い、年に1回まとめて納付します。納付期日は毎年6月1日から7月10日の間です。雇用保険料と労災保険料（労働保険料）の納付方法は変則的（年度更新）なので、詳しくは第9章を参照してください。

納付については社会保険料と同様に口座振替でも行え、支払い期日は9月6日までとなります。口座振替を利用する際は、金融機関に労働保険保険料等口座振替納付書送付（変更）依頼書兼 口座振替依頼書を提出し、申告書は労働局または労働基準監督署に提出します。

Keyword **子ども・子育て拠出金**　児童手当や子育て支援事業のために使われる税金で、企業や個人事業主に納付が義務づけられている。

「保険料口座振替納付（変更）申出書」の記入例

書類内容　社会保険料を口座振替で納付するための申請書類

届出先　金融機関（事業所管轄の年金事務所または年金事務センター）

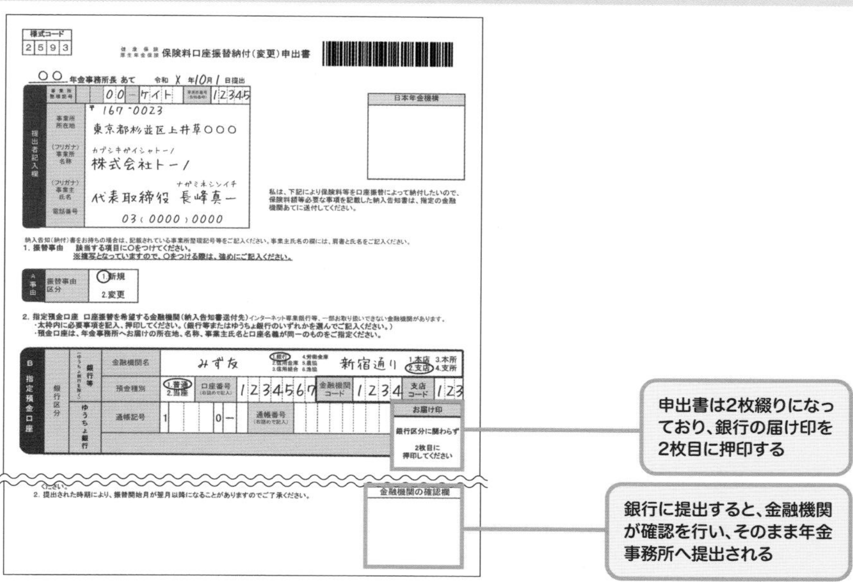

様式コード 2593

健康保険 厚生年金保険 保険料口座振替納付(変更)申出書

○○ 年金事務所長 あて　令和 X 年10月1日提出

提出者記入欄	
事業所整理記号	00 - ケイト　事業所番号 12345
事業所所在地	〒167-0023 東京都杉並区上井草○○○
(フリガナ) 事業所名称	カブシキガイシャトーノ 株式会社トーノ
(フリガナ) 事業主氏名	ナガミネシンイチ 代表取締役 長峰真一
電話番号	03(0000)0000

日本年金機構

私は、下記により保険料等を口座振替によって納付したいので、保険料額等必要な事項を記載した納入告知書は、指定の金融機関あてに送付してください。

納入告知(納付)書をお持ちの場合は、記載されている事業所整理記号等をご記入ください。事業主氏名の欄には、肩書と氏名をご記入ください。

1. 振替事由　該当する項目に○をつけてください。
※複写となっていますので、○をつける際は、強めにご記入ください。

A 事由　振替事由区分　①新規　2.変更

2. 指定預金口座　口座振替を希望する金融機関(納入告知書送付先)インターネット専業銀行等、一部お取り扱いできない金融機関があります。
・太枠内に必要事項を記入、押印してください。(銀行等またはゆうちょ銀行のいずれかを選んでご記入ください。)
・預金口座は、年金事務所へお届けの所在地、名称、事業主氏名と口座名義が同一のものをご指定ください。

B 指定預金口座

銀行区分			
銀行等(ゆうちょ銀行を除く)	金融機関名	みずな　①銀行 2.信用金庫 3.信用組合 4.労働金庫 5.農協 6.漁協　新宿通り　1.本店 ②支店 3.本所 4.支所	
	預金種別	①普通 2.当座　口座番号(右詰めで記入) 1234567　金融機関コード 1234　支店コード 123	
ゆうちょ銀行	通帳記号	1　0 −　通帳番号(右詰めで記入)	お届け印　銀行区分に関わらず2枚目に押印してください

2. 提出された時期により、振替開始月が翌月以降になることがありますのでご了承ください。

金融機関の確認欄

申出書は2枚綴りになっており、銀行の届け印を2枚目に押印する

銀行に提出すると、金融機関が確認を行い、そのまま年金事務所へ提出される

「労働保険保険料等口座振替納付書送付(変更)依頼書 兼 口座振替依頼書」の記入例

書類内容　労働保険料を口座振替で納付するための申請書類

届出先　金融機関

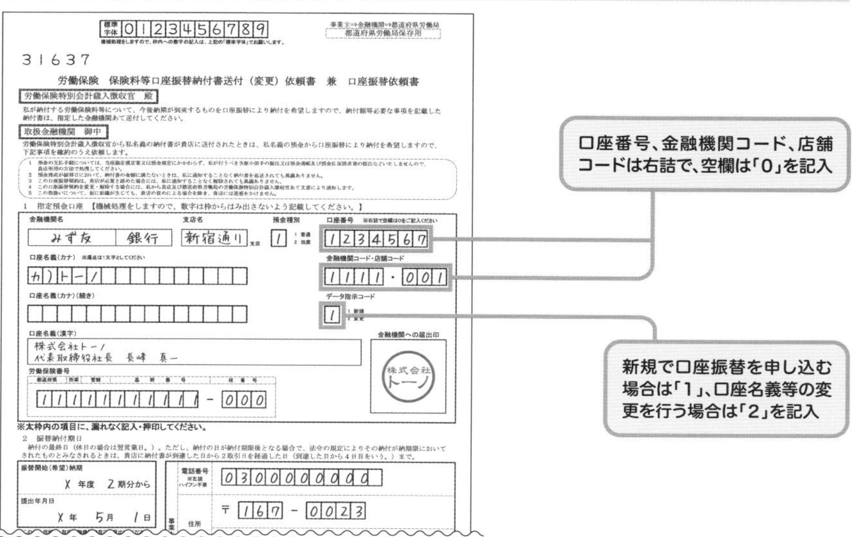

標準字体 0123456789
機械処理をしますので、枠内への数字の記入は、上記の「標準字体」でお願いします。

事業主⇒金融機関⇒都道府県労働局
都道府県労働局保存用

31637

労働保険　保険料等口座振替納付書送付（変更）依頼書　兼　口座振替依頼書

労働保険特別会計歳入徴収官　殿

私が納付する労働保険料等について、今後納期が到来するものを口座振替により納付を希望しますので、納付額等必要な事項を記載した納付書は、指定した金融機関あて送付してください。

取扱金融機関　御中

労働保険特別会計歳入徴収官から私名義の納付書が貴店に送付されたときは、私名義の預金から口座振替により納付を希望しますので、下記事項を確約のうえ依頼します。

1　指定預金口座　【機械処理をしますので、数字は枠からはみ出さないよう記載してください。】

金融機関名	みずな 銀行
支店名	新宿通り 支店
預金種別	1（1 普通 2 当座）
口座番号 ※右詰で空欄は0をご記入ください	1234567
口座名義(カナ) ※濁点は1文字としてください	カ)トーノ
口座名義(カナ)(続き)	
金融機関コード・店舗コード	1111・001
データ指示コード	1（1 新規 2 変更）
口座名義(漢字)	株式会社トーノ 代表取締役社長　長峰　真一
労働保険番号	11111111111 - 000
金融機関への届出印	株式会社トーノ

※太枠内の項目に、漏れなく記入・押印してください。

2　振替納付期日
納付の最終日（休日の場合は翌営業日。）。ただし、納付の日が納付期限後となる場合で、法令の規定によりその納付が納期限において されたものとみなされるときは、貴店に納付書が到達した日から2取引日を経過した日（到達した日から4日目をいう。）まで。

振替開始(希望)納期	X 年度　2 期分から
提出年月日	X 年　5 月　1 日
電話番号 ※左詰 ハイフン不要	0300000000
住所	〒167 - 0023

口座番号、金融機関コード、店舗コードは右詰で、空欄は「0」を記入

新規で口座振替を申し込む場合は「1」、口座名義等の変更を行う場合は「2」を記入

COLUMN 6

「給与額を間違えた」「給与未払い」のときの対応

給与計算のミスは当月中の調整が原則

給与額の間違いが発生する要因には以下のようなものが考えられます。

- **昇給、手当が発生する役職への昇進の確認ミス**
- **保険料の変更の対応漏れ**
- **日割り計算や欠勤・早退・遅刻の計算間違い**
- **時間外労働の見落としや割増賃金の計算漏れ**
- **月途中退職者の社会保険料控除でのミス**

労働基準法では、給与額は「当月中の調整」が原則で、翌月の調整は違法です（従業員との同意があれば翌月調整も可能）。つまり、給与計算で間違いが発覚した場合は、従業員へすぐに説明し、適切に処理しなければなりません。間違いに気づかず支払い不足が長期間続いた場合には、給与未払いとされて労働基準監督署から勧告が入り、罰則を受ける可能性があります。

給与の過不足、未払いがあった場合の処理

給与額を間違えたときの簡単な対処方法は、当月中に現金で過不足分を調整する方法です。本人との同意があれば、翌月の給与支払いの際に過不足を調整することもできますが、同意なしで調整はできません。

未払いが発覚したら、当該従業員に説明とお詫びをしたうえで、当月中であれば至急追加支払いをします。当月中の支払いが無理なら、従業員が納得する方法でできるだけ早めに処理します。給与の計算間違いにより、誤った所得税を納めていた場合は、源泉所得税及び復興特別所得税の誤納額充当届出書を所轄の税務署に提出しなければなりません。さらに源泉所得税の納付書に追加分の税額を記載して差額を納税することになります。

給与の支払いミスは従業員に迷惑をかけるだけでなく、余計な手間を増やすことになります。ミスのないよう、給与計算は慎重に行うことが大切です。

第７章

賞与の計算と支給

第７章では、賞与の計算と処理を説明します。賞与は毎月支払う給与と同じく賃金ですが、法律上、支払い義務はありません。給与とは計算方法や手続きも異なります。賞与の支給は従業員のモチベーションアップにつながります。支給の範囲や支給時期などは会社独自のルールがあるのでしっかり確認したうえで、賞与計算の流れと実務を把握しましょう。

01 賞与計算のポイントを知ろう

頻度	年3回まで	対象	役員・従業員	時期	会社規定の月

POINT

- 年4回以上の支給は賞与ではなく、給与扱いになる
- 給与計算と賞与計算は分けて行う必要がある

賞与の支払い義務は就業規則などの規定による

賞与、ボーナス、特別手当、期末手当など、月々支払われる給与とは別に業績や勤務成績に応じて支払われる賃金は法律上すべて賞与となります。

賞与は給与と違って、支払い義務はありません。ただし、支払いが慣例化されていたり、就業規則や給与規定に賞与制度として支給時期や算定期間、支給対象者、支給条件などが規定されていたりする場合には、支払い義務が発生します。

なお、社会保険料（健康保険料・厚生年金保険料・介護保険料）を計算するうえで、賞与として認められるのは、年3回以内の支給分までです。年4回以上の支給分については給与と合算し、通常の給与計算として扱います。

給与計算との相違点について

賞与計算の大まかな流れは給与計算と同じです。「総支給額－控除合計額」で差引支給額を計算します。原則、控除するのは社会保険料、雇用保険料、源泉所得税の3つです。このほか、財形貯蓄や組合費など労使協定による協定控除項目があれば差し引きます。

7-2、7-3で詳しく説明しますが、社会保険料と源泉所得税については、給与計算とは基準となる金額や計算方法が異なります。そのため、賞与は給与と切り離して計算します。

また、住民税については控除しません。住民税は賞与も含む前年総所得から計算され、毎月の給与から徴収するしくみだからです。

なお、賞与の支払いについても「賃金支払いの5原則」が適用されます。分割払いなどは認められません。現物支給については、労働協約で「賃金を現物支給することがある」といった取り決めが結ばれている場合は可能です。

Advice 就業規則等の定めにより、賞与についても欠勤等の勤務実績を評価に反映することはあるが、産前産後休業、育児休業、介護休業については出勤したものとして取り扱う。

給与と賞与の控除額の計算方法の違い

控除項目	給与計算	賞与計算
社会保険料 健康保険 介護保険 厚生年金	健康保険・厚生年金保険の保険料額表から標準報酬月額をもとに控除額を確認	賞与額から1,000円未満を切り捨てた標準賞与額×各社会保険料率で計算
雇用保険料	総支給額×本人負担保険料率	
所得税	給与所得の源泉徴収税額表から徴収額を確認	賞与に対する源泉徴収税額の算出率の表で所得税率を確認し、所得税率×課税対象額で計算
住民税	市区町村から届く特別徴収税額の決定・変更通知書の金額を控除	源泉徴収なし （住民税は前年の課税所得に基づくため、左記の特別徴収税額の決定・変更通知書の金額に含まれる）
そのほかの控除	労使協定に基づき控除	

賞与支給明細書の例

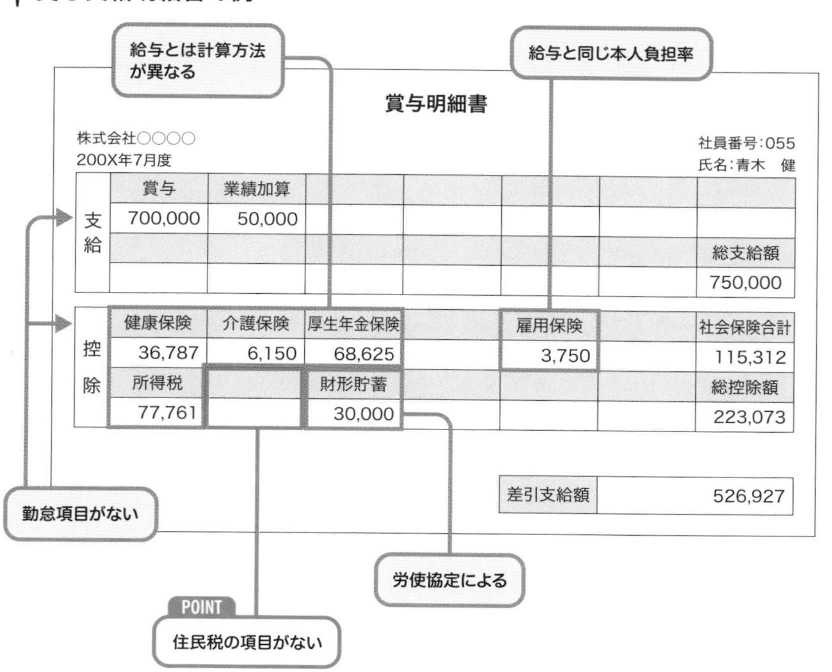

賞与明細書

株式会社○○○○
200X年7月度

社員番号:055
氏名:青木　健

支給	賞与	業績加算					
	700,000	50,000					
							総支給額
							750,000
控除	健康保険	介護保険	厚生年金保険		雇用保険		社会保険合計
	36,787	6,150	68,625		3,750		115,312
	所得税		財形貯蓄				総控除額
	77,761		30,000				223,073

差引支給額	526,927

給与とは計算方法が異なる
給与と同じ本人負担率
勤怠項目がない
労使協定による
POINT
住民税の項目がない

02 賞与の社会保険料・雇用保険料の控除額の計算

頻度	発生の都度	対象	役員・従業員	時期	会社規定の月

POINT
- 給与計算との違いに注意。実際に保険料を計算して求める
- 徴収時期も給与に対する社会保険料とは異なる

標準賞与額×保険料率で実際に計算が必要

給与の社会保険料の計算では、健康保険・厚生年金保険の保険料額表を使って標準報酬月額を確認し、該当する欄の金額を保険料とします（149ページ）。そのため、実際に自分で「標準報酬月額×保険料率」の計算を行う必要がありません。

一方、賞与計算では、標準報酬月額ではなく、賞与額から1,000円未満を切り捨てた「標準賞与額」をベースとします。この標準賞与額に、健康保険料、介護保険料（該当者のみ）、厚生年金保険料の各保険料率を実際にかけて保険料を計算します。

標準賞与額には上限があります。健康保険と介護保険はその年度（4月から翌年3月）の累計で573万円、厚生年金保険は1カ月あたり150万円です。賞与額がこれを超える場合には、この金額を標準賞与額として保険料を計算します。給与計算も賞与計算も、保険料率自体は同じです。

給与と賞与の違いでもうひとつ注意したいのは、社会保険料の徴収時期です。給与についての社会保険料は、通常は翌月控除ですが、賞与については当月控除となります。

退職者については月末に退職する人からのみ徴収

退職予定者への賞与から健康保険料・厚生年金保険料を徴収するかどうか（控除対象になるかどうか）は賞与の支給月が厚生年金等の資格喪失月かどうかで決まります。支給月と資格喪失月が同月の場合には、保険料を徴収しません。支給月が資格喪失月の前月である場合には、社会保険料を徴収します。

たとえば、12月15日に賞与を支給する社員が、12月25日に退職が決まっている場合、資格喪失日は12月26

健康保険
厚生年金
雇用保険

社会保険料の計算方法

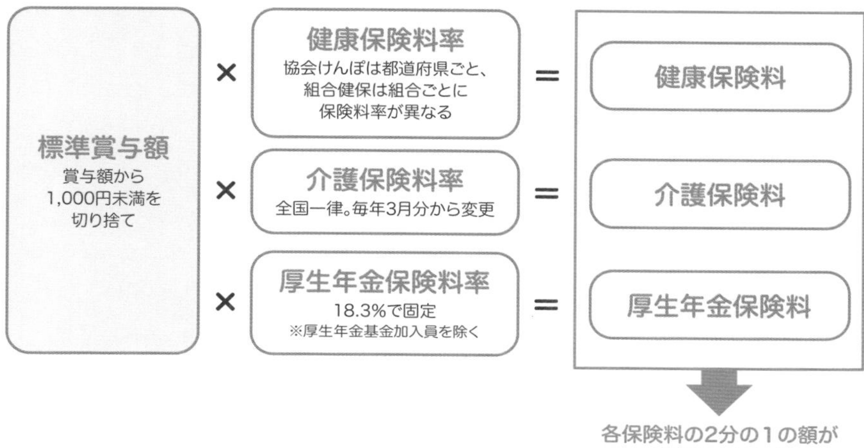

賞与にかかる社会保険料（本人負担分）の計算例（2024年4月）

属性：男性、年齢50歳、一般事業、扶養親族2人（20歳、16歳）、協会けんぽ（東京都）
保険料率：令和6年３月分（４月納付分）からの健康保険・厚生年金保険の保険料額表より

全国健康保険協会管掌健康保険料		厚生年金保険料（厚生年金基金加入員を除く）
介護保険第2号被保険者に該当しない場合	介護保険第2号被保険者に該当する場合	一般、坑内員・船員
9.98%	11.58%	18.3%
↓	↓	↓
健康保険料	介護保険料 11.58%−9.98%＝1.6%	厚生年金保険料

〈計算例〉

賞与（総支給額）：700,300円…Ⓐ

前月の社会保険料控除後の給与額：450,000円…Ⓑ

・健康保険料＝700,000円×9.98%×1/2＝34,930円……❶
・介護保険料＝700,000円×1.6%×1/2＝5,600円……❷
・厚生年金保険料＝700,000円×18.3%×1/2＝64,050円……❸

社会保険料控除額（合計）＝❶＋❷＋❸＝104,580円……Ⓒ

日なので保険料を徴収しません。また、12月10日に退職し（資格喪失日は12月11日）、退職後の12月15日に未払い賞与が支給される場合も、同月なので保険料を徴収しません。

退職日が月末の場合は、注意が必要です。12月15日に賞与を支給する社員が12月31日に退職が決まっているとき、資格喪失日は翌日1月1日なので支給月は前月となり、社会保険料を徴収します。

賞与に伴う介護保険料の徴収ルール

控除の有無で迷うのは、介護保険料の被保険者資格の取得・喪失の前後です。介護保険では、40歳の誕生日の前日に40歳になったとし、その日の属する月を40歳到達月といいます。介護保険料が徴収されるのは、この40歳到達月からです。

たとえば、1月1日に40歳の誕生日を迎える人は12月が40歳到達月です。12月中に賞与が支給された場合、年齢は39歳ですが、介護保険料を徴収しなければなりません。

同様に、介護保険料の被保険者資格喪失日は65歳の誕生日の前日で、その日が属する65歳到達月の前月で介護保険料の徴収は終了です。1月1日生まれの人は、12月が65歳到達月となり、12月中に支給された賞与からは介護保険料の徴収はありません。

労働保険は給与計算と同じ

雇用保険料については給与計算と同じです。賞与の総支給額に本人負担保険料率をかけて計算します。

退職後に賞与（在籍期間中の未払い賞与）を支給する場合も、雇用保険料を徴収します。雇用保険料は、対象期間に支払われた賃金に対してかかるからです。

なお、労災保険料についても給与と同じ扱いで、賞与額に労災保険率をかけて全額会社が負担します。

Advice 入社した月に賞与を支給する場合は健康保険料・厚生年金保険料とも徴収する。ただし、支度金など入社日より前に支給した賞与については保険料を徴収しない。

給与全般
健康保険
厚生年金
雇用保険
所得税
住民税

退職予定者の健康保険料・厚生年金保険料の徴収ルール

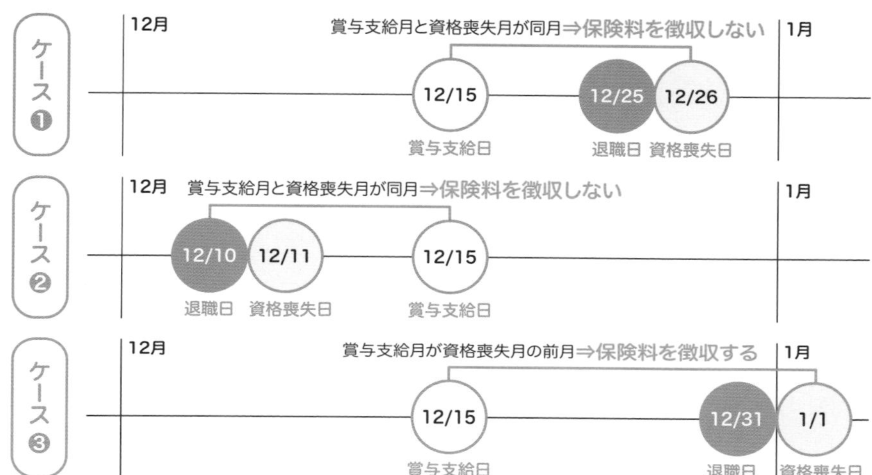

産前産後休業・育児休業の健康保険料・厚生年金保険料の徴収ルール

産前産後休業・育児休業の適用期間内に支給された賞与については、休業開始日の属する月から復帰日の（終了日の翌日）の前月までは徴収しません。

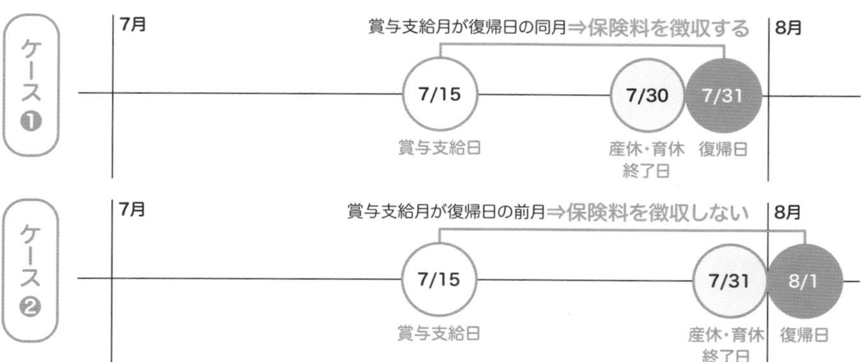

賞与にかかる雇用保険料（本人負担分）の計算例（2024年4月）

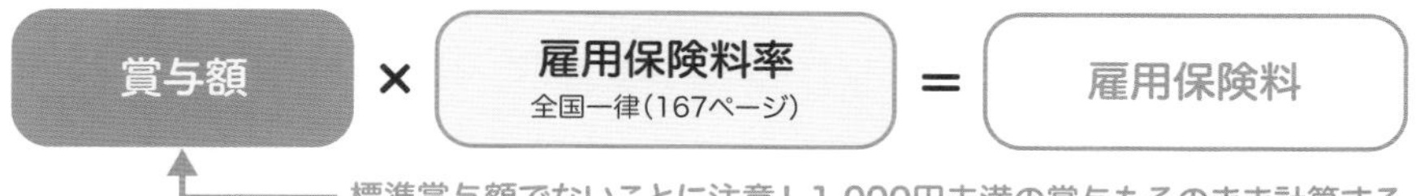

標準賞与額でないことに注意！ 1,000円未満の賞与もそのまま計算する

〈計算例〉

雇用保険料＝700,300円（197ページ「Ⓐ」）×0.6％＝4,202円……Ⓓ

03 賞与の源泉徴収税額の計算

頻度	発生の都度	対象	役員・従業員	時期	会社規定の月

POINT
- 前月の給与の有無や支払い方で計算方法が異なる
- 徴収するのは所得税だけで、住民税は不要

前月に通常の給与を支払っている場合の計算方法

賞与にかかる所得税の源泉徴収税額は、原則として前月の給与の課税対象額により決まります。

前月に通常の給与を支払っている場合は、その社会保険料等控除後の金額を確かめます。その金額から賞与に対する源泉徴収税額の算出率の表に基づき、扶養親族の人数に応じて、賞与の所得税率が決まります。

具体的な手順は次のとおりです。

①賞与金額から社会保険料等を控除し、課税対象額を計算する
②前月の社会保険料等控除後の給与額を確認する
③賞与に対する源泉徴収税額の算出率の表の甲欄の扶養親族等の数に応じた上記②の金額に当てはまる行と、左端の「賞与の金額に乗ずべき率」欄との交わるところに記載されている所得税率を確認する
④「①の金額×③の所得税率」で所得税額（源泉所得税額）を計算する
　この金額が賞与から源泉徴収する税額になります。住民税は徴収しないため、税金として天引きするのはこれだけです。

各手順を少し補足しましょう。

①は賞与の総支給額から7-2で求めた健康保険料・厚生年金保険料、介護保険料、雇用保険料を差し引くだけです。②は③のために必要になるもので、改めて計算しなくても、前月の賃金台帳を見れば確認できます。③の確認方法は右ページのとおりです。該当する欄の行の左端が④で使用する所得税率となります。勤務先が2カ所以上あるなどの理由により、給与所得者の扶養控除等（異動）申告書（214ページ）を未提出の従業員については、賞与に対する源泉徴収税額の算出率の表の甲欄ではなく、乙欄に②の給与額を当てはめます。④については、1円未満の端数が出た場合には、切り捨て処理します。

これが賞与における源泉徴収税額の基本的な計算方法となります。

源泉徴収税額の計算方法

●前月に通常の給与を支払っている場合

①課税対象額を計算する

賞与額 − **社会保険料（本人負担分）** − **雇用保険料（本人負担分）** ＝ **課税対象額**

〈計算例〉
700,300円（197ページ「Ⓐ」）−104,580円（197ページ「Ⓒ」）
−4,202円（199ページ「Ⓓ」）=591,518円……Ⓔ

②前月の社会保険料等控除後の給与額を確認する（賃金台帳より）

③賞与に対する源泉徴収税額の算出率の表から所得税率を確認する

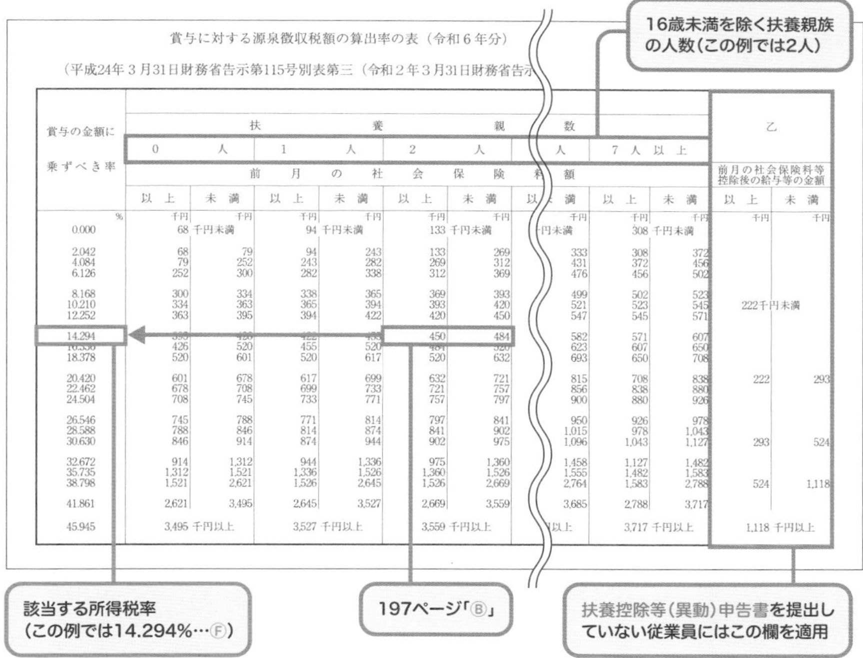

賞与に対する源泉徴収税額の算出率の表（令和６年分）

（平成24年３月31日財務省告示第115号別表第三（令和２年３月31日財務省告示

賞与の金額に乗ずべき率	扶養親数 0人 前月の社会保険料額 以上	0人 未満	1人 以上	1人 未満	2人 以上	2人 未満	…人 未満	7人以上 以上	7人以上 未満	乙 前月の社会保険料等控除後の給与等の金額 以上	乙 未満
%	千円	千円	千円	千円	千円	千円	千円	千円	千円	千円	千円
0.000	68 千円未満		94 千円未満		133 千円未満		千円未満	308 千円未満			
2.042	68	79	94	243	133	269	333	308	372		
4.084	79	252	243	282	269	312	431	372	456		
6.126	252	300	282	338	312	369	476	456	502		
8.168	300	334	338	365	369	393	499	502	523		
10.210	334	363	365	394	393	420	521	523	545	222千円未満	
12.252	363	395	394	422	420	450	547	545	571		
14.294	[illegible]	[illegible]	[illegible]	[illegible]	450	484	582	571	607		
[illegible]	426	520	455	520	[illegible]	[illegible]	623	607	650		
18.378	520	601	520	617	520	632	693	650	708		
20.420	601	678	617	699	632	721	815	708	838	222	293
22.462	678	708	699	733	721	757	856	838	880		
24.504	708	745	733	771	757	797	900	880	926		
26.546	745	788	771	814	797	841	950	926	978		
28.588	788	846	814	874	841	902	1,015	978	1,043		
30.630	846	914	874	944	902	975	1,096	1,043	1,127	293	524
32.672	914	1,312	944	1,336	975	1,360	1,458	1,127	1,482		
35.735	1,312	1,521	1,336	1,526	1,360	1,526	1,555	1,482	1,583		
38.798	1,521	2,621	1,526	2,645	1,526	2,669	2,764	1,583	2,788	524	1,118
41.861	2,621	3,495	2,645	3,527	2,669	3,559	3,685	2,788	3,717		
45.945	3,495 千円以上		3,527 千円以上		3,559 千円以上		以上	3,717 千円以上		1,118 千円以上	

④所得税額（源泉所得税額）を計算する

課税対象額 × **所得税率** ＝ **所得税額（源泉所得税額）**

〈計算例〉
591,518円（Ⓔ）×14.294%（Ⓕ）＝84,551円……源泉所得税額
1円未満は切り捨て

前月に給与の支払いがなかった場合の計算方法

休職等の理由で、賞与の所得税率の基準となる「前月の社会保険料等控除後の給与額」がない、あるいは極端に少ないときは、異なる方法で計算します。こうしたケースでは、毎月の給与計算で使っている給与所得の源泉徴収税額表を用います。

まず前月に給与の支払いがないときは、次の手順で計算します。

①賞与金額から社会保険料等を控除し、課税対象額を計算する
②①の課税対象額を6で割る
③②で計算した金額と扶養親族等の人数を、給与所得の源泉徴収税額表に当てはめ、1カ月分の所得税額を確認する
④「③の1カ月分の所得税額×6」が所得税額（源泉徴収税額）

なお、6で割って掛けるのは賞与の算定期間が6カ月以内の場合で、6カ月を超える場合は12で計算します。③において甲欄、乙欄の使い分けは賞与に対する源泉徴収税額の算出率の表の場合と同じです。

前月の給与の10倍を超える賞与を支払う場合の計算方法

前月の給与が少なかったため、賞与の金額が前月の給与の10倍を超える場合は次のように計算します。②までは前月の給与がない場合と同じで、賞与の算定期間が6カ月を超える場合は、やはり6を12にして計算します。

①賞与金額から社会保険料等を控除し、課税対象額を計算する
②①の課税対象額を6で割る
③②の金額に前月の社会保険料等控除後の給与額を加算する
④③で計算した金額と扶養親族等の人数を、給与所得の源泉徴収税額表に当てはめ、1カ月分の所得税額を確認する
⑤④から前月の給与に対する源泉徴収税額を控除する（甲欄、乙欄の使い分けについては前項同様参照）
⑥「⑤の1カ月分の所得税額×6」が所得税額（源泉徴収税額）

源泉徴収税額の計算方法（例外）

●前月に給与の支払いがなかった場合

属性：男性、年齢50歳、一般事業、扶養親族2人（20歳、16歳）、協会けんぽ（東京都）
賞与（総支給額）：1,500,000円
前月の社会保険料等控除後の給与額：なし

①課税対象額を計算する

賞与額 － 社会保険料（本人負担分） － 雇用保険料（本人負担分） ＝ 課税対象額

〈計算例〉1,500,000円－224,100円－9,000円=1,266,900円

②①の課税対象額を6で割る ※賞与の算定期間が6カ月を超えるときは12で割る

課税対象額 ÷ 6 ＝ 1カ月あたりの課税対象額

〈計算例〉1,266,900円÷6=211,150円（1円未満は切り捨て）

③給与所得の源泉徴収税額表から1カ月分の所得税額を確認する

〈計算例〉②の金額で扶養親族等2人の場合の1カ月分の所得税額は1,960円

④「③の1カ月分の所得税額×6」で所得税額を計算する ※②で12で割ったときは12をかける

1カ月分の所得税額 × 6 ＝ 所得税額

〈計算例〉1,960円×6=11,760円……源泉所得税額

●前月の給与の10倍を超える賞与を支払う場合

属性：男性、年齢30歳、一般事業、扶養親族1人（18歳）、協会けんぽ（東京都）
賞与（総支給額）：3,000,000円／賞与にかかる社会保険料＋雇用保険料（従業員負担分）：304,950円
前月の給与額：280,000円／前月の社会保険料等控除後の給与額：238,728円／前月の源泉所得税額：4,490円

①課税対象額を計算する

〈計算例〉3,000,000円－304,950円（賞与にかかる社会保険料、雇用保険料）
＝2,695,050円

②①の課税対象額を6で割る ※賞与の算定期間が6カ月を超えるときは12で割る

〈計算例〉2,695,050円÷6＝449,175円

③②の金額に前月の給与から社会保険料等を控除した金額を加算する

〈計算例〉449,175円+238,728円=687,903円

④給与所得の源泉徴収税額表から1カ月分の所得税額を確認する

〈計算例〉③の金額で扶養親族等1人の場合の1カ月分の所得税額は57,180円

⑤④の1カ月分の所得税額から前月の給与に対する源泉徴収税額を控除する

〈計算例〉57,180円－4,590円＝52,590円

⑥「⑤の1カ月分の所得税額×6」で所得税額（源泉徴収税額）を計算する ※②で12で割ったときは12をかける

〈計算例〉52,590円×6＝315,540円…源泉所得税額

04 賞与の社会保険料と所得税を納付する

頻度	発生の都度	対象	役員・従業員	時期	会社規定の月

POINT

- 賞与を支給したら賞与支払届の提出が必要
- 賞与と毎月の給与の源泉所得税はまとめて納付する

支給日から5日以内に賞与支払届を提出

賞与における社会保険料の納付の処理は、事前に賞与支払予定月を登録しているかどうかで少し異なります。

登録していない場合は、被保険者賞与支払届を日本年金機構のホームページからダウンロードするなどして入手し、賞与の支給日から5日以内に年金事務所または健康保険組合に提出します。その翌月に日本年金機構から、毎月の給与と賞与の社会保険料を合算した納入告知書が送られてくるので、納入告知書に記載の保険料を賞与支給月の翌月末日までに納付します。

一方、事業所が厚生年金保険および健康保険に加入する際に提出した新規適用届や事業所関係変更（訂正）届などで、賞与支払予定月を日本年金機構に登録している場合は、賞与支払予定月の前月までに賞与支払届が送られてくるので、同じく支給日から5日以内に提出します。

賞与支払予定月が登録されていて、賞与を支給しない場合には、賞与不支給報告書を年金事務所または健康保険組合に提出する必要があります。未提出でいると賞与支払届提出勧奨が届きます。期限を守りましょう。

源泉所得税は翌月10日までに納付

賞与から源泉徴収した所得税は毎月の給与の源泉所得税とあわせて納付します。納付書も同じ給与所得・退職所得等の所得税徴収高計算書（納付書）を使います。

納付期限は賞与の支給月の翌月10日です。源泉所得税の納期の特例の適用を受けている事業所は支給月が1～6月分は7月10日、7～12月分は1月20日が期限です。いずれにしても、遅れると不納付加算税がかかるので注意しましょう。

Advice 賞与支払届・算定基礎届の提出の際に添付していた「賞与支払届等に係る総括表」は2021年3月末をもって廃止されている。

健康保険・厚生年金保険被保険者賞与支払届の記入例

書類内容 賞与支払予定月を未登録の事業所が賞与支給後に提出する書類
届出先 事務所管轄の年金事務所・年金事務センターまたは健康保険組合

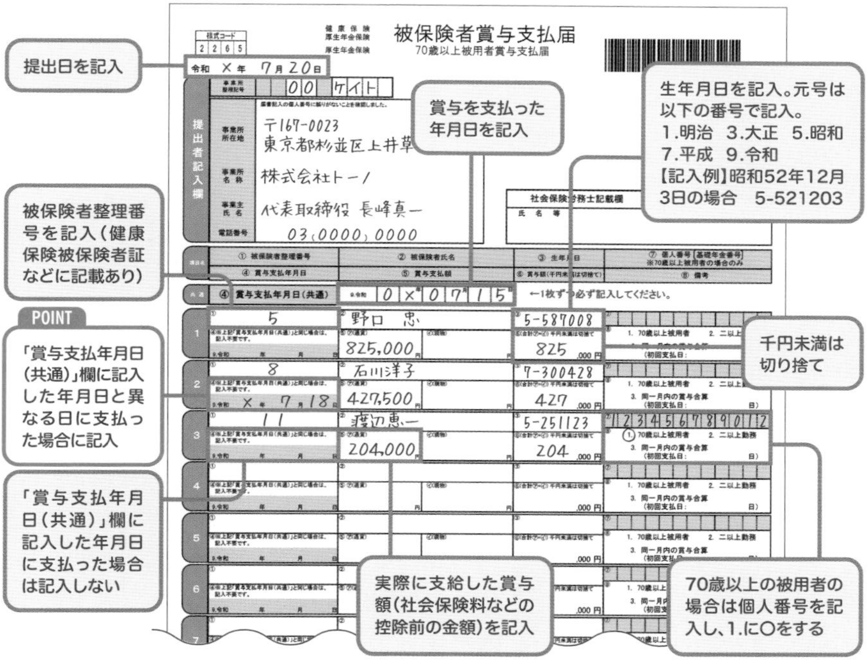

健康保険 厚生年金保険 厚生年金保険 被保険者賞与支払届 70歳以上被用者賞与支払届

様式コード 2265

令和 X年 7月20日

事業所整理記号 00 ケイト

事業所所在地 〒167-0023 東京都杉並区上井草

事業所名称 株式会社トーノ

事業主氏名 代表取締役 長峰真一

電話番号 03(0000)0000

社会保険労務士記載欄 氏名等

①被保険者整理番号 / ④賞与支払年月日	②被保険者氏名 / ⑤賞与支払額	③生年月日 / ⑥賞与額(千円未満は切捨て)	⑦個人番号[基礎年金番号] ※70歳以上被用者の場合のみ / ⑧備考
④賞与支払年月日(共通) 9.令和 0X 07 15	←1枚ずつ必ず記入してください。		
1: 5	野口 忠 / 825,000円	5-587008 / 825,000円	1. 70歳以上被用者 2. 二以上勤務 3. 同一月内の賞与合算(初回支払日: 日)
2: 8 / 9.令和 X年 7月18日	石川洋子 / 427,500円	7-300428 / 427,000円	1. 70歳以上被用者 2. 二以上勤務 3. 同一月内の賞与合算(初回支払日: 日)
3: 11	渡辺恵一 / 204,000円	5-251123 / 204,000円	123456789012 / ①70歳以上被用者 2. 二以上勤務 3. 同一月内の賞与合算(初回支払日: 日)
4			
5			
6			
7			

提出日を記入

賞与を支払った年月日を記入

生年月日を記入。元号は以下の番号で記入。
1.明治 3.大正 5.昭和
7.平成 9.令和
【記入例】昭和52年12月3日の場合 5-521203

被保険者整理番号を記入(健康保険被保険者証などに記載あり)

POINT
「賞与支払年月日(共通)」欄に記入した年月日と異なる日に支払った場合に記入

「賞与支払年月日(共通)」欄に記入した年月日に支払った場合は記入しない

千円未満は切り捨て

実際に支給した賞与額(社会保険料などの控除前の金額)を記入

70歳以上の被用者の場合は個人番号を記入し、1.に○をする

「給与所得・退職所得等の所得税徴収高計算書(一般用)」の記入例

書類内容 給与・賞与などの源泉所得税を納付する書類
届出先 金融機関

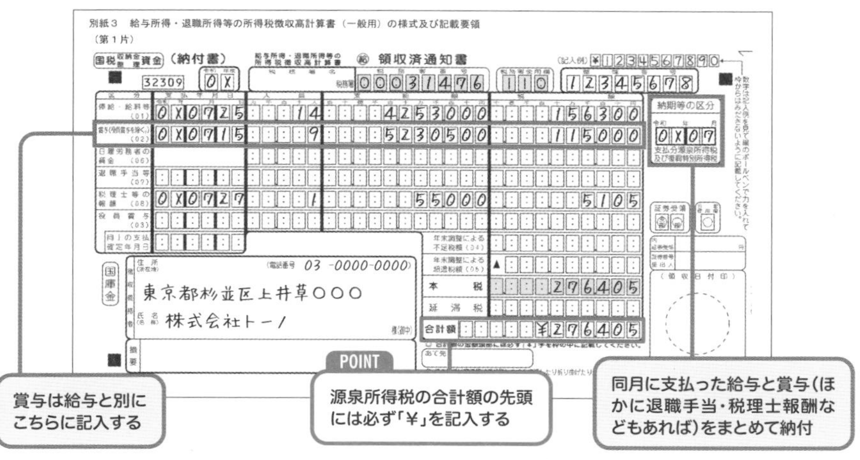

別紙3 給与所得・退職所得等の所得税徴収高計算書(一般用)の様式及び記載要領
(第1片)

国税 収納金 整理 資金 (納付書) 給与所得・退職所得等の所得税徴収高計算書 領収済通知書

32309 0X 税務署番号 0003147б 110 12345678

区分	支払年月日	人員	支給額	税額
俸給・給料等(01)	0X0725	14	4253000	156300
賞与(役員賞与を除く)(02)	0X0715	9	5230500	115000
日雇労務者の賃金(06)				
退職手当等(07)				
税理士等の報酬(08)	0X0727	1	55000	5105
役員賞与(03)				
同上の支払確定年月日				
年末調整による不足税額(04)				
年末調整による超過税額(05)				
本税				276405
延滞税				
合計額				¥276405

納期等の区分 令和 0X 年 07 月
支払分源泉所得税及び復興特別所得税

住所(所在地) (電話番号 03-0000-0000) 東京都杉並区上井草○○○
氏名(名称) 株式会社トーノ

賞与は給与と別にこちらに記入する
POINT
源泉所得税の合計額の先頭には必ず「¥」を記入する
同月に支払った給与と賞与(ほかに退職手当・税理士報酬などもあれば)をまとめて納付

COLUMN 7

従業員を休業させるときの給与計算

平均賃金の60%以上を会社が支払う

業績の悪化、生産調整、点検や工事、機械の故障など、会社都合によって従業員に休業してもらわなければいけないケースがあります。

労働基準法では、「使用者の責に帰すべき事由（使用者都合）で労働者を休業させる場合、使用者は、労働者に対して平均賃金の60%以上の賃金を支払わなければならない」と定めています。いわゆる「休業手当」と呼ばれるもので、会社都合で労働ができず、賃金が支払われないことを防ぎ、従業員の最低限の生活を保障するための手当です。

〈計算式〉

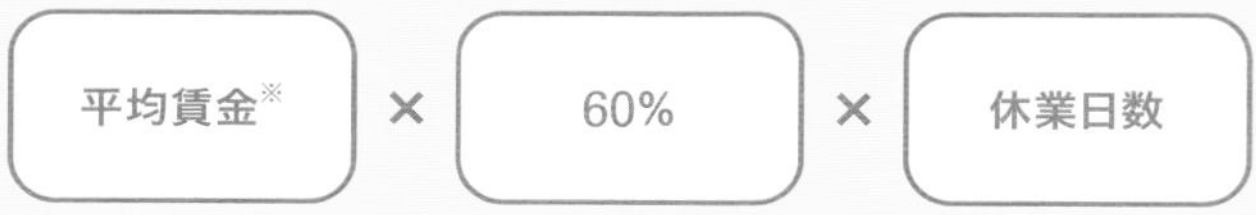

※各種手当等を含む直近3カ月間の賃金を、その期間の総暦日数（カレンダー上の総日数）で割った金額

もし会社都合で半日だけの勤務にした場合の賃金が、休業手当の金額（平均賃金の60%）に満たなければ、差額を支払わなければなりません。

休業手当は賃金に該当するため、期間中も社会保険料、雇用保険料、所得税、住民税の控除が必要です。なお、従業員から申請書類などを提出してもらう必要はありません。

第8章

年末調整と終了後の手続き

第8章では、年末調整のしくみと流れを説明していきます。会社は毎月の給与計算で従業員から所得税の源泉徴収を行っていますが、実際に支払うべき所得税は1年分の所得が確定する12月にならないとわかりません。この過不足額を調整するのが年末調整です。ミスのないよう、しっかり内容を把握しましょう。

01 年末調整のしくみとポイントを知ろう

頻度 年1回　対象 12月まで勤務の役員・従業員　時期 11、12月

POINT
- 年末調整は対象者から提出された各種書類にのっとって行う
- 年末調整の対象にならない従業員もいる

正確な所得税を確定させるための作業

年間の所得税額を確定させるための作業が年末調整です。毎月の給与から源泉所得税を徴収はしていますが、これはあくまで概算の額なので、実際の年間所得にかかる所得税とずれが生じます。そのため、毎月の源泉所得税額と実際の所得税額の過不足を調整して、支払うべき所得税を確定させなければならないのです。年末調整をすることで、多くの従業員は自身で確定申告をしなくて済みます。また、年末調整を行うことで、配偶者控除や扶養控除など、さまざまな控除を受けられます。

年末調整の対象者と一連の流れを把握する

年末調整を行うのは、扶養控除等(異動)申告書を提出していて、12月まで勤務している従業員です。中途入社の従業員も含みます。中途退職者がいる場合は、通常は年末調整は行いませんが、12月に退職した人や、本人から申し出があった場合は年末調整を行います。また、給与の総額が2000万円を超えている人や日雇労働者なども年末調整の対象にはなりません。

年末調整は必要な書類を入手することから始まります。10月下旬に税務署から書類一式が届くので、これらの書類を従業員に配布し、提出してもらいます。

年末調整は基本的に決まった計算式に当てはめれば計算できます。そのため、対象の従業員に提出してもらう書類の内容が大切です。記入漏れや記入ミスがないか、添付書類に不足はないかのチェックが重要な作業となります。

書類のチェックが終わったら過不足金額を計算し、源泉徴収票を従業員に交付。その後、納税して各方面へ書類送付という流れになります。

Keyword **源泉所得税**　1年間で一定の所得のある者は所得税を納めなければならないが、給与所得者の場合は事業者が一定額を徴収して納税する。このとき徴収される所得税を源泉所得税という。

年末調整のスケジュール

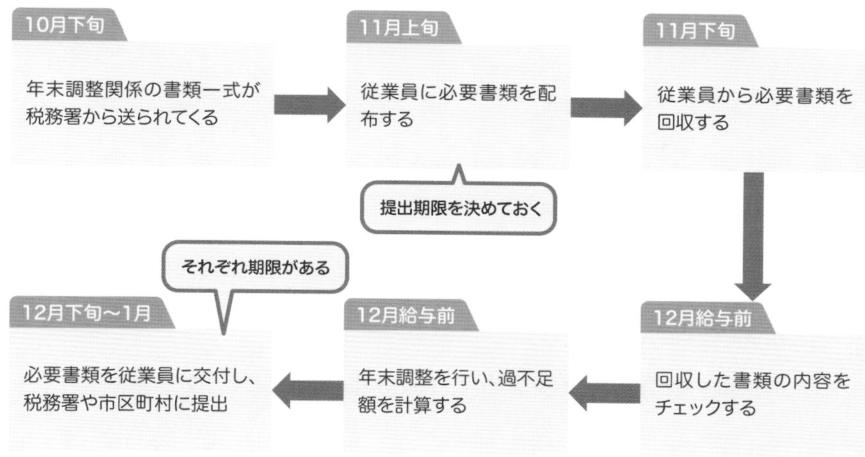

10月下旬
年末調整関係の書類一式が税務署から送られてくる
11月上旬
従業員に必要書類を配布する
提出期限を決めておく
11月下旬
従業員から必要書類を回収する
12月給与前
回収した書類の内容をチェックする
12月給与前
年末調整を行い、過不足額を計算する
12月下旬〜1月
必要書類を従業員に交付し、税務署や市区町村に提出
それぞれ期限がある

年末調整の対象者

年末調整の対象になる人

- 1月から12月まで勤務している従業員
- 中途入社して12月まで勤務している従業員
- 12月中に給与を受けたあと退職した従業員
  - 退職後、本年中にほかの勤務先から給与を受け取ると見込まれる場合は除く
- パートタイム勤務の従業員が退職した場合で、本年の給与総額が103万円以下の従業員

POINT
死亡により退職した人、1年以上の予定で海外に転勤した従業員、退職後に再就職できないと見込まれる人は、年末以外でも年末調整を行う

年末調整の対象にならない人

- 給与総額が2000万円を超える従業員
- 2カ所以上から給与を受け取り、扶養控除等（異動）申告書を自社以外に提出している従業員
- 扶養控除等（異動）申告書を提出していない従業員
- 日雇労働者（丙欄で税額計算している人）
- 非居住者
- 中途退職して再就職の予定がある人
- 災害減免法の源泉徴収税の徴収猶予や還付を受けた従業員

POINT
年末調整対象外の従業員でも、源泉徴収票の交付は必要

02 控除申告の種類と配布・回収する書類

頻度	年1回	対象	12月まで勤務の役員・従業員	時期	11、12月

POINT
- 従業員に提出してもらう書類を整理する
- チェックリストをつくって提出漏れがないように

必要書類を提出してもらうときの注意点

年末調整を行う際には、年末調整の対象となる従業員に必要な書類を提出してもらう必要があります。提出してもらった書類の内容に基づいて計算するので、内容に間違いがないように気をつけなければなりません。

従業員に提出してもらう書類には数種類あります。漏れなく提出してもらうためにチェックリストをつくったり、わかりにくい部分や間違いやすい部分の書き方を例示したりするなど準備しておきましょう。書類の提出がないと控除がないものとして税額を計算することになるので、従業員には提出日を守ってもらえるように注意を促しておくといいでしょう。

年末調整に必要となる書類の種類を理解する

対象者全員に提出してもらう書類が給与所得者の扶養控除等（異動）申告書です。“扶養控除”という名称ですが、一人暮らしの独身者も提出しなければなりません。次に必要となるのが、給与所得者の配偶者控除等申告書です。一定の要件を満たす配偶者がいる場合は控除を受けられます。配偶者がいる従業員には的確な説明が必要となります。生命保険や地震保険に加入している従業員には給与所得者の保険料控除申告書を提出してもらいます。この控除を受ける場合は、保険会社から送られてくる保険料控除証明書が必要となります。また、住宅ローンを利用して新築や増改築をした場合（2年目以降）は、給与所得者の住宅借入金等特別控除申告書を提出することで控除を受けられます。

年末調整には従業員各人のマイナンバーの記入が必須となります。もらっていない場合は提出してもらいましょう。配偶者控除や扶養控除などがある場合は、それぞれの対象者のマイナンバーも必要となるので注意が必要です。

Keyword **保険料控除証明書**　保険料を支払ったことを証明する書類で保険会社から契約者に郵送される。

年末調整で行う主な控除の種類

基礎控除	誰でも受けられる控除。所得金額2400万円以下は48万円
扶養控除	一定の要件を満たす親族を扶養している人のための控除
配偶者控除	一定の要件を満たす配偶者に対する控除。配偶者控除と配偶者特別控除がある
生命保険料控除	支払った生命保険料の一部を控除するもの。個人年金保険、介護医療保険も対象
地震保険料控除	支払った地震保険料の一部を控除するもの
小規模企業共済等掛金控除	小規模企業共済や確定拠出年金の掛金などに対する控除
社会保険料控除	国民健康保険料や国民年金保険料など、給与から天引きされない社会保険料に対する控除
障害者控除	本人、配偶者、扶養親族が障害者と認められた場合に受けられる控除

配布・回収する書類

会社が従業員に配布する書類

①給与所得者の扶養控除等(異動)申告書
②給与所得者の基礎控除申告書 兼 配偶者控除等申告書 兼 所得金額調整控除申告書
③給与所得者の保険料控除申告書
④給与所得者の(特定増改築等)住宅借入金等特別控除申告書

回収する際に必要な添付書類や申告書の書き方、提出期限を伝える

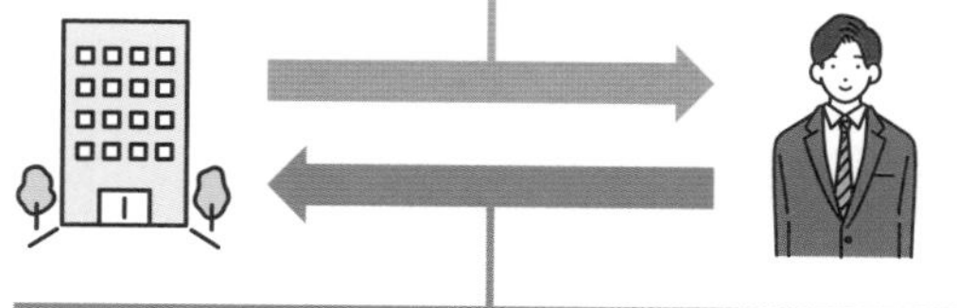

従業員が会社に提出する書類

- 給与所得者の扶養控除等(異動)申告書
- 給与所得者の基礎控除申告書 兼 配偶者控除等申告書 兼 所得金額調整控除申告書
- 上記の配布書類③と④で必要となるもの
- 控除対象の配偶者や扶養親族がいる場合は、該当者のマイナンバーのコピー等
- 保険料控除を受ける場合は保険料控除証明書など
- 住宅ローン控除を受ける場合は住宅取得資金に係る借入金の年末残高等証明書
- 中途入社の場合は、前の勤務先の源泉徴収票

03 扶養控除、配偶者控除、基礎控除の申告書の確認

頻度	年1回	対象	12月まで勤務の役員・従業員	時期	11、12月

POINT

- 配偶者以外の扶養親族にも控除がある
- 配偶者控除を受けられるかどうかチェックする

扶養控除の要件をしっかりチェックする

配偶者以外の扶養親族がいれば、扶養控除を受けられます。そのために必要なのが扶養控除等（異動）申告書です。扶養親族とは、6親等内の血族か3親等内の姻族で、納税者と生計が同一の人です。扶養親族が控除対象となるためにはいくつかの要件があるので、提出してもらった申告書を確認していきます。まず年齢です。年齢は12月31日時点（死亡の場合は死亡日）のものが適用されます。また、年齢によって控除額が違ってきます。生年月日と照らし合わせて、記入ミスがないかを確認していきます。原則として16歳未満は控除対象外です。赤ちゃんは健康保険では扶養控除の対象となっているので間違いやすいポイントです。

年間所得額も要件のひとつです。控除対象となるのは年間所得が48万円以下（給与収入のみの場合は年収103万円以下）の場合です。控除対象かどうかしっかりチェックしてください。

配偶者控除は配偶者の所得によって変わる

配偶者控除または配偶者特別控除を受ける場合は、給与所得者の基礎控除申告書 兼 配偶者控除等申告書 兼 所得金額調整控除申告書が必要となります。配偶者の年間所得が一定額を超えなければ受けられる控除ですが、給与所得者本人の所得が1,000万円（給与年収1,195万円）を超えると適用されません。また、内縁関係や事実婚の場合も対象外です。

配偶者の所得要件は年間48万円（給与年収103万円）以下ですが、48万円を超えても給与所得133万円（給与年収201万6,000円）以下の場合は配偶者特別控除を受けられます。申告書の配偶者の所得欄を確認し、どちらの控除の対象なのかをチェックしましょう。

Keyword **血族・姻族**　納税者本人の親族のことを血族、配偶者の親族のことを姻族という。6親等というと「はとこ」や「従甥孫」まで含まれ、非常に範囲が広い。

扶養控除と配偶者控除の要件

扶養控除の要件

- □ 配偶者以外の親族、または都道府県知事から養育を委託された児童、市区町村から養護を委託された老人であること
- □ 納税者と生計が同一であること
- □ 年間の所得金額が48万円以下
- □ 年齢が16歳以上であること
- □ 青色申告の事業専従者としてその年給与支給を受けていないこと、または白色申告者の事業専従者でないこと

※以上の要件すべてに当てはまらないと適用されない

配偶者控除・配偶者特別控除の要件

【共通する要件】

- □ 民法の規定による配偶者であること
  →内縁関係、事実婚は不可
- □ 納税者と生計が同一であること
- □ 青色申告の事業専従者としてその年給与支給を受けていないこと、または白色申告者の事業専従者でないこと
- □ 給与所得者本人の年間所得金額が1,000万円以下

【配偶者控除】

- □ 配偶者の年間の所得金額が48万円以下

【配偶者特別控除】

- □ 配偶者の年間の所得金額が48万円超133万円以下

※以上の要件すべてに当てはまらないと適用されない

扶養控除の対象となる年齢と控除額

対象	16歳未満	16歳以上19歳未満	19歳以上23歳未満	23歳以上70歳未満	70歳以上	控除額
老人控除の対象となる配偶者					○	48万円
老人扶養親族の対象者					○	48万円※
扶養控除の対象となる扶養親族		○		○		38万円
特定扶養親族の対象となる扶養親族			○			63万円
16歳未満の扶養親族	○					なし

※同居老親等の控除額は58万円

「給与所得者の扶養控除等（異動）申告書」の記入例

書類内容	年末調整の対象となるすべての従業員に記入・提出してもらう書類
届出先	従業員から事業所へ（事業所で7年間保管）

扶養親族の人数を確認する。また、扶養控除が受けられる16歳以上、あるいは70歳以上かをチェックする

19歳以上23歳未満は特定扶養親族となるのでチェック欄を確認する

配偶者控除、あるいは配偶者特別控除に該当するか、配偶者の収入をチェックする

そのままの住所を書いてもよい。扶養親族が別居している場合は、別居先の住所を記入する

令和５年分　給与所得者の扶養控除等（異動）申告書

所轄税務署長等	給与の支払者の名称（氏名）	株式会社ライトブレイン	あなたの氏名（フリガナ）	タナカ　タロウ　田中　太郎	あなたの生年月日	昭・48年6月2日
新宿　税務署長	給与の支払者の法人（個人）番号	0000000000000	あなたの個人番号	000000000000	世帯主の氏名	田中　太郎
新宿　市区町村長	給与の支払者の所在地（住所）	東京都新宿区〇〇〇〇	あなたの住所又は居所	（郵便番号165-0000）東京都中野区〇〇〇〇	あなたとの続柄	本人
					配偶者の有無	有・無

あなたに源泉控除対象配偶者、障害者に該当する同一生計配偶者及び扶養親族がなく、かつ、あなた自身が障害者、寡婦、ひとり親又は勤労学生のいずれにも該当しない場合には、以下の各欄に記入する必要はありません。

区分等	氏名（フリガナ）	あなたとの続柄	生年月日	老人扶養親族／特定扶養親族	令和５年中の所得の見積額	非居住者である親族	住所又は居所	異動月日及び事由
A 源泉控除対象配偶者（注1）	タナカ　トモコ　田中　智子		昭55・6・2		550,000円		申告者と同居	
B 控除対象扶養親族（16歳以上）1	タナカ　イチロウ　田中　一郎	長男	平8・1・1	□同居老親等 □その他 □特定扶養親族	0円		申告者と同居	
2	タナカ　ジロウ　田中　次郎	次男	平10・1・1	□同居老親等 □その他 □特定扶養親族	0円		申告者と同居	
3	タナカ　ハルコ　田中　春子	長女	平15・1・1	□同居老親等 □その他 ☑特定扶養親族	0円		申告者と同居	
4				□同居老親等 □その他 □特定扶養親族				

C 障害者、寡婦、ひとり親又は勤労学生：□障害者（一般の障害者／特別障害者／同居特別障害者）　□寡婦　□ひとり親　□勤労学生

D 他の所得者が控除を受ける扶養親族等：氏名／あなたとの続柄／生年月日／住所又は居所／控除を受ける他の所得者／異動月日及び事由

○住民税に関する事項（この欄は、地方税法第45条の3の2及び第317条の3の2に基づき、給与の支払者を経由して市区町村長に提出する給与所得者の扶養親族等申告書の記載欄を兼ねています。）

16歳未満の扶養親族（平20.1.2以後生）	氏名（フリガナ）	個人番号	あなたとの続柄	生年月日	住所又は居所	令和５年中の所得の見積額	異動月日及び事由
1	タナカ　アキコ　田中　秋子		二女	平21・1・1	申告者と同居	円	
2						円	

退職手当等を有する配偶者・扶養親族：氏名／個人番号／あなたとの続柄／生年月日／住所又は居所／非居住者である親族／令和５年中の所得の見積額／障害者区分／異動月日及び事由／寡婦又はひとり親

障害者控除や寡婦控除などの控除がないかどうかチェック

扶養控除の対象にはならないが、16歳未満の子どもがいる場合はこの欄に記入する。16歳以上ではないかを念のため確認する

POINT

扶養親族に収入がある場合は記入する。年収ではなく年間所得額を記入する欄なので、間違いがないか確認する

「給与所得者の基礎控除申告書 兼 給与所得者の配偶者控除等申告書 兼 所得金額調整控除申告書」の記入例

書類内容 年末調整の対象となるすべての従業員に記入・提出してもらう書類

届出先 従業員から事業所へ（事業所で7年間保管）

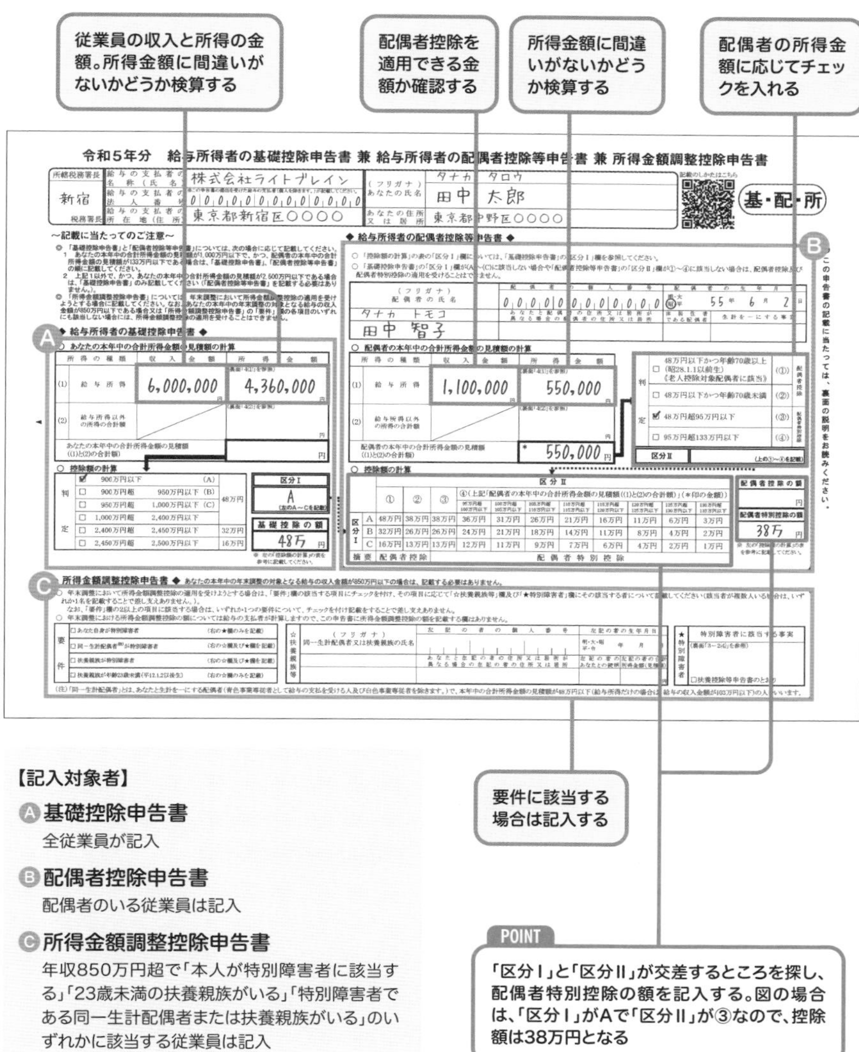
従業員の収入と所得の金額。所得金額に間違いがないかどうか検算する
配偶者控除を適用できる金額か確認する
所得金額に間違いがないかどうか検算する
配偶者の所得金額に応じてチェックを入れる
要件に該当する場合は記入する

令和5年分 給与所得者の基礎控除申告書 兼 給与所得者の配偶者控除等申告書 兼 所得金額調整控除申告書

所轄税務署長	給与の支払者の名称（氏名）	株式会社ライトブレイン	（フリガナ）あなたの氏名	タナカ タロウ 田中 太郎
新宿 税務署長	給与の支払者の法人番号	0000000000000		
	給与の支払者の所在地（住所）	東京都新宿区○○○○	あなたの住所又は居所	東京都中野区○○○○

記載のしかたはこちら　（基・配・所）

～記載に当たってのご注意～

◎「基礎控除申告書」と「配偶者控除等申告書」については、次の場合に応じて記載してください。
1　あなたの本年中の合計所得金額の見積額が1,000万円以下で、かつ、配偶者の本年中の合計所得金額の見積額が133万円以下である場合は、「基礎控除申告書」、「配偶者控除等申告書」の欄に記載してください。
2　上記1以外で、かつ、あなたの本年中の合計所得金額の見積額が2,500万円以下である場合は、「基礎控除申告書」のみ記載してください（「配偶者控除等申告書」を記載する必要はありません。）。

◎「所得金額調整控除申告書」については、年末調整において所得金額調整控除の適用を受けようとする場合に記載してください。なお、あなたの本年中の年末調整の対象となる給与の収入金額が850万円以下である場合又は「所得金額調整控除申告書」の「要件」欄の各項目のいずれにも該当しない場合には、所得金額調整控除の適用を受けることはできません。

A ◆ 給与所得者の基礎控除申告書 ◆

○ あなたの本年中の合計所得金額の見積額の計算

	所得の種類	収入金額	所得金額
(1)	給与所得	6,000,000円	4,360,000円
(2)	給与所得以外の所得の合計額		円
あなたの本年中の合計所得金額の見積額（(1)と(2)の合計額）			円

○ 控除額の計算

判定			控除額
☑ 900万円以下		(A)	48万円
□ 900万円超	950万円以下	(B)	48万円
□ 950万円超	1,000万円以下	(C)	48万円
□ 1,000万円超	2,400万円以下		48万円
□ 2,400万円超	2,450万円以下		32万円
□ 2,450万円超	2,500万円以下		16万円

区分Ⅰ：A（左のA～Cを記載）

基礎控除の額：48万円

※ 左の「控除額の計算」の表を参考に記載してください。

B ◆ 給与所得者の配偶者控除等申告書 ◆

○「控除額の計算」の表の「区分Ⅰ」欄については、「基礎控除申告書」の「区分Ⅰ」欄を参照してください。
○「基礎控除申告書」の「区分Ⅰ」欄が(A)～(C)に該当しない場合や「配偶者控除等申告書」の「区分Ⅱ」欄が①～④に該当しない場合は、配偶者控除及び配偶者特別控除の適用を受けることはできません。

（フリガナ）配偶者の氏名	配偶者の個人番号	配偶者の生年月日
タナカ トモコ 田中 智子	000000000000	昭 55年6月2日
	あなたと配偶者の住所又は居所が異なる場合の配偶者の住所又は居所	非居住者である配偶者 / 生計を一にする事実

○ 配偶者の本年中の合計所得金額の見積額の計算

	所得の種類	収入金額	所得金額
(1)	給与所得	1,100,000円	550,000円
(2)	給与所得以外の所得の合計額		円
配偶者の本年中の合計所得金額の見積額（(1)と(2)の合計額）			＊ 550,000円

判定			
□	48万円以下かつ年齢70歳以上（昭28.1.1以前生）《老人控除対象配偶者に該当》	(①)	配偶者控除
□	48万円以下かつ年齢70歳未満	(②)	配偶者控除
☑	48万円超95万円以下	(③)	配偶者特別控除
□	95万円超133万円以下	(④)	配偶者特別控除

区分Ⅱ：（上の①～④を記載）

○ 控除額の計算

区分Ⅰ ＼ 区分Ⅱ	①	②	③	④ 95万円超100万円以下	④ 100万円超105万円以下	④ 105万円超110万円以下	④ 110万円超115万円以下	④ 115万円超120万円以下	④ 120万円超125万円以下	④ 125万円超130万円以下	④ 130万円超133万円以下
A	48万円	38万円	38万円	36万円	31万円	26万円	21万円	16万円	11万円	6万円	3万円
B	32万円	26万円	26万円	24万円	21万円	18万円	14万円	11万円	8万円	4万円	2万円
C	16万円	13万円	13万円	12万円	11万円	9万円	7万円	6万円	4万円	2万円	1万円
摘要	配偶者控除		配偶者特別控除								

④（上記「配偶者の本年中の合計所得金額の見積額（(1)と(2)の合計額）」（＊印の金額））

配偶者控除の額：円

配偶者特別控除の額：38万円

※ 左の「控除額の計算」の表を参考に記載してください。

この申告書の記載に当たっては、裏面の説明をお読みください。

C ◆ 所得金額調整控除申告書 ◆ あなたの本年中の年末調整の対象となる給与の収入金額が850万円以下の場合は、記載する必要はありません。

○ 年末調整において所得金額調整控除の適用を受けようとする場合は、「要件」欄の該当する項目にチェックを付け、その項目に応じて「☆扶養親族等」欄及び「★特別障害者」欄にその該当する者について記載してください（該当者が複数人いる場合は、いずれか1名を記載することで差し支えありません。）。
なお、「要件」欄の2以上の項目に該当する場合は、いずれか1つの要件について、チェックを付け記載をすることで差し支えありません。
○ 年末調整における所得金額調整控除の額については給与の支払者が計算しますので、この申告書に所得金額調整控除の額を記載する欄はありません。

要件	
□ あなた自身が特別障害者	（右の★欄のみを記載）
□ 同一生計配偶者(注)が特別障害者	（右の☆欄及び★欄を記載）
□ 扶養親族が特別障害者	（右の☆欄及び★欄を記載）
□ 扶養親族が年齢23歳未満（平12.1.2以後生）	（右の☆欄のみを記載）

☆扶養親族等	（フリガナ）同一生計配偶者又は扶養親族の氏名	左記の者の個人番号	左記の者の生年月日 明・大・昭・平・令 年 月 日
		あなたと左記の者の住所又は居所が異なる場合の左記の者の住所又は居所	左記の者のあなたとの続柄 / 左記の者の合計所得金額（見積額） 円

★特別障害者	特別障害者に該当する事実（裏面「3－2(4)」を参照） □扶養控除等申告書のとおり

（注）「同一生計配偶者」とは、あなたと生計を一にする配偶者（青色事業専従者として給与の支払を受ける人及び白色事業専従者を除きます。）で、本年中の合計所得金額の見積額が48万円以下（給与所得だけの場合は、給与の収入金額が103万円以下）の人をいいます。

【記入対象者】

Ⓐ 基礎控除申告書
全従業員が記入

Ⓑ 配偶者控除申告書
配偶者のいる従業員は記入

Ⓒ 所得金額調整控除申告書
年収850万円超で「本人が特別障害者に該当する」「23歳未満の扶養親族がいる」「特別障害者である同一生計配偶者または扶養親族がいる」のいずれかに該当する従業員は記入

POINT

「区分Ⅰ」と「区分Ⅱ」が交差するところを探し、配偶者特別控除の額を記入する。図の場合は、「区分Ⅰ」がAで「区分Ⅱ」が③なので、控除額は38万円となる

Advice 所得金額調整控除の要件を満たすと、最大15万円を限度として、所得控除が受けられる。夫婦ともに給与収入850万円超の場合、2人で控除の適用を受けることも可能。

04 保険料控除と住宅借入金等特別控除の申告書の確認

頻度	年1回	対象	12月まで勤務の役員・従業員	時期	11、12月

POINT

- 生命保険料控除は新契約と旧契約で計算式が異なる
- 住宅借入金等特別控除はローン利用の2年目以降が対象

生命保険料や地震保険料も控除できる

給与所得者自身や生計を一にする配偶者、その他の親族が生命保険・地震保険に加入している場合、支払った保険料のうち一定額を所得から差し引くことができます。控除を受ける場合は給与所得者の保険料控除申告書を提出してもらいます。

生命保険控除には「一般の生命保険」「個人年金保険」「介護医療保険」の３種類があります。「一般の生命保険」と「個人年金保険」は、新契約（2012年1月1日以降に契約した保険）と旧契約（2011年12月31日以前に契約した保険）に分けられ、新旧で控除額の計算式や限度額が異なります。旧契約でも、契約を更新したり特約を中途付加したりしている場合は新契約となります。

地震保険は単独では加入できず、火災保険とセットで契約しますが、控除の対象となるのは地震保険のみです。

また、生計を一にする配偶者や親、子の代わりに国民年金や国民年金基金、国民健康保険などの保険料を支払っている場合も、前記申告書等の提出により、給与から天引きされている社会保険料とは別に社会保険料控除を受けられます。

住宅ローン控除の申告書は利用者が用意する

住宅ローンを組んだ場合、初年度は自分で確定申告を行い、住宅借入金等特別控除（住宅ローン控除）を受けます。会社の年末調整で控除の処理を行えるのは２年目以降となります。

給与所得者の（特定増改築等）住宅借入金等特別控除申告書を提出してもらうことになりますが、この申告者は利用者本人が用意するものなので、その旨を周知しておきましょう。また、銀行から送られてくる住宅取得資金に係る借入金の年末残高等証明書も必要です。

保険料控除の種類

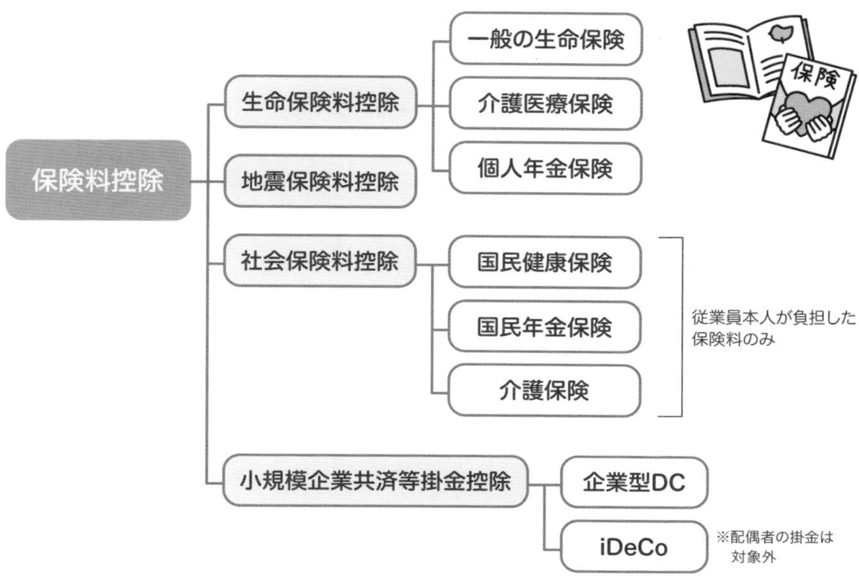

保険料控除に必要な添付書類

- **生命保険料控除** ➡ 保険会社から送られてくる生命保険料控除証明書
- **地震保険料控除** ➡ 保険会社から送られてくる地震保険料控除証明書
- **社会保険料控除** ➡ 日本年金機構から送られてくる国民年金及び国民年金基金控除証明書
- **小規模企業共済等掛金控除** ➡ 支払った掛金の証明書

POINT

各証明書は原則として原本の提出が必須で、コピーは不可

住宅借入金等特別控除に必要な添付書類

- ➡ 税務署から交付された給与所得者の（特定増改築等）住宅借入金等特別控除申告書
- ➡ 金融機関から交付された住宅取得資金に係る借入金の年末残高等証明書

「給与所得者の保険料控除申告書」の記入例

書類内容	生命保険料や地震保険料などを支払っている従業員に記入・提出してもらう書類
届出先	従業員から事業所へ（事業所で7年間保管）

POINT
生命保険料控除には、契約年月日によって「新契約」と「旧契約」があるので、どちらに当てはまるか確認する

㋑欄が一般の生命保険料の控除額となる。上限が4万円（新）、5万円（旧）なので、5万円を超える場合でも「5万円」と記入する

地震保険料の控除額。上限が5万円なので、5万円を超える場合でも「5万円」と記入する

支払い保険料の額から控除額を計算する。計算間違いがないか確認する

従業員から提出された保険料控除証明書を確認して、記入ミスがないかをチェックする

従業員から提出された地震保険料控除証明書を確認して、記入ミスがないかをチェックする

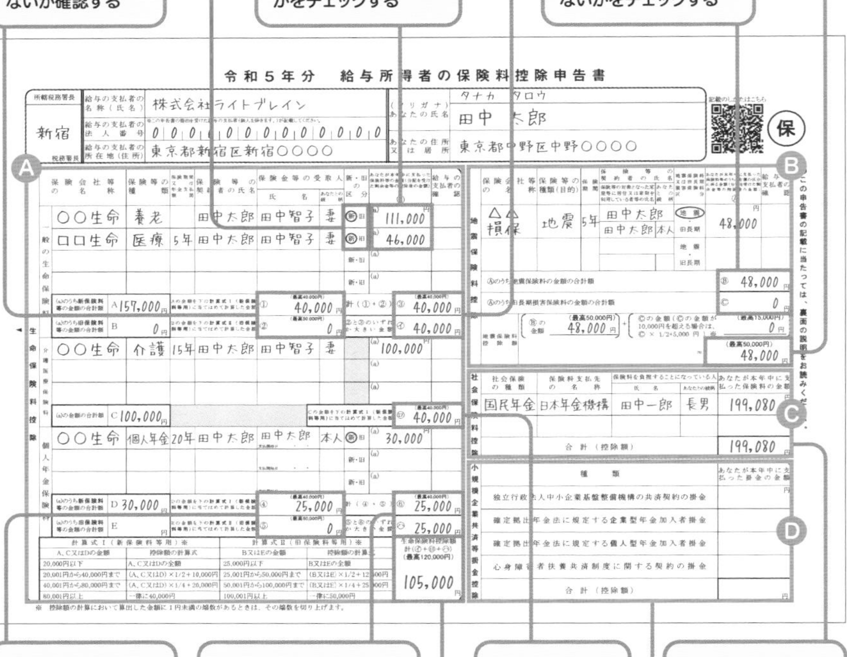

令和５年分　給与所得者の保険料控除申告書

所轄税務署長	給与の支払者の名称（氏名）	株式会社ライトブレイン	（フリガナ）あなたの氏名	タナカ タロウ 田中 太郎
新宿 税務署長	給与の支払者の法人番号	0000000000000		
	給与の支払者の所在地（住所）	東京都新宿区新宿○○○○	あなたの住所又は居所	東京都中野区中野○○○○

A 生命保険料控除

区分	保険会社等の名称	保険等の種類	保険期間	保険等の契約者の氏名	保険金等の受取人 氏名	続柄	新・旧の区分	支払った保険料等の金額
一般の生命保険料	○○生命	養老		田中太郎	田中智子	妻	新	111,000
	□□生命	医療	5年	田中太郎	田中智子	妻	新	46,000
	(a)のうち新保険料等の金額の合計額 A 157,000円			① 40,000円			計（①＋②）③	40,000円
	(a)のうち旧保険料等の金額の合計額 B 0円			② 0円			①と③のいずれか大きい金額 ㋑	40,000円
介護医療保険料	○○生命	介護	15年	田中太郎	田中智子	妻		100,000
	(a)の金額の合計額 C 100,000円						㋺	40,000円
個人年金保険料	○○生命	個人年金	20年	田中太郎	田中太郎	本人	新	30,000
	(a)のうち新保険料等の金額の合計額 D 30,000円			④ 25,000円			計（④＋⑤）⑥	25,000円
	(a)のうち旧保険料等の金額の合計額 E 円			⑤ 0円			④と⑥のいずれか大きい金額 ㋩	25,000円

計算式Ⅰ（新保険料等用）※ A、C又はDの金額	控除額の計算式	計算式Ⅱ（旧保険料等用）※ B又はEの金額	控除額の計算式
20,000円以下	A、C又はDの全額	25,000円以下	B又はEの全額
20,001円から40,000円まで	(A、C又はD)×1/2＋10,000円	25,001円から50,000円まで	(B又はE)×1/2＋12,500円
40,001円から80,000円まで	(A、C又はD)×1/4＋20,000円	50,001円から100,000円まで	(B又はE)×1/4＋25,000円
80,001円以上	一律に40,000円	100,001円以上	一律に50,000円

生命保険料控除額 計（㋑＋㋺＋㋩）（最高120,000円） 105,000円

※ 控除額の計算において算出した金額に1円未満の端数があるときは、その端数を切り上げます。

B 地震保険料控除

保険会社等の名称	保険等の種類（目的）	保険期間	保険等の契約者の氏名	保険等の対象となった家屋等に居住又は家財を利用している者等の氏名	続柄	地震保険料又は旧長期損害保険料区分	支払った保険料等の金額
△△損保	地震	5年	田中太郎	田中太郎	本人	地震	48,000

Ⓑのうち地震保険料の金額の合計額 Ⓑ 48,000円
Ⓑのうち旧長期損害保険料の金額の合計額 Ⓒ 0円
地震保険料控除額 Ⓑの金額（最高50,000円） 48,000円 ＋ Ⓒの金額（最高15,000円） 0円 ＝（最高50,000円） 48,000円

C 社会保険料控除

社会保険の種類	保険料支払先の名称	保険料を負担することになっている人 氏名	あなたとの続柄	あなたが本年中に支払った保険料の金額
国民年金	日本年金機構	田中一郎	長男	199,080
合計（控除額）				199,080

D 小規模企業共済等掛金控除

種類	あなたが本年中に支払った掛金の金額
独立行政法人中小企業基盤整備機構の共済契約の掛金	円
確定拠出年金法に規定する企業型年金加入者掛金	
確定拠出年金法に規定する個人型年金加入者掛金	
心身障害者扶養共済制度に関する契約の掛金	
合計（控除額）	円

この申告書の記載に当たっては、裏面の説明をお読みください。

支払い金額から下記の計算式に当てはめて控除額を計算する

個人年金保険料の控除額。上限が4万円なので、4万円を超える場合でも「4万円」と記入する

介護医療保険料の控除額。下記の計算式に当てはめて計算する

社会保険料控除は、従業員から提出された証明書を確認して、記入ミスがないかをチェックする

一般の生命保険料控除、介護医療保険料控除、個人年金保険料控除、それぞれの控除額を合算する。限度額は12万円なので、12万円を超える場合は「12万円」と記入する

該当する場合は、従業員から提出された証明書を確認して、記入ミスがないかをチェックする

Ⓐ 生命保険料控除
Ⓑ 地震保険料控除
Ⓒ 社会保険料控除
Ⓓ 小規模企業共済等掛金控除

「給与所得者の（特定増改築等）住宅借入金等特別控除申告書」の記入例

書類内容　住宅ローン（2年目以降）を支払っている従業員に記入・提出してもらう書類

届出先　従業員から事業所へ（事業所で7年間保管）

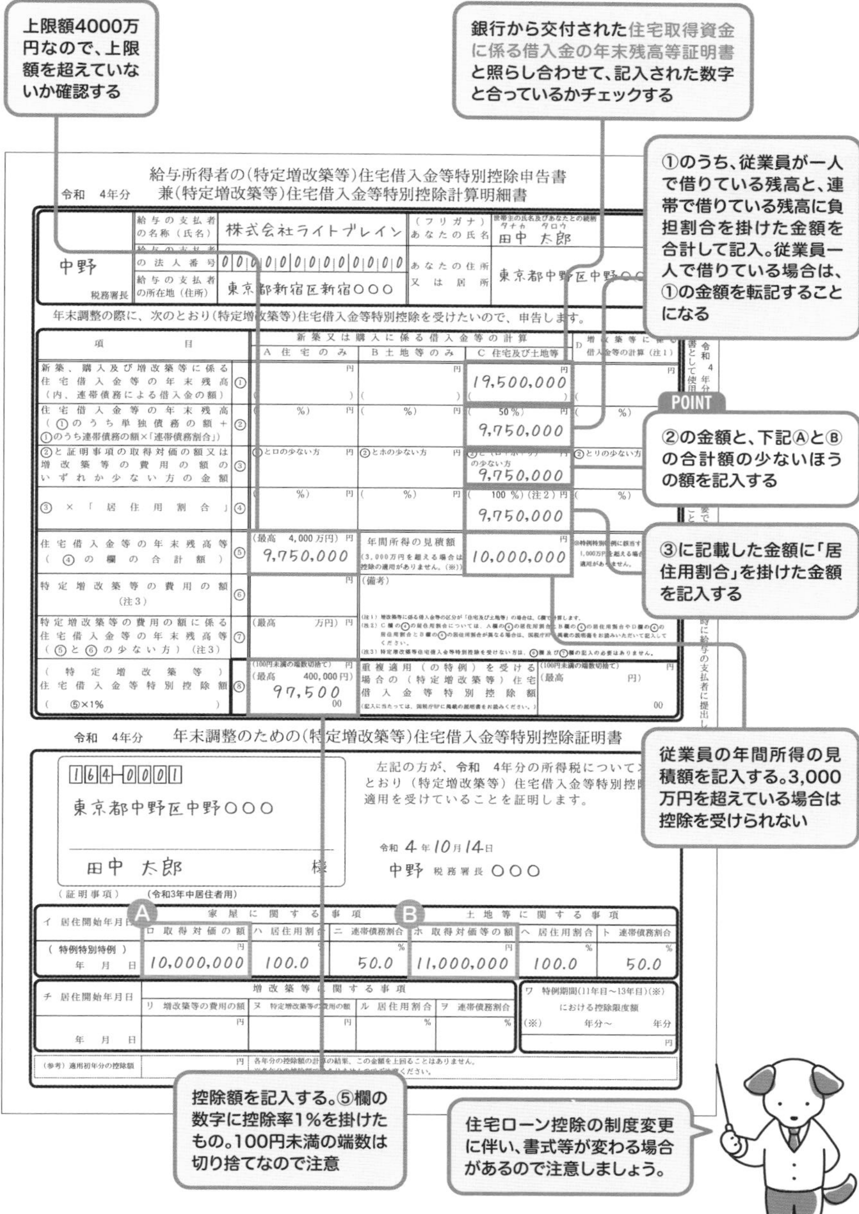

上限額4000万円なので、上限額を超えていないか確認する
銀行から交付された住宅取得資金に係る借入金の年末残高等証明書と照らし合わせて、記入された数字と合っているかチェックする
①のうち、従業員が一人で借りている残高と、連帯で借りている残高に負担割合を掛けた金額を合計して記入。従業員一人で借りている場合は、①の金額を転記することになる
POINT
②の金額と、下記Ⓐと Ⓑの合計額の少ないほうの額を記入する
③に記載した金額に「居住用割合」を掛けた金額を記入する
従業員の年間所得の見積額を記入する。3,000万円を超えている場合は控除を受けられない
控除額を記入する。⑤欄の数字に控除率1%を掛けたもの。100円未満の端数は切り捨てなので注意
住宅ローン控除の制度変更に伴い、書式等が変わる場合があるので注意しましょう。

令和　4年分　給与所得者の（特定増改築等）住宅借入金等特別控除申告書 兼（特定増改築等）住宅借入金等特別控除計算明細書

中野 税務署長	給与の支払者の名称（氏名）	株式会社ライトブレイン	（フリガナ）あなたの氏名	タナカ タロウ 田中 太郎
	給与の支払者の法人番号	0000000000000	あなたの住所又は居所	東京都中野区中野○○○
	給与の支払者の所在地（住所）	東京都新宿区新宿○○○		

年末調整の際に、次のとおり（特定増改築等）住宅借入金等特別控除を受けたいので、申告します。

項目		A 住宅のみ	B 土地等のみ	C 住宅及び土地等	D 増改築等に係る借入金等の計算（注1）
新築、購入及び増改築等に係る住宅借入金等の年末残高（内、連帯債務による借入金の額）	①	円	円	19,500,000円	
住宅借入金等の年末残高（①のうち単独債務の額＋①のうち連帯債務の額×「連帯債務割合」）	②	（%） 円	（%） 円	（50%） 9,750,000円	（%）
②と証明事項の取得対価の額又は増改築等の費用の額のいずれか少ない方の金額	③	②とロの少ない方 円	②とホの少ない方 円	②と（ロ＋ホ）の少ない方 9,750,000	②とリの少ない方
③×「居住用割合」	④	（%） 円	（%） 円	（100%）（注2） 9,750,000円	（%）
住宅借入金等の年末残高等（④の欄の合計額）	⑤	（最高 4,000万円） 9,750,000円	年間所得の見積額（3,000万円を超える場合は控除の適用がありません。（※））	10,000,000円	
特定増改築等の費用の額（注3）	⑥	円	（備考）		
特定増改築等の費用の額に係る住宅借入金等の年末残高等（⑤と⑥の少ない方）（注3）	⑦	（最高 万円） 円			
（特定増改築等）住宅借入金等特別控除額（⑤×1%）	⑧	（100円未満の端数切捨て）（最高 400,000円） 97,500円	重複適用（の特例）を受ける場合の（特定増改築等）住宅借入金等特別控除額	（100円未満の端数切捨て）（最高 円） 00	

令和　4年分　年末調整のための（特定増改築等）住宅借入金等特別控除証明書

164-0001
東京都中野区中野○○○
田中 太郎 様

左記の方が、令和 4年分の所得税について次のとおり（特定増改築等）住宅借入金等特別控除の適用を受けていることを証明します。

令和 4年10月14日
中野 税務署長 ○○○

（証明事項）（令和3年中居住者用）

イ 居住開始年月日	ロ 取得対価の額（家屋）	ハ 居住用割合	ニ 連帯債務割合	ホ 取得対価等の額（土地等）	ヘ 居住用割合	ト 連帯債務割合
（特例特別特例） 年 月 日	Ⓐ 10,000,000円	100.0%	50.0%	Ⓑ 11,000,000円	100.0%	50.0%

チ 居住開始年月日	リ 増改築等の費用の額	ヌ 特定増改築等の費用の額	ル 居住用割合	ヲ 連帯債務割合	ワ 特例期間（11年目～13年目）（※）における控除限度額
年 月 日	円	円	%	%	（※） 年分～ 年分 円

（参考）適用初年分の控除額　円　各年分の控除額の計算の結果、この金額を上回ることはありません。

05 総支給額、給与所得控除後の金額の計算

頻度	年1回	対象	12月まで勤務の役員・従業員	時期	12月

POINT
- 総支給金額には非課税支給額は含まれない
- 「年末調整のしかた」を参考に給与所得控除を計算する

総支給金額を算出することが第一歩

年末調整を行う際には、まず従業員一人ひとりの総支給金額（1年間に実際に支払った給与と賞与の合計）を算出することから始めます。これは源泉徴収簿を使って集計するのが便利です。このとき、給与から天引きした社会保険料の額も計算します。

総支給金額には、残業手当や住宅手当などの各手当も含まれますが、通勤手当や出張手当などの非課税支給額は含まずに計算します。毎月の給与支給明細書の総支給額をそのまま転記しないように注意が必要です。

中途入社の従業員がいる場合は、前職の給与も含めて計算するので、前の会社の源泉徴収票を提出してもらいます。なくしたりしている場合も想定されるので、早めにアナウンスしておきましょう。

なお、必ずしも税務署提供の源泉徴収簿を使う必要はなく、自社仕様のものを使ってもかまいません。

給与所得控除は給与取得者の経費のようなもの

総支給金額が、課税の対象となる金額です。ここから、さまざまな控除を差し引いていくことになります。

まず控除するのが、給与所得控除です。これは、いわゆる個人事業者などの経費にあたる部分で、給与収入にあわせて一律で控除されます。控除額は給与収入ごとに計算式が異なり、たとえば55万1,000円以上161万9,000円未満の場合は一律55万円となっています。税務署から送られてくる「年末調整のしかた」に算出方法が記載されているので計算式に当てはめるだけです。

給与所得控除額は変更されることが多いので、毎年確認するようにしましょう。

Keyword **非課税支給**　通勤手当や出張手当、宿直・日直手当、祝い金や見舞金などが含まれる。非課税となるのは合理的な金額までで、上限額も決められている。通勤手当（公共交通機関）の1カ月の上限額は15万円。

年末調整の計算の流れ

総支給金額を算出	●年間の給与と賞与の合計額を計算する ●通勤手当などの非課税支給額は合算しない →非課税支給の例:通勤手当、出張手当、宿直・日直手当など ●中途入社の従業員は前職での支給額も合算する

給与所得控除後の金額を算出	●総支給金額から「給与所得控除額」を差し引く →給与等の収入金額によって計算式が異なる

各種所得控除を差し引いて課税給与所得金額を算出	●基礎控除、扶養控除、配偶者控除、生命保険料控除、地震保険料控除、社会保険料控除などを差し引く →住宅ローン控除はこの時点では差し引かない

算出所得税額を計算	●課税給与所得金額から決められた計算式に基づき算出する →金額ごとに計算式が異なる

年調年税額・年調所得税額を算出	●住宅借入金等特別控除(住宅ローン控除)額を算出所得税額から差し引く(年調所得税額) ●復興特別所得税をかける(年調年税額)

過不足額を計算	●年調年税額と11月までに徴収した所得税額を比べて年間所得税額の過不足額を算出する →マイナスなら還付、プラスなら徴収する

「給与所得者に対する源泉徴収簿」の書式と記入例

書類内容 従業員ごとにその年の所得税額を計算するための書類

届出先 なし（源泉徴収票の作成が目的）

年末調整の計算を行う際に便利なのが源泉徴収簿です。従業員一人ひとりの総支給金額、控除額、源泉徴収税額などを一覧できます。税務署から送られてくる年末調整関係の書類一式のなかに同封されています。

各従業員の1月～12月までの給与と賞与の合計を記入する

「差引徴収税額」は、1月～11月までは「算出税額」と同じ額を記入する

各種控除額を記入する。回収した各種申告書をチェックし、転記する

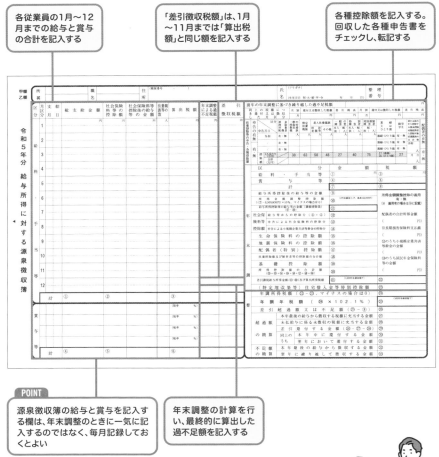

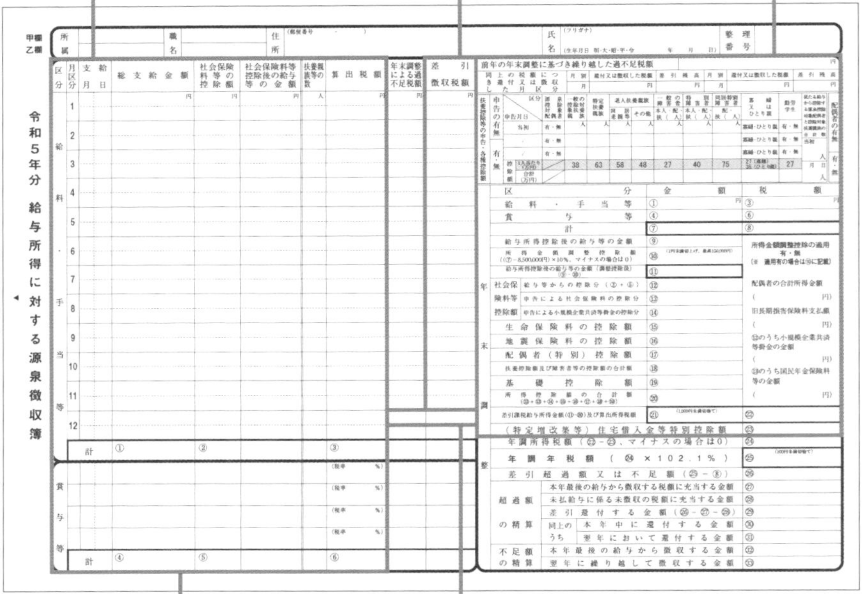

令和5年分 給与所得に対する源泉徴収簿

甲欄 乙欄

所属		職名		住所	(郵便番号 -)	氏名	(フリガナ) (生年月日 明・大・昭・平・令 年 月 日)	整理番号	

区分	月区分	支給月日	総支給金額	社会保険料等の控除額	社会保険料等控除後の給与等の金額	扶養親族等の数	算出税額	年末調整による過不足税額	差引徴収税額
給料・手当等	1		円	円	円	人	円	円	円
	2								
	3								
	4								
	5								
	6								
	7								
	8								
	9								
	10								
	11								
	12								
	計		①	②			③		
賞与等							(税率 %)		
							(税率 %)		
							(税率 %)		
							(税率 %)		
	計		④	⑤			⑥		

前年の年末調整に基づき繰り越した過不足税額						円
同上の税額につき還付又は徴収した月区分	月別	還付又は徴収した税額	差引残高	月別	還付又は徴収した税額	差引残高
	月	円	円	月	円	円

扶養控除等の申告・各種控除額

申告の有無	区分／申告月日	源泉控除対象配偶者	一般の控除対象扶養親族	特定扶養親族	老人扶養親族 同居老親等	老人扶養親族 その他	一般の障害者 本人・配・扶(人)	特別障害者 本人・配・扶(人)	同居特別障害者 配・扶(人)	寡婦又はひとり親	勤労学生	従たる給与から控除する源泉控除対象配偶者と控除対象扶養親族の合計数	配偶者の有無
	当初	有・無	人	人	人	人	人	人	人	寡婦・ひとり親	有・無	当初	
有・無		有・無								寡婦・ひとり親	有・無	人	有・無
		有・無								寡婦・ひとり親	有・無	月 日	
控除額	1人当たり(万円)		38	63	58	48	27	40	75	27(寡婦) 35(ひとり親)	27	人	
	合計(万円)												

年末調整 区分		金額	税額
給料・手当等		① 円	③ 円
賞与等		④	⑥
計		⑦	⑧
給与所得控除後の給与等の金額		⑨	所得金額調整控除の適用 有・無 (※ 適用有の場合は⑩に記載)
所得金額調整控除額 ((⑦－8,500,000円)×10%、マイナスの場合は0)		⑩ (1円未満切上げ、最高150,000円)	
給与所得控除後の給与等の金額（調整控除後）(⑨－⑩)		⑪	
社会保険料等控除額	給与等からの控除分（②＋⑤）	⑫	配偶者の合計所得金額 (円)
	申告による社会保険料の控除分	⑬	旧長期損害保険料支払額 (円)
	申告による小規模企業共済等掛金の控除分	⑭	
生命保険料の控除額		⑮	⑭のうち小規模企業共済等掛金の金額 (円)
地震保険料の控除額		⑯	
配偶者（特別）控除額		⑰	
扶養控除額及び障害者等の控除額の合計額		⑱	⑬のうち国民年金保険料等の金額 (円)
基礎控除額		⑲	
所得控除額の合計額 (⑫＋⑬＋⑭＋⑮＋⑯＋⑰＋⑱＋⑲)		⑳	
差引課税給与所得金額(⑪－⑳)及び算出所得税額		㉑ (1,000円未満切捨て)	㉒
（特定増改築等）住宅借入金等特別控除額			㉓
年調所得税額（㉒－㉓、マイナスの場合は0）			㉔
年調年税額（㉔×102.1％）			㉕ (100円未満切捨て)
差引超過額又は不足額（㉕－⑧）			㉖
超過額の精算	本年最後の給与から徴収する税額に充当する金額		㉗
	未払給与に係る未徴収の税額に充当する金額		㉘
	差引還付する金額（㉖－㉗－㉘）		㉙
	同上のうち 本年中に還付する金額		㉚
	同上のうち 翌年において還付する金額		㉛
不足額の精算	本年最後の給与から徴収する金額		㉜
	翌年に繰り越して徴収する金額		㉝

POINT

源泉徴収簿の給与と賞与を記入する欄は、年末調整のときに一気に記入するのではなく、毎月記録しておくとよい

年末調整の計算を行い、最終的に算出した過不足額を記入する

源泉徴収簿は税務署から送られてきますが、それを使わなければいけないというわけではありません。自社仕様のものを作ったり、賃金ソフトと連動させることで自動入力できるようにすることも可能です。

所得税

総支給金額と給与所得控除後の金額を計算する

1年間に支給した給与や賞与の総額を記入する。左側の①欄（給与の総支給額）、④欄（賞与の総支給額）、③・⑥欄（算出税額）の数字を該当欄に転記し、それぞれの合計額を計算する

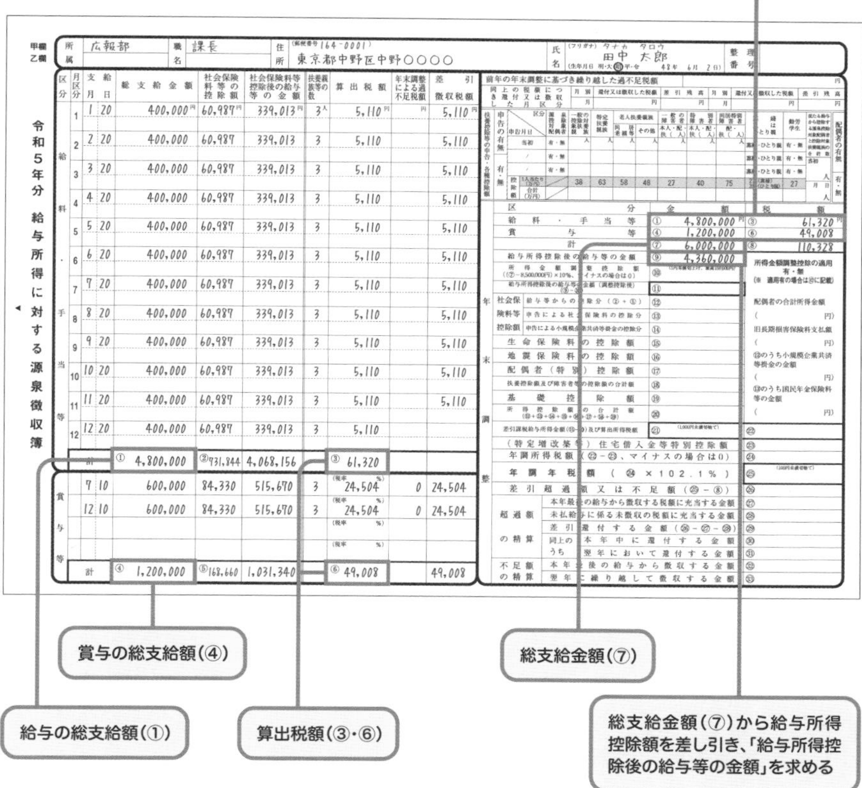

令和5年分　給与所得に対する源泉徴収簿

所属	広報部	職名	課長	住所	（郵便番号 164-0001）東京都中野区中野○○○○	氏名	（フリガナ）タナカ　タロウ　田中　太郎（生年月日 明・大・昭・平・令 42年 6月 2日）

区分	月区分	支給月日	総支給金額	社会保険料等の控除額	社会保険料等控除後の給与等の金額	扶養親族等の数	算出税額	年末調整による過不足税額	差引徴収税額
給料・手当等	1	1 20	400,000円	60,987円	339,013円	3人	5,110円	円	5,110円
	2	2 20	400,000	60,987	339,013	3	5,110		5,110
	3	3 20	400,000	60,987	339,013	3	5,110		5,110
	4	4 20	400,000	60,987	339,013	3	5,110		5,110
	5	5 20	400,000	60,987	339,013	3	5,110		5,110
	6	6 20	400,000	60,987	339,013	3	5,110		5,110
	7	7 20	400,000	60,987	339,013	3	5,110		5,110
	8	8 20	400,000	60,987	339,013	3	5,110		5,110
	9	9 20	400,000	60,987	339,013	3	5,110		5,110
	10	10 20	400,000	60,987	339,013	3	5,110		5,110
	11	11 20	400,000	60,987	339,013	3	5,110		5,110
	12	12 20	400,000	60,987	339,013	3	5,110		
	計		① 4,800,000	② 731,844	4,068,156		③ 61,320		
賞与等		7 10	600,000	84,330	515,670	3	（税率 %）24,504	0	24,504
		12 10	600,000	84,330	515,670	3	（税率 %）24,504	0	24,504
							（税率 %）		
							（税率 %）		
	計		④ 1,200,000	⑤ 168,660	1,031,340		⑥ 49,008		49,008

前年の年末調整に基づき繰り越した過不足税額

扶養控除等の申告・各種控除額　控除額 1人当たり（万円）：38　63　58　48　27　40　75　27

区分		金額		税額
給料・手当等	①	4,800,000円	③	61,320円
賞与等	④	1,200,000	⑥	49,008
計	⑦	6,000,000	⑧	110,328
給与所得控除後の給与等の金額	⑨	4,360,000		
所得金額調整控除額（（⑦−8,500,000円）×10%、マイナスの場合は0）	⑩			
給与所得控除後の給与等の金額（調整控除後）（⑨−⑩）	⑪			
社会保険料等控除額　給与等からの控除分（②＋⑤）	⑫			
申告による社会保険料の控除分	⑬			
申告による小規模企業共済等掛金の控除分	⑭			
生命保険料の控除額	⑮			
地震保険料の控除額	⑯			
配偶者（特別）控除額	⑰			
扶養控除額及び障害者等の控除額の合計額	⑱			
基礎控除額	⑲			
所得控除額の合計額（⑫＋⑬＋⑭＋⑮＋⑯＋⑰＋⑱＋⑲）	⑳			
差引課税給与所得金額（⑪−⑳）及び算出所得税額	㉑	（1,000円未満切捨て）	㉒	
（特定増改築等）住宅借入金等特別控除額			㉓	
年調所得税額（㉒−㉓、マイナスの場合は0）			㉔	
年調年税額（㉔×102.1%）			㉕	（100円未満切捨て）
差引超過額又は不足額（㉕−⑧）			㉖	
超過額の精算　本年最後の給与から徴収する税額に充当する金額			㉗	
未払給与に係る未徴収の税額に充当する金額			㉘	
差引還付する金額（㉖−㉗−㉘）			㉙	
同上のうち　本年中に還付する金額			㉚	
翌年において還付する金額			㉛	
不足額の精算　本年最後の給与から徴収する金額			㉜	
翌年に繰り越して徴収する金額			㉝	

所得金額調整控除の適用　有・無（※ 適用有の場合は⑩に記載）
配偶者の合計所得金額（　円）
旧長期損害保険料支払額（　円）
⑭のうち小規模企業共済等掛金の金額（　円）
⑬のうち国民年金保険料等の金額（　円）

POINT

総支給金額の額ごとに、「給与所得控除後の給与等の金額」は異なる。税務署から送られてくる「年末調整のしかた」に掲載されている「給与所得控除後の給与等の金額の表」を見れば、総支給金額ごとの金額がわかる

●給与所得控除後の給与等の金額の表

令和５年分の年末調整等のための給与所得控除後の給与等の金額の表

（一）　　（～2,171,999円）

給与等の金額 以上	給与等の金額 未満	給与所得控除後の給与等の金額	給与等の金額 以上	給与等の金額 未満	給与所得控除後の給与等の金額	給与等の金額 以上	給与等の金額 未満	給与所得控除後の給与等の金額
円 551,000円未満	円	円 0	円 1,772,000	円 1,776,000	円 1,163,200	円 1,972,000	円 1,976,000	円 1,300,400
			1,776,000	1,780,000	1,165,600	1,976,000	1,980,000	1,303,200
			1,780,000	1,784,000	1,168,000	1,980,000	1,984,000	1,306,000
			1,784,000	1,788,000	1,170,400	1,984,000	1,988,000	1,308,800
			1,788,000	1,792,000	1,172,800	1,988,000	1,992,000	1,311,600
551,000	1,619,000	給与等の金額から550,000円を控除した金額	1,792,000	1,796,000	1,175,200	1,992,000	1,996,000	1,314,400
			1,796,000	1,800,000	1,177,600	1,996,000	2,000,000	1,317,200
			1,800,000	1,804,000	1,180,000	2,000,000	2,004,000	1,320,000
			1,804,000	1,808,000	1,182,800	2,004,000	2,008,000	1,322,800
			1,808,000	1,812,000	1,185,600	2,008,000	2,012,000	1,325,600
1,619,000	1,620,000	1,069,000	1,812,000	1,816,000	1,188,400	2,012,000	2,016,000	1,328,400
1,620,000	1,622,000	1,070,000	1,816,000	1,820,000	1,191,200	2,016,000	2,020,000	1,331,200
1,622,000	1,624,000	1,072,000	1,820,000	1,824,000	1,194,000	2,020,000	2,024,000	1,334,000
1,624,000	1,628,000	1,074,000	1,824,000	1,828,000	1,196,800	2,024,000	2,028,000	1,336,800
1,628,000	1,632,000	1,076,800	1,828,000	1,832,000	1,199,600	2,028,000	2,032,000	1,339,600

06 基礎控除、扶養控除、配偶者控除の計算

頻度	年1回	対象	12月まで勤務の役員・従業員	時期	12月

POINT
- 扶養親族がいない場合でも基礎控除は適用される
- 扶養控除、配偶者控除ともに早見表で控除額を確認する

扶養控除を受けられる人数を確認する

給与所得控除後の給与等の金額を算出したら、次は基礎控除と扶養控除額を計算します。基礎控除は、年間所得2500万円以下の従業員は誰でも適用されますが、所得金額によって控除額が異なります。基礎控除は、扶養親族がいない従業員にも適用されるので注意が必要です。

扶養控除は、扶養控除等（異動）申告書を見ながら、控除対象となる扶養親族の人数を確認します。212ページで述べたように、扶養控除の対象となる親族には要件があります。なかには同居親族全員を記入してくる従業員もいるので、控除対象かどうかをチェックします。たとえば、子どもが3人いる場合でも、全員が同じ控除額とは限りません。16～18歳と23～69歳の扶養親族の控除額は38万円ですが、19～22歳は「特定扶養親族」となり控除額は63万円、70歳以上は「老人扶養親族」となり控除額は48万円か58万円になります。また、障害者は年齢にかかわらず控除の対象となります。

申告書には、それぞれの扶養親族がどのカテゴリに入るかを記入する欄があるので、間違えないように記入しましょう。

配偶者控除は給与取得者の所得が関係する

続いて、配偶者控除の計算です。配偶者控除は、給与取得者の合計所得金額によって控除額が変わり、900万円以下なら控除額が38万円、900万円超950万円以下なら26万円などとなります。70歳以上の配偶者は老人控除の対象となり、控除額が加算されます。配偶者特別控除の場合は、配偶者の合計所得額と給与取得者の合計所得額の両方によって控除額が異なります。早見表で確認しましょう（配偶者控除の要件は213ページ）。

Keyword **障害者控除**　所得者本人や扶養親族、配偶者が障害をもっている場合、障害者控除が適用される。一般障害者は27万円、特別障害者は40万円の控除をそれぞれ受けられる。

扶養控除一覧

区分		控除額
一般の控除対象扶養親族 ※特定扶養親族、老人扶養親族を除く		38万円
特定扶養親族（19歳以上23歳未満の扶養親族）		63万円
老人扶養親族 （70歳以上の扶養親族）	同居老親等※1	58万円
	同居老親等以外※2	48万円

※1 所得者または配偶者の直系尊属で、普段同居している人。入院などで別居している場合も同居と認められる
※2 老人ホームなどに入所している場合（同居とは認められない）

扶養控除のほかに加算される控除

●障害者控除

一般の障害者	27万円
特別障害者	40万円
同居特別障害者	75万円

●基礎控除

合計所得金額	基礎控除額
2,400万円以下	48万円
2,400万円超～2,450万円以下	32万円
2,450万円超～2,500万円以下	16万円
2,500万円超	ー

●寡婦控除：27万円　●ひとり親控除：35万円　●勤労学生控除：27万円

配偶者控除一覧

控除の種類	配偶者の 合計所得金額	控除を受ける納税者本人の合計所得金額			
		900万円以下	900万円超 950万円以下	950万円超 1,000万円以下	1,000万円超
配偶者控除	48万円以下 一般の控除対象配偶者	38万円	26万円	13万円	適用なし
	48万円以下 老人控除対象配偶者	48万円	32万円	16万円	
配偶者 特別控除	48万円超95万円以下	38万円	26万円	13万円	
	95万円超100万円以下	36万円	24万円	12万円	
	100万円超105万円以下	31万円	21万円	11万円	
	105万円超110万円以下	26万円	18万円	9万円	
	110万円超115万円以下	21万円	14万円	7万円	
	115万円超120万円以下	16万円	11万円	6万円	
	120万円超125万円以下	11万円	8万円	4万円	
	125万円超130万円以下	6万円	4万円	2万円	
	130万円超133万円以下	3万円	2万円	1万円	
	133万円超	適用なし			

07 保険料控除と差引課税給与所得の計算

頻度	年1回	対象	12月まで勤務の役員・従業員	時期	12月

POINT
- それぞれの計算式に当てはめて保険料控除額を計算する
- 差引課税給与所得金額は1000円未満は切り捨て（四捨五入ではない）

保険料控除額を計算する

続いて、保険料控除を算出します。生命保険料と地震保険料の控除額は、決められた計算式に当てはめていきます。すでに述べたように、生命保険は契約の時期により新契約と旧契約に分かれており、それぞれ計算式が違うので注意が必要です。

個人年金保険料も控除の対象です。一般の生命保険とは違い、受取人が保険料を負担している本人かその配偶者でなければいけません。そのほか、保険料の払込期間が10年以上あることなどの要件があるので、控除の対象かどうかを確認します。

また、保険料控除には上限があり、生命保険料控除はあわせて12万円、地震保険料控除は5万円となっています。

そのほか、社会保険料控除や小規模企業共済等掛金控除がある場合は、それらも記入します。

すべての控除額を合計して差引課税給与所得金額を出す

こうして控除額の計算が終わったら、「差引課税給与所得金額」を計算します。基礎控除額、扶養控除額、配偶者控除額、生命保険料控除額、地震保険料控除額、社会保険料控除額（給与や賞与で控除される社会保険料額を含む）を合計したものが、「所得控除額の合計額」になります。住宅ローン控除はこの時点ではまだ加算しません。

これを、給与所得控除後の給与等の金額から差し引いたものが、差引課税給与所得金額で、これが課税の対象となる所得となります。なお、差引課税給与所得金額は、1000円未満は切り捨てます。たとえば、差し引いた金額が87万6842円だった場合、差引課税給与所得金額は87万6000円です。四捨五入ではないので気をつけましょう。

Keyword **小規模企業共済等掛金控除**　小規模企業共済や、企業型確定拠出年金（企業型DC）、個人型確定拠出年金（iDeCo）などの掛金で受けられる所得控除のこと。

生命保険料控除の新契約と旧契約

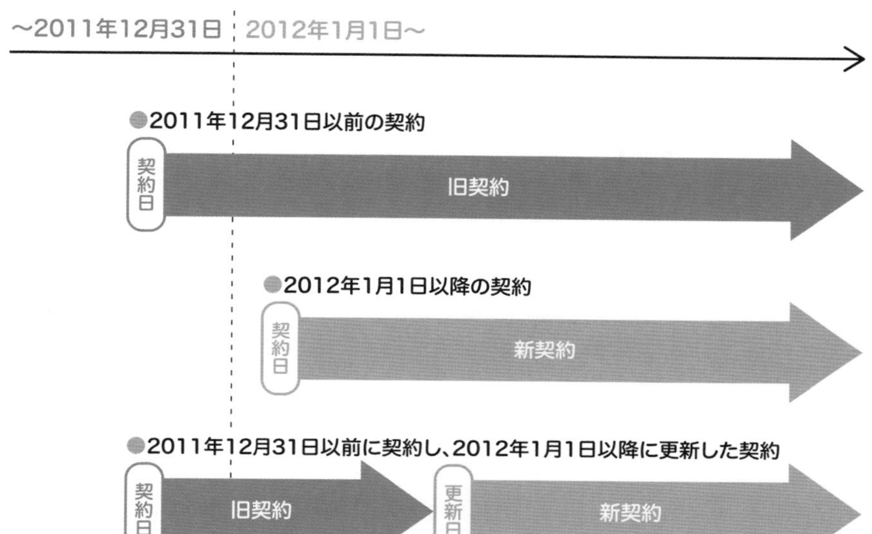

生命保険料控除の計算方法

●新契約

年間の支払保険料	控除額
2万円以下	支払保険料の全額
2万円超～4万円以下	支払保険料×1/2+1万円
4万円超～8万円以下	支払保険料×1/4+2万円
8万円超	一律4万円

●旧契約

年間の支払保険料	控除額
2万5,000円以下	支払保険料の全額
2万5,000円超～5万円以下	支払保険料×1/2+1万2,500円
5万円超～10万円以下	支払保険料×1/4+2万5,000円
10万円超	一律5万円

地震保険料控除の計算方法

地震保険の種類	年間の支払保険料	控除額
地震保険料	50,000円以下	支払保険料の全額
	50,000円超	一律50,000円
経過措置が適用される旧長期損害保険料	10,000円以下	支払保険料の全額
	10,000円超～20,000円以下	支払保険料×1/2+5,000円
	20,000円超	一律15,000円
両方がある場合	―	両方の合計額（上限50,000円）

セットで加入する火災保険料は控除の対象外なので注意

経過措置が適用される旧長期損害保険契約の要件

・保険期間の開始日が2006年12月31日以前
・保険期間が10年以上
・満期返戻金がある積立保険
・2007年1月1日以降に変更していない

社会保険料控除の対象範囲

配偶者や扶養親族のために
納税者自身が支払った
国民年金保険料

配偶者や扶養親族のために
納税者自身が支払った
国民健康保険料

中途入社の従業員が
入社前に支払っていた
国民年金保険料

配偶者や扶養親族が自分の
年金収入の中から支払った
介護保険料

POINT
社会保険料控除は支払った保険料の全額が控除される

差引課税給与所得の計算

●源泉徴収簿

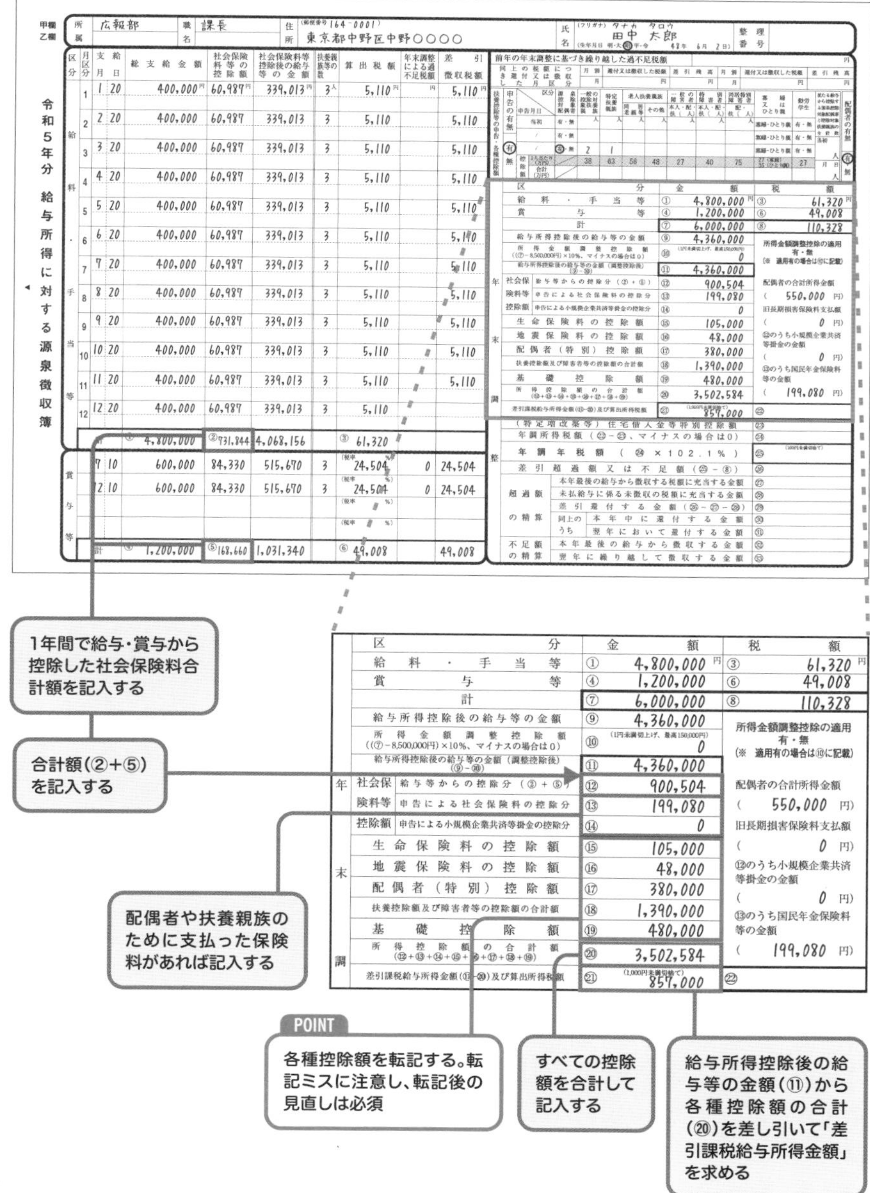

令和5年分 給与所得に対する源泉徴収簿

甲欄・乙欄 | 所属 広報部 | 職名 課長 | 住所 (郵便番号164-0001) 東京都中野区中野○○○○ | 氏名 (フリガナ) タナカ タロウ 田中 太郎 (生年月日 明・大・昭・平・令 48年 6月 2日) | 整理番号

区分	月区分	支給月日	総支給金額	社会保険料等の控除額	社会保険料等控除後の給与等の金額	扶養親族等の数	算出税額	年末調整による過不足税額	差引徴収税額
給料・手当等	1	1 20	400,000円	60,987円	339,013円	3人	5,110円	円	5,110円
	2	2 20	400,000	60,987	339,013	3	5,110		5,110
	3	3 20	400,000	60,987	339,013	3	5,110		5,110
	4	4 20	400,000	60,987	339,013	3	5,110		5,110
	5	5 20	400,000	60,987	339,013	3	5,110		5,110
	6	6 20	400,000	60,987	339,013	3	5,110		5,110
	7	7 20	400,000	60,987	339,013	3	5,110		5,110
	8	8 20	400,000	60,987	339,013	3	5,110		5,110
	9	9 20	400,000	60,987	339,013	3	5,110		5,110
	10	10 20	400,000	60,987	339,013	3	5,110		5,110
	11	11 20	400,000	60,987	339,013	3	5,110		5,110
	12	12 20	400,000	60,987	339,013	3	5,110		
	計		① 4,800,000	② 731,844	4,068,156		③ 61,320		
賞与等		7 10	600,000	84,330	515,670	3	(税率 %) 24,504	0	24,504
		12 10	600,000	84,330	515,670	3	(税率 %) 24,504	0	24,504
							(税率 %)		
							(税率 %)		
	計		④ 1,200,000	⑤ 168,660	1,031,340		⑥ 49,008		49,008

前年の年末調整に基づき繰り越した過不足税額

扶養控除等の申告: 有 / 源泉控除対象配偶者 有 / 一般の控除対象扶養親族 2 / 特定扶養親族 1

区分	金額	税額
給料・手当等	① 4,800,000円	③ 61,320円
賞与等	④ 1,200,000	⑥ 49,008
計	⑦ 6,000,000	⑧ 110,328
給与所得控除後の給与等の金額	⑨ 4,360,000	所得金額調整控除の適用 有・無 (※ 適用有の場合は⑩に記載)
所得金額調整控除額 ((⑦−8,500,000円)×10%、マイナスの場合は0)	⑩ (1円未満切上げ、最高150,000円) 0	
給与所得控除後の給与等の金額 (調整控除後) (⑨−⑩)	⑪ 4,360,000	
年末調整 社会保険料等控除額 給与等からの控除分 (②+⑤)	⑫ 900,504	配偶者の合計所得金額 (550,000円)
申告による社会保険料の控除分	⑬ 199,080	旧長期損害保険料支払額 (0円)
申告による小規模企業共済等掛金の控除分	⑭ 0	⑫のうち小規模企業共済等掛金の金額 (0円)
生命保険料の控除額	⑮ 105,000	
地震保険料の控除額	⑯ 48,000	
配偶者(特別)控除額	⑰ 380,000	⑬のうち国民年金保険料等の金額 (199,080円)
扶養控除額及び障害者等の控除額の合計額	⑱ 1,390,000	
基礎控除額	⑲ 480,000	
所得控除額の合計額 (⑫+⑬+⑭+⑮+⑯+⑰+⑱+⑲)	⑳ 3,502,584	
差引課税給与所得金額(⑪−⑳)及び算出所得税額	㉑ (1,000円未満切捨て) 857,000	㉒
(特定増改築等)住宅借入金等特別控除額		㉓
年調所得税額 (㉒−㉓、マイナスの場合は0)		㉔
年調年税額 (㉔×102.1%)		㉕ (100円未満切捨て)
差引超過額又は不足額 (㉕−⑧)		㉖
超過額の精算 本年最後の給与から徴収する税額に充当する金額		㉗
未払給与に係る未徴収の税額に充当する金額		㉘
差引還付する金額 (㉖−㉗−㉘)		㉙
同上のうち 本年中に還付する金額		㉚
翌年において還付する金額		㉛
不足額の精算 本年最後の給与から徴収する金額		㉜
翌年に繰り越して徴収する金額		㉝

1年間で給与・賞与から控除した社会保険料合計額を記入する
合計額(②+⑤)を記入する
配偶者や扶養親族のために支払った保険料があれば記入する
POINT
各種控除額を転記する。転記ミスに注意し、転記後の見直しは必須
すべての控除額を合計して記入する
給与所得控除後の給与等の金額(⑪)から各種控除額の合計(⑳)を差し引いて「差引課税給与所得金額」を求める

08 年間の税額、過不足税額の計算

頻度 年1回 対象 12月まで勤務の役員・従業員 時期 12月

POINT
- 住宅借入金等特別控除（住宅ローン控除）は税額控除扱い
- 徴収済みの源泉所得税と年調年税額の差額を計算する

算出所得税額、年調所得税額、年調年税額を計算する

前節で求めた差引課税給与所得金額が、最終的な課税対象となる金額です。この額に税率をかけて、一定の控除額を除いて「算出所得税額」を計算します。差引課税給与所得金額の額によって税率と控除額は異なります。計算式は、税務署から送られてくる「年末調整のしかた」に記載されています（「年末調整のための算出所得税額の速算表」）。たとえば、差引課税給与所得金額が195万円以下なら税率５％（控除なし）、195万円超330万円以下なら税率10％で控除額は9万7500円となっています。

算出所得税額を出したら、税額控除額を差し引きます。年末調整における税額控除は、住宅借入金等特別控除（住宅ローン控除）だけです。これで計算されたものを「年調所得税額」といいます。住宅ローン控除がない従業員は、算出所得税額が年調所得税額になります。住宅ローン控除がある場合、計算結果がマイナスになることがありますが、この場合の年調所得税額は0円として扱います。

これで終わりではありません。2037年までは復興特別所得税が課税されるので、年調所得税額に102.1%を掛けたものが最終税額になります。これを「年調年税額」といいます。

過不足を計算し、それぞれ対応する

年調年税額が出たら、最後に過不足を確認します。年調年税額から当年度の徴収済みの源泉所得税額（源泉徴収簿の⑧の欄）を差し引いて差額を計算します。差額がマイナスになれば、徴収していた税額のほうが多かったということになるので、差額を当該従業員に還付しなければなりません。差額がプラスの場合は、徴収不足となるので、追加で差額分を徴収することになります。

Keyword **税額控除**　税額から直接差し引くことができる控除。扶養控除や配偶者控除は所得から差し引くが、住宅ローン控除は税額から差し引く。

算出所得税額を出す

算出所得税額 ＝ 差引課税給与所得 × 税率 − 控除額

●所得税の速算表

差引課税給与所得	税率	控除額
195万円以下	5%	0円
195万円超～330万以下	10%	9万7,500円
330万円超～695万円以下	20%	42万7,500円
695万円超～900万円以下	23%	63万6,000円
900万円超～1,800万円以下	33%	153万6,000円
1,800万円超～1,805万円以下	40%	279万6,000円
1,805万円超	年末調整の対象外	

年調所得税額、年調年税額の計算

年調所得税額 ＝ 算出所得税額 − 税額控除（住宅ローン控除）

年調年税額 ＝ 年調所得税額 × 102.1%（復興特別所得税を加算）

●源泉徴収簿

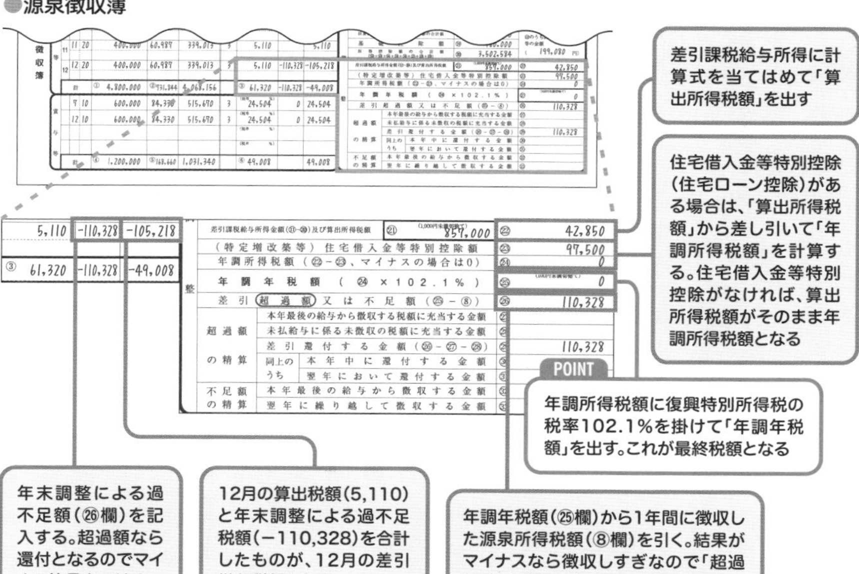

差引課税給与所得に計算式を当てはめて「算出所得税額」を出す
住宅借入金等特別控除（住宅ローン控除）がある場合は、「算出所得税額」から差し引いて「年調所得税額」を計算する。住宅借入金等特別控除がなければ、算出所得税額がそのまま年調所得税額となる
POINT
年調所得税額に復興特別所得税の税率102.1%を掛けて「年調年税額」を出す。これが最終税額となる
年末調整による過不足額（㉖欄）を記入する。超過額なら還付となるのでマイナス符号をつける
12月の算出税額(5,110)と年末調整による過不足税額(−110,328)を合計したものが、12月の差引徴収税額となる
年調年税額（㉕欄）から1年間に徴収した源泉所得税額（⑧欄）を引く。結果がマイナスなら徴収しすぎなので「超過額」に丸をして符号なしで金額を記入
5,110
-110,328
-105,218
61,320
-49,008
差引課税給与所得金額（⑪−⑳）及び算出所得税額
857,000
42,850
（特定増改築等）住宅借入金等特別控除額
97,500
年調所得税額（㉒−㉓、マイナスの場合は0）
0
年調年税額（㉔×102.1%）
0
差引超過額又は不足額（㉕−⑧）
110,328
差引還付する金額（㉖−㉗−㉘）
110,328

09 源泉徴収票の作成と交付

頻度	年1回	対象	12月まで勤務の役員・従業員	時期	12月

POINT
- 従業員一人ひとりの源泉徴収票を作成・交付する
- 源泉徴収票は税務署と市区町村にも提出するので合計3枚作成する

源泉徴収票の作成と交付は法律上の義務

年調年税額と実際に徴収した源泉徴収額との過不足を計算し終わったら、年末調整の計算作業は終了です。その後、この年末調整の計算結果を反映した源泉徴収票を作成しなければなりません。

源泉徴収票とは、その年に従業員に支払った給与と賞与の額、徴収した税額を記載したもので、支給額にかかわらず、給与を支払った人全員分の作成が必要です。作成した源泉徴収票は従業員に交付します。源泉徴収票は従業員へ交付する以外に、市区町村に1枚、対象者については税務署に1枚提出しなければならないので、合計で3枚必要になります。

源泉徴収票は法律で作成と交付が義務づけられている書類のひとつです。従業員には翌年の1月31日までに交付しますが、年末の給与支払い日に給与支払明細書と一緒に渡すと手間が省けます。

源泉徴収票の用紙は年末調整の書類とともに税務署から送られてきますが、国税庁のホームページからダウンロードすることもできます。また、同様の書式を自社で作って利用してもかまいません。

年末調整の計算結果を転記して源泉徴収票を作成

源泉徴収票は、基本的に年末調整で行った計算結果や提出してもらった各種書類の数字を転記していけば作成できます。住宅借入金等特別控除の額を記入する欄がありますが、住宅借入金等特別控除の控除後の年調所得税額がマイナスになった場合は0円として扱います。ただし、源泉徴収税額には算出所得税額を記入し、「住宅借入金等特別控除の額の内訳」欄に実際の内訳を記入します。また、役員の場合は忘れずに役職名を記載しましょう。

Keyword **源泉徴収票**　源泉徴収票のうち、市区町村に提出するものを給与支払報告書という。名称が違うだけで内容は同じ。

源泉徴収票作成のポイント

●源泉徴収票は3枚必要

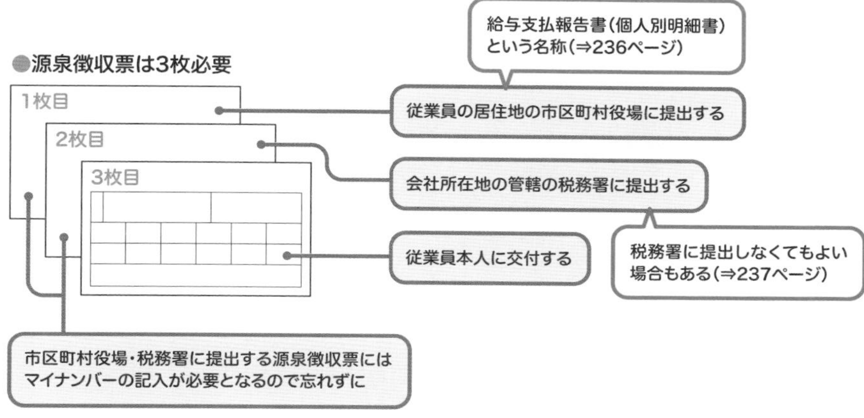

税務署に提出しなくてもよい場合もある(⇒237ページ)
従業員本人に交付する
市区町村役場・税務署に提出する源泉徴収票にはマイナンバーの記入が必要となるので忘れずに

●源泉徴収票は全員分必要

正社員だけでなくパートやアルバイトにも発行しなければならない。
源泉徴収額が年間0円だった従業員にも発行しなければならない。

●源泉徴収票の再発行は法的義務

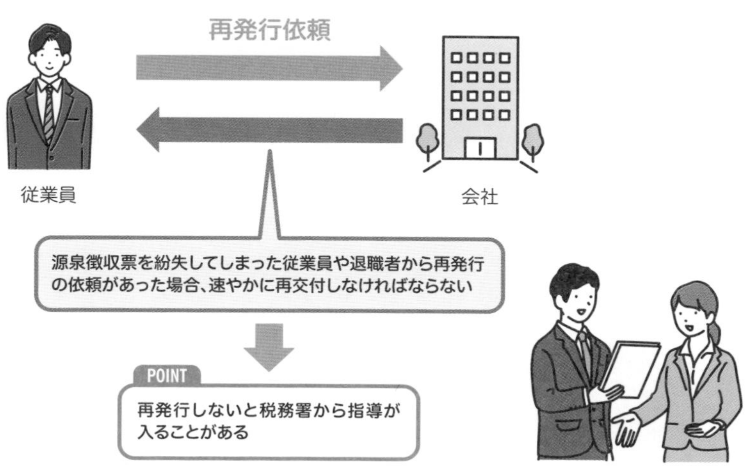

再発行依頼
従業員
会社
源泉徴収票を紛失してしまった従業員や退職者から再発行の依頼があった場合、速やかに再交付しなければならない
POINT
再発行しないと税務署から指導が入ることがある

Advice これまで源泉徴収票は市区町村に2枚提出する必要があったが、2023年から1枚になった。

「給与所得の源泉徴収票」の記入例

書類内容　すべての従業員ごとにその年の給与・賞与・控除・源泉徴収額を記載した書類
届出先　従業員本人、従業員の居住地の市区町村役場、事業所管轄の税務署(対象者のみ)

POINT
「受給者番号」は空欄でもよい。ただし、社員番号など任意で記入しておくと、市区町村が住民税の税額を通知してくるときに、その番号を記載して送ってくれるので管理するのに便利

役員の場合は役職名を忘れずに記入すること

1年間に支払った給与と賞与の合計額を記入。源泉徴収簿の⑦欄を転記する

「給与所得控除後の給与等の金額」を記入。源泉徴収簿の⑨欄を転記する

「所得控除の額の合計額」を記入。源泉徴収簿の⑳欄を転記する

令和 X 年分　給与所得の源泉徴収票

支払を受ける者　住所又は居所：東京都中野区中野○○○○
(受給者番号)
(役職名)
氏名　(フリガナ) タナカ タロウ　田中 太郎

種別	支払金額	給与所得控除後の金額(調整控除後)	所得控除の額の合計額	源泉徴収税額
給与・賞与	6,000,000	4,360,000	3,502,584	0

(源泉)控除対象配偶者の有無等	老人	配偶者(特別)控除の額	控除対象扶養親族の数(配偶者を除く。) 特定	老人	その他	16歳未満扶養親族の数	障害者の数(本人を除く。) 特別	その他	非居住者である親族の数
有 ○		380,000	1		2	1			

社会保険料等の金額	生命保険料の控除額	地震保険料の控除額	住宅借入金等特別控除の額
1,099,584	105,000	48,000	42,850

(摘要)

新生命保険料の金額 157,000　旧生命保険料の金額　個人年金保険料の金額 30,000　旧個人年金保険料の金額
住宅借入金等特別控除適用数 1　居住開始年月日(1回目) 30年　住宅借入金等年末残高(1回目) 9,750,000
住宅借入金等特別控除可能額 97,500　居住開始年月日(2回目)　住宅借入金等年末残高(2回目)
国民年金保険料等の金額 199,080　旧長期損害保険料の金額
(源泉・特別)控除対象配偶者　(フリガナ) タナカ トモコ　氏名 田中 智子
所得金額調整控除額

控除対象扶養親族
1 (フリガナ) タナカ イチロウ　氏名 田中 一郎
2 (フリガナ) タナカ ジロウ　氏名 田中 次郎
3 (フリガナ) タナカ ハルコ　氏名 田中 春子
4

16歳未満の扶養親族
1 (フリガナ) タナカ アキコ　氏名 田中 秋子
2
3
4

未成年者	外国人	死亡退職	災害者	乙欄	本人が障害者 特別	その他	寡婦	ひとり親	勤労学生	中途就・退職 就職	退職	年	月	日	受給者生年月日 元号	年	月	日
															昭和	48	6	2

(受給者交付用)
支払者　住所(居所)又は所在地：東京都新宿区新宿○○○○
氏名又は名称：株式会社ライトブレイン　(電話) 03-0000-0000

年調年税額を記入。源泉徴収簿の㉕欄を転記する

配偶者控除、あるいは配偶者特別控除の額を記入。源泉徴収簿の⑰欄を転記する

扶養控除の対象となる扶養親族や、障害者の扶養者など、該当する場合は記入。扶養控除等(異動)申告書から転記する

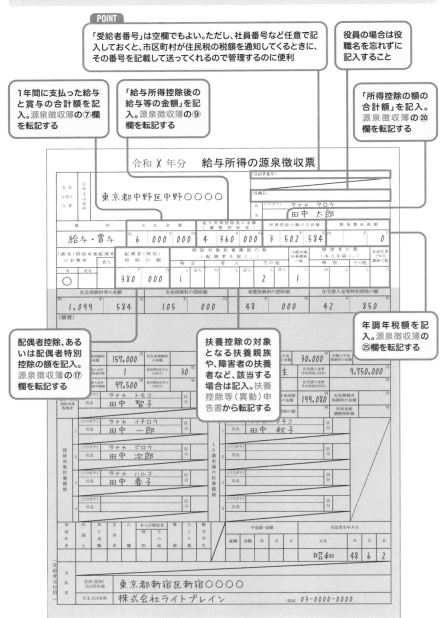

●給与所得の源泉徴収票の記入例（続き）

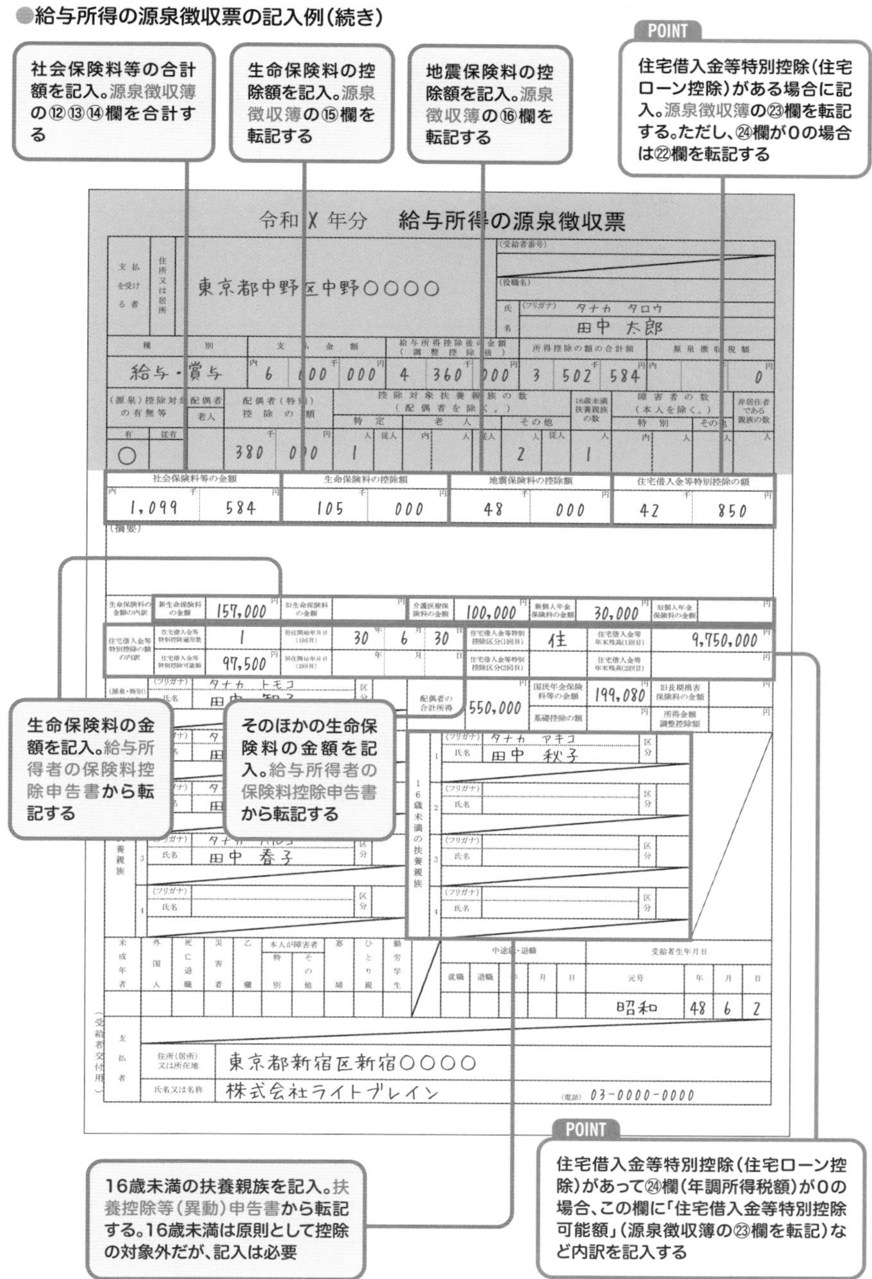

社会保険料等の合計額を記入。源泉徴収簿の⑫⑬⑭欄を合計する
生命保険料の控除額を記入。源泉徴収簿の⑮欄を転記する
地震保険料の控除額を記入。源泉徴収簿の⑯欄を転記する
POINT
住宅借入金等特別控除（住宅ローン控除）がある場合に記入。源泉徴収簿の㉓欄を転記する。ただし、㉔欄が0の場合は㉒欄を転記する
令和X年分　給与所得の源泉徴収票
東京都中野区中野○○○○
タナカ　タロウ
田中　太郎
給与・賞与
6 000 000
4 360 000
3 502 584
0
380 000
1
2
1
社会保険料等の金額 1,099 584
生命保険料の控除額 105 000
地震保険料の控除額 48 000
住宅借入金等特別控除の額 42 850
新生命保険料の金額 157,000
介護医療保険料の金額 100,000
新個人年金保険料の金額 30,000
住宅借入金等特別控除適用数 1
居住開始年月日（1回目） 30 6 30
住宅借入金等特別控除区分（1回目） 住
住宅借入金等年末残高（1回目） 9,750,000
住宅借入金等特別控除可能額 97,500
タナカ　トモコ
配偶者の合計所得 550,000
国民年金保険料等の金額 199,080
タナカ　アキコ
田中　秋子
田中　春子
昭和 48 6 2
東京都新宿区新宿○○○○
株式会社ライトブレイン
03-0000-0000
生命保険料の金額を記入。給与所得者の保険料控除申告書から転記する
そのほかの生命保険料の金額を記入。給与所得者の保険料控除申告書から転記する
16歳未満の扶養親族を記入。扶養控除等（異動）申告書から転記する。16歳未満は原則として控除の対象外だが、記入は必要
POINT
住宅借入金等特別控除（住宅ローン控除）があって㉔欄（年調所得税額）が0の場合、この欄に「住宅借入金等特別控除可能額」（源泉徴収簿の㉓欄を転記）など内訳を記入する

10 書類の提出と納税

頻度	年1回	対象	12月まで勤務の役員・従業員	時期	1月

POINT

- 年末調整の計算結果の税額は翌年1月10日までに納付する
- 税務署と市区町村への提出期限は翌年1月31日まで

年末調整の計算が終わったら納税する

年末調整を計算し終えたら、計算結果にしたがって納税します。納付の期限は、通常月と同様に翌月の10日になるので、1月10日までに納付を済ませます。

年末調整では源泉徴収額に過不足が生じているので、納付書にその結果を記載します。超過している場合は「超過税額」欄に、不足している場合は「不足税額」欄に記入しましょう。

関係書類を提出する

納税とともに、関係書類を税務署と市区町村に提出しなければなりません。税務署に提出するのは、源泉徴収票と法定調書合計表です。源泉徴収票は従業員に交付したものと同じものですが、全員分を提出する必要はありません。源泉徴収票の提出が必要なのは、給与等の支払金額が150万円を超える役員などと決められています。

法定調書合計表とは、1年間に給与などで支払った、会社全体の総額と税額を記入する用紙です。

法定調書合計表のおもなポイントは、まず給与所得者の人数です。これは源泉徴収票を税務署に提出するかどうかを問わず、退職者も含めて全所得者の人数を記入します。また、そのうち源泉徴収額が0円の人数も書きます。事業種目を記入する欄がありますが、記入漏れが多いので注意しましょう。

市区町村には、給与支払報告書（個人別明細書）と**給与支払報告書（総括表）**を提出します。これは従業員の翌年の住民税を計算するために使われるので、従業員全員分を提出します。これらは会社の所在地ではなく、従業員の住所地の役場に送付するものです。

税務署、市区町村とも、翌年の1月31日までに提出しなければならないと決められています。

Keyword **給与支払報告書（総括表）** 住民税の特別徴収に関する手続きを行っていれば、12月以降に市区町村から送付されてくる。市区町村によっては多少仕様が異なる。

年末調整の提出先と提出する書類

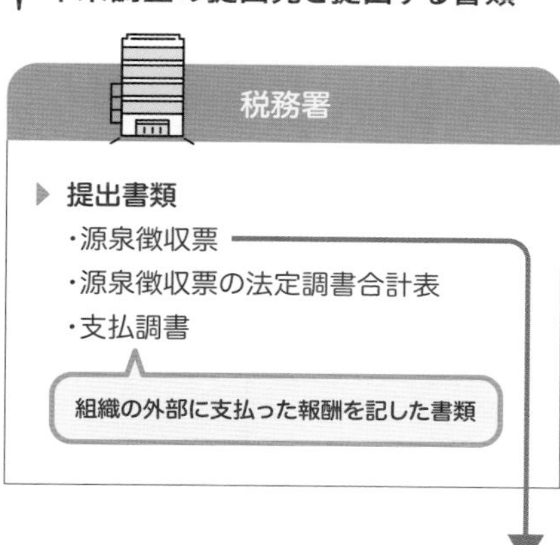

税務署
▶ 提出書類
・源泉徴収票
・源泉徴収票の法定調書合計表
・支払調書
組織の外部に支払った報酬を記した書類

市区町村役場

▶ 提出書類

・給与支払報告書（個人別明細書）

名称が違うが、内容は源泉徴収票と同じ

・給与支払報告書（総括表）

●源泉徴収票を税務署に提出する必要がある人

年末調整をした人	会社の役員、またはその年の役員だった人で、その年の給与等の支払金額が150万円を超える人
	弁護士、公認会計士、税理士等で、その年の給与等の支払金額が250万円を超える人（報酬ではなく、給与として支払う場合）
	上記以外の従業員で、その年の給与等の支払金額が500万円を超える人
年末調整をしなかった人	その年に退職した人で、その年の給与等の支払金額が250万円を超える人（役員の場合は50万円）
	災害のために源泉徴収の猶予を受けた人で、その年の給与等の支払金額が250万円を超える人（役員の場合は50万円）
	扶養控除等（異動）申告書を提出した人で、その年の給与等の支払金額が2000万円を超える人
	扶養控除等（異動）申告書を提出しなかった人で、その年の給与等の支払金額が50万円を超える人

金融機関で納税する

「源泉徴収税の納付書」を提出

「給与所得の源泉徴収票等の法定調書合計表」の記入例

書類内容	1年間に給与や報酬などで会社が支払った総額と源泉徴収税額を報告する書類
届出先	事業所管轄の税務署

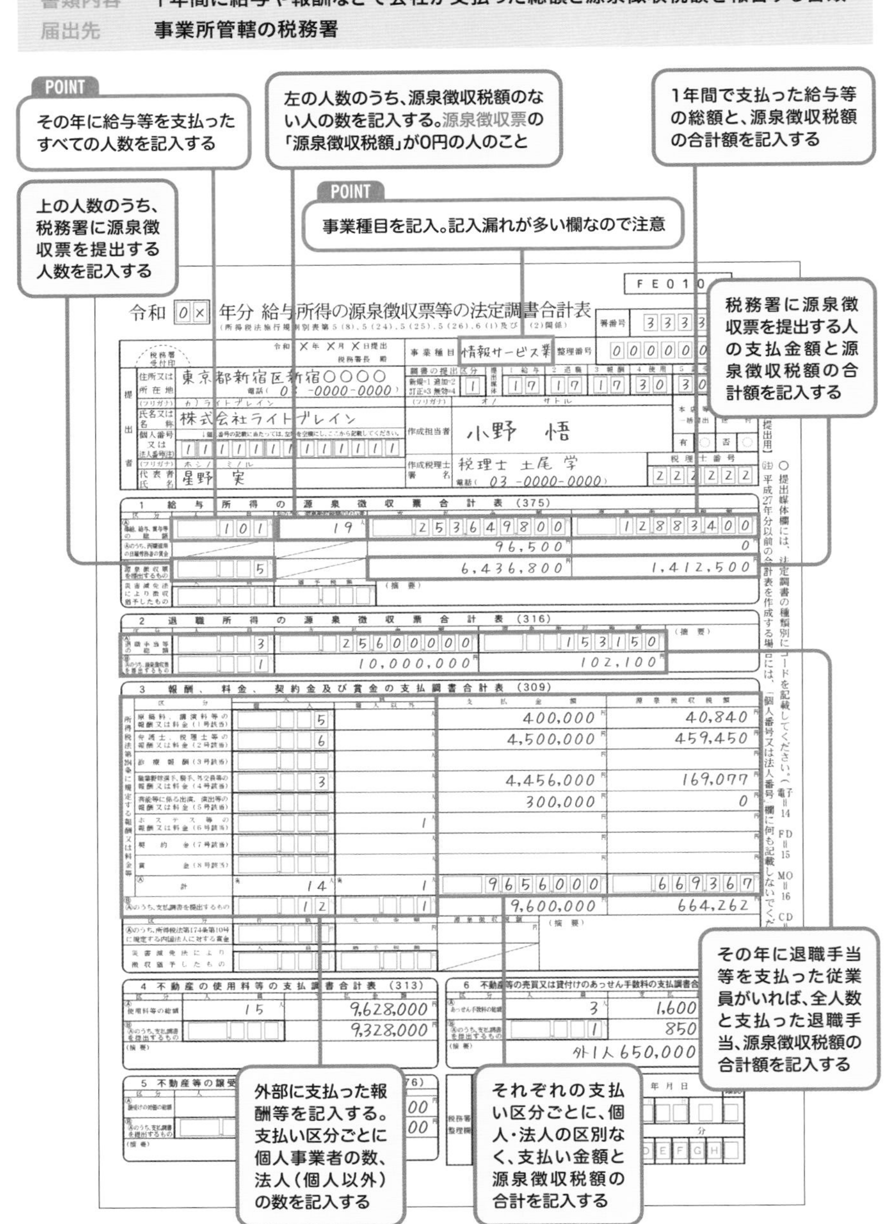

「給与支払報告書（総括表）」の記入例

書類内容	その市区町村に給与支払報告書（個人別明細書）を提出する従業員の数を報告する書類
届出先	従業員の居住地の市区町村役場

給与支払者の個人番号または法人番号を記入する

事業種目を記入する。記入漏れが多い欄なので注意

令和6年度（令和5年分）給与支払報告書（総括表）

追加 ・ 訂正

区長殿

令和 X 年 1 月 10 日提出

1 給与の支払期間	令和 X 年 1 月分から 12 月分まで	指定番号	00000000
2 給与支払者の個人番号又は法人番号	1 1 1 1 1 1 1 1 1 1 1 1	9 提出区分	(年間分)・退職者分
3 郵便番号	〒 160 −0022	10 給与支払の方法及び期日	月給 毎月25日
給与支払者所在地	東京都新宿区新宿○○○○	11 事業種目その他必要な事項	情報サービス業
4 郵便番号	〒 −	12 受給者総人員	101 名
書類送付先	同上	13 報告書人員 特別徴収給与天引	10 名
		普通徴収切替理由書の合計人数	2 名
5 フリガナ	カブシキガイシャ ライトブレイン	合計	12 名
名称（氏名）	株式会社ライトブレイン	14 所轄税務署	新宿 税務署
6 代表者の職氏名	代表取締役 星野 実		
7 担当者の連絡先	部署名 経理課　氏名 小野 悟 電話番号 03-0000-0000		
8 会計事務所等の名称	○○会計事務所 （ 03 ）0000−0000	15 納入書の送付	(要)・不要

※前職分給与を含めている場合は、前職分給与の額・支払者等を個人別明細書の摘要欄に記入してください。
※必ず個人別明細書を添付してください。
※普通徴収とする場合は、普通徴収切替理由書の提出が必要です。

1月1日現在の全社員数を、パートやアルバイトの人数も含めて記入する

税務署名を記入する。市区町村名ではないので注意

POINT

全社員数のうち、当該市区町村に給与支払報告書（個人別明細書）を提出する人数を記入する。給与支払報告書（個人別明細書）の数と一致するか確認

COLUMN 8

年末調整後に中途入社社員の源泉徴収票が届いたら

転職後1カ月以内に源泉徴収票交付が原則

転職してきた社員の年末調整をする際には、前の会社からの源泉徴収票が必要です。源泉徴収票がないと、1年間の給与の総額が確定しないため、所得税の過不足を計算できないからです。

原則として、前記務先から退職後1カ月以内に従業員に源泉徴収票が交付されます。受け取った従業員が転職先の会社に渡します。

しかし、提出がないまま年末調整の時期を迎えてしまうこともあります。従業員本人が受け取った源泉徴収票を転職先の会社に提出し忘れていたり、転職して日が浅いために、源泉徴収票が届かないうちに年末調整の時期を迎えてしまうこともあります。

年末調整後に届いたら、本人に確定申告をしてもらう

もし、給与計算の担当者が源泉徴収票の未提出を見逃して年末調整をしてしまった場合には、従業員自身が申告書を作成し、税務署に出向いて確定申告をしなくてはなりません。いわゆる個人事業主等が行っている手続きを従業員自身が行うことになります。

確定申告をしたことのない人にとっては簡単なことではありません。年末調整前に前勤務先での源泉徴収票を受け取っていないことに気づいたら、早めに提出してもらうようにお願いしましょう。

万が一、従業員が源泉徴収票を紛失してしまっている場合には、前勤務先に源泉徴収票の再発行をお願いしてもらいます。どうしても間に合わない場合は、対象となる従業員の年末調整作業は行わず、事情を説明したうえで、従業員本人に確定申告をしてもらうことになります。

なお、前記務先の対応に問題があり、何度依頼しても源泉徴収票を発行してくれないケースも想定されます。そういう場合には、税務署などに相談すれば、相手の会社に指導してもらうことも可能です。

第9章

年間スケジュールと社会保険の届け出・手続き

第9章では、給与計算にかかわる年間の作業スケジュールを把握していきます。6月に行う住民税の更新と労働保険の年度更新は複雑なので、しっかり理解しましょう。また、社会保険料の定時決定と随時改定、従業員が入社・退職したときの社会保険の資格取得・資格喪失についても説明します。社会保険の電子申請・税金の電子申告のやり方も紹介します。

01 給与計算にかかわる年間スケジュールを知ろう

頻度	ー	対象	ー	時期	ー

POINT
- 年間スケジュールを把握し、計画的に作業を行う
- 法律の改正などもあるのでその都度対応する

年間の作業スケジュールを把握する

毎月の給与計算には社会保険料や労働保険料などの料率がかかわってきますし、住民税の課税金額も年度ごとに変わってきます。こうしたことが年度のどの時期に決定されるのか、その際にどのような業務が発生するのかを理解しておくことは大切です。

第8章で説明したように、年が明けると前年の年末調整の結果を税務署と市区町村に報告することからはじまります。市区町村はこの報告を受けて新年度の住民税の税額を決め、5月になると市区町村から「住民税の特別徴収税額の決定・変更通知書」が送られてきます。これで新しい住民税額が決まりますので、6月の給与から反映させます。4月には、新入社員や昇給した従業員への対応があります。

臨時に発生する作業に対応する

6月から7月にかけては、「社会保険料に関する算定基礎届」と「労働保険料に関する年度更新」があります。両方とも7月10日が提出期限で、労働保険に関しては申告書の提出と一緒に保険料を納付します。6月には、賞与を支給する企業であれば賞与計算の作業も発生します。なお、社会保険料は9月に改訂されますので、翌月控除の場合、10月支給の給与から反映させます。社会保険料については、給与額の大幅な変更があれば年度の途中でも、保険料の改定手続きをしなければならないので、その都度変更を申請することになります。12月には年末調整の計算とともに、賞与があれば賞与計算も行います。

そのほか、中途入社や中途退職の都度、さまざまな業務が発生しますし、法律で保険料率が変わることもあるので、それに対応する必要もあります。

Keyword **賞与を支給** 賞与を支給する場合、日本年金機構と健康保険組合に支払い届けを提出する。

給与全般 健康保険 厚生年金 雇用保険 所得税 住民税

年間の作業スケジュール

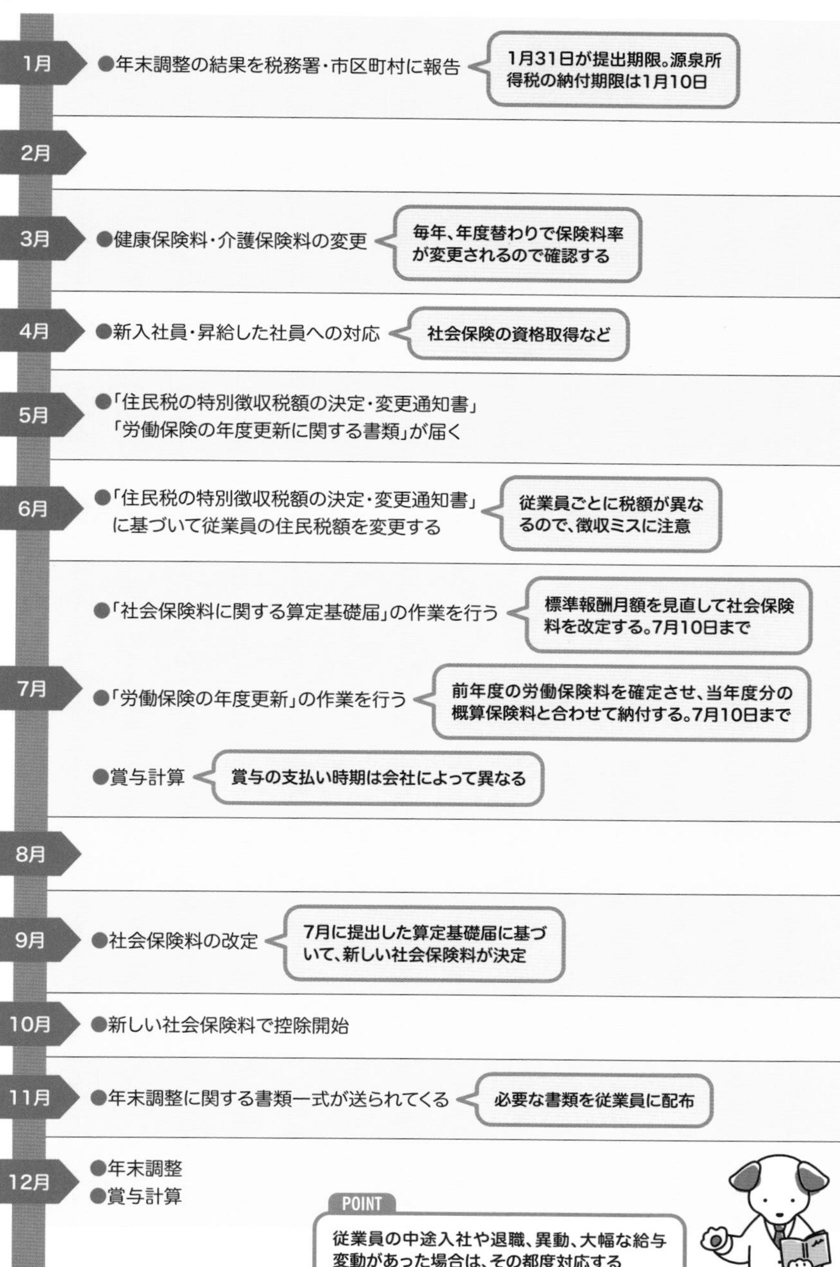

1月
●年末調整の結果を税務署・市区町村に報告
1月31日が提出期限。源泉所得税の納付期限は1月10日
2月
3月
●健康保険料・介護保険料の変更
毎年、年度替わりで保険料率が変更されるので確認する
4月
●新入社員・昇給した社員への対応
社会保険の資格取得など
5月
●「住民税の特別徴収税額の決定・変更通知書」「労働保険の年度更新に関する書類」が届く
6月
●「住民税の特別徴収税額の決定・変更通知書」に基づいて従業員の住民税額を変更する
従業員ごとに税額が異なるので、徴収ミスに注意
7月
●「社会保険料に関する算定基礎届」の作業を行う
標準報酬月額を見直して社会保険料を改定する。7月10日まで
●「労働保険の年度更新」の作業を行う
前年度の労働保険料を確定させ、当年度分の概算保険料と合わせて納付する。7月10日まで
●賞与計算
賞与の支払い時期は会社によって異なる
8月
9月
●社会保険料の改定
7月に提出した算定基礎届に基づいて、新しい社会保険料が決定
10月
●新しい社会保険料で控除開始
11月
●年末調整に関する書類一式が送られてくる
必要な書類を従業員に配布
12月
●年末調整
●賞与計算
POINT
従業員の中途入社や退職、異動、大幅な給与変動があった場合は、その都度対応する

02 住民税の更新の通知（6月）

頻度	年1回	対象	役員・従業員	時期	6月

POINT

- 5月に新しい住民税額の通知書が送られてくる
- 住民税の通知書は従業員にも交付する

住民税の税額は6月から新しくなる

従業員の住民税は、会社が給与から天引き（特別徴収）して毎月支払うことが原則として義務づけられていますが、住民税は前年の所得によって決まるので、毎年税額が変わります。

その年の住民税が決まるのが5月です。5月になると、従業員の居住地の各市区町村から住民税の特別徴収税額の決定・変更通知書と納付書が送られてきます。この通知書に記載された住民税額を6月の給与から反映させます。住民税には道府県民税（東京都は都民税）と区市町村民税がありますが、2つを合わせたものが通知されます。

特別徴収税額の決定・変更通知書は会社用と納税者用の2通が同封されています。住民ローンを申し込んだりするときに通知書の提出が必要な場合もあるので、納税者用の通知書は従業員に渡しましょう。

住民税は市区町村、所得によって変わってくる

届いた通知書をもとに、6月以降の給与から住民税を控除していくことになります。基本的に、住民税は毎月同額を控除していきますが、1年分の住民税を12カ月で割り、端数は6月分の住民税に加えて徴収することになります。そのため、7月以降と6月の控除額が異なるので通知書をよく確認することが必要です。

住民税は市区町村ごとに違いますし、従業員の所得によっても変わってきます。徴収漏れだけでなく、税額を間違えて徴収していないかもしっかり確認しましょう。

また、従業員から住民税を控除するとともに、同封の納付書にて各市区町村に納税を済ませます。

Keyword **特別徴収**　毎月の給与から月割りで天引きすること。会社員は住民税を原則として特別徴収で納付することになっている。

「特別徴収税額の決定・変更通知書（納税義務者用）」の見方

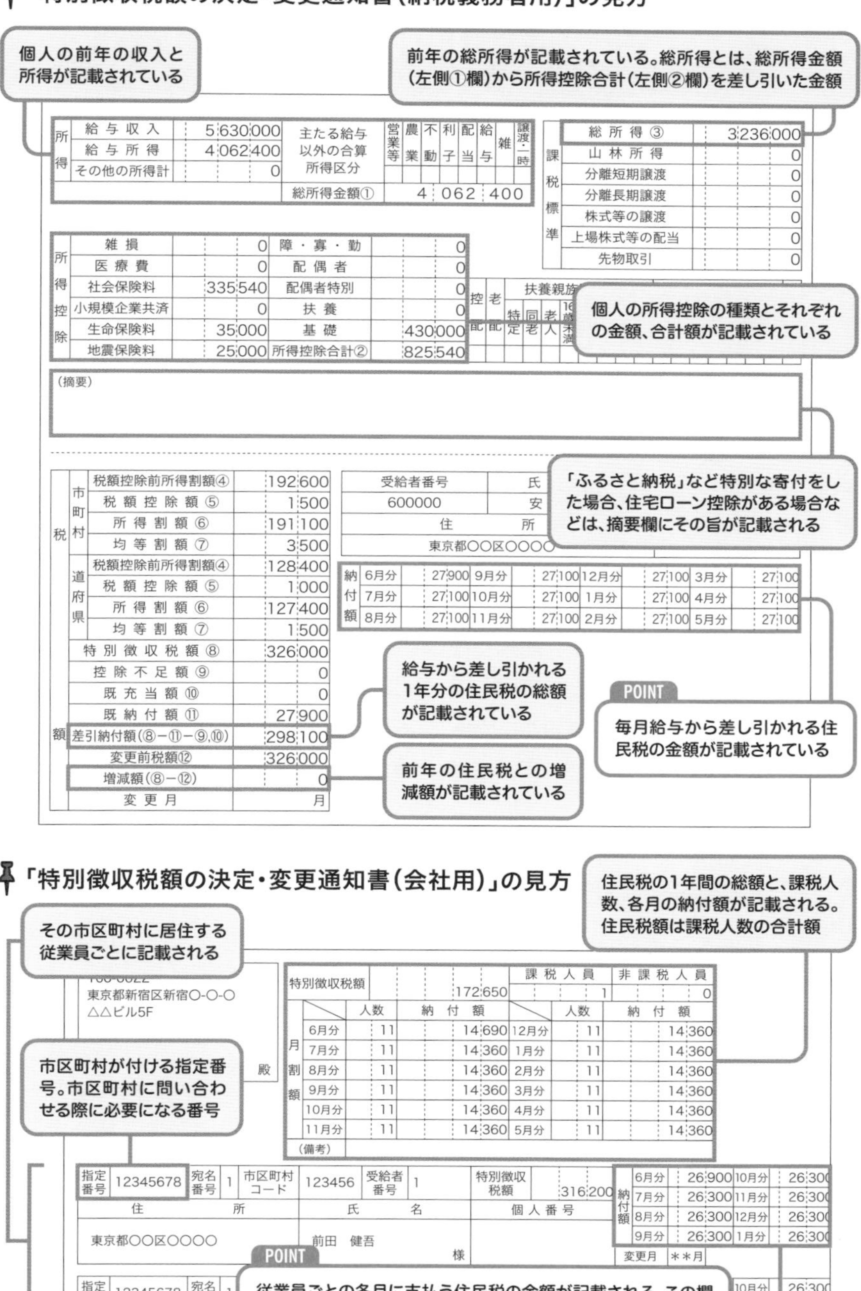

前年の総所得が記載されている。総所得とは、総所得金額（左側①欄）から所得控除合計（左側②欄）を差し引いた金額

所得		主たる給与以外の合算所得区分	
給与収入	5630000		
給与所得	4062400		
その他の所得計	0		
		総所得金額①	4062400

課税標準	
総所得③	3236000
山林所得	0
分離短期譲渡	0
分離長期譲渡	0
株式等の譲渡	0
上場株式等の配当	0
先物取引	0

所得控除			
雑損	0	障・寡・勤	0
医療費	0	配偶者	0
社会保険料	335540	配偶者特別	0
小規模企業共済	0	扶養	0
生命保険料	35000	基礎	430000
地震保険料	25000	所得控除合計②	825540

（摘要）

税額		
市町村	税額控除前所得割額④	192600
	税額控除額⑤	1500
	所得割額⑥	191100
	均等割額⑦	3500
道府県	税額控除前所得割額④	128400
	税額控除額⑤	1000
	所得割額⑥	127400
	均等割額⑦	1500
	特別徴収税額⑧	326000
	控除不足額⑨	0
	既充当額⑩	0
	既納付額⑪	27900
	差引納付額（⑧−⑪−⑨,⑩）	298100
	変更前税額⑫	326000
	増減額（⑧−⑫）	0
	変更月	月

受給者番号 600000　氏　安
住所 東京都○○区○○○○

納付額							
6月分	27900	9月分	27100	12月分	27100	3月分	27100
7月分	27100	10月分	27100	1月分	27100	4月分	27100
8月分	27100	11月分	27100	2月分	27100	5月分	27100

「特別徴収税額の決定・変更通知書（会社用）」の見方

住民税の1年間の総額と、課税人数、各月の納付額が記載される。住民税額は課税人数の合計額
その市区町村に居住する従業員ごとに記載される
市区町村が付ける指定番号。市区町村に問い合わせる際に必要になる番号
「ふるさと納税」など特別な寄付をした場合、住宅ローン控除がある場合などは、摘要欄にその旨が記載される
POINT
従業員ごとの各月に支払う住民税の金額が記載される。この欄に記載されている税額を、毎月の給与から徴収することになる

東京都新宿区新宿○-○-○
△△ビル5F
殿

特別徴収税額	172650	課税人員	1	非課税人員	0
月割額	人数	納付額		人数	納付額
6月分	11	14690	12月分	11	14360
7月分	11	14360	1月分	11	14360
8月分	11	14360	2月分	11	14360
9月分	11	14360	3月分	11	14360
10月分	11	14360	4月分	11	14360
11月分	11	14360	5月分	11	14360

（備考）

指定番号	宛名番号	市区町村コード	受給者番号	特別徴収税額
12345678	1	123456	1	316200

住所	氏名	個人番号
東京都○○区○○○○	前田　健吾　様	

納付額			
6月分	26900	10月分	26300
7月分	26300	11月分	26300
8月分	26300	12月分	26300
9月分	26300	1月分	26300

変更月 ＊＊月

指定番号 12345678　宛名番号 1　住

03 労働保険の年度更新の申告と納付（6月）

頻度	年1回	対象	従業員	時期	6月

POINT

- 労働保険の年度更新は毎年6月1日〜7月10日
- 管轄の労働局から送られてくる申告書を提出し、納付する

労働保険は年に1回申告と納付を行う

農林水産業の一部を除き、労働者を1人でも雇っていれば、会社は労災保険と雇用保険に加入しなければなりません（パート・アルバイトも含む）。労災保険と雇用保険を合わせて労働保険といい、一括して支払います。労災保険料は会社が全額負担し、雇用保険料は会社と従業員がそれぞれ負担します。労働保険料は、毎年4月1日から翌年3月31日までの1年間に支払う予定の賃金から概算保険料を算出し、年度当初に申告・納付します。そして翌年度に実際に支払った賃金から保険料を確定させて（確定保険料）、概算保険料との差額を精算します。その際に、翌年度の概算保険料を申告・納付しますが、これを労働保険の年度更新といいます。年度更新は原則として、毎年6月1日から7月10日までの間に行わなければなりません。

労働保険の対象者と対象賃金に注意する

5月下旬になると、管轄の都道府県労働局から、労働保険年度更新の申告書が送られてきます。この申告書に今年度と翌年度の確定保険料と概算保険料を記入します。その際に、労働保険の対象となる従業員をピックアップします。原則として賃金を支払っている従業員すべてが対象ですが、派遣労働者は対象外ですし、役員も原則として対象外です。パートやアルバイトの中には雇用保険の対象にならない従業員もいます。退職者がいる場合は、在籍していた期間は対象になります。

次に、労働保険料の対象となる賃金にも注意が必要です。保険料の対象となるのは、税金や社会保険料などを控除する前の総賃金額です。賃金には通勤手当などの非課税支給も含みますが、役員報酬や退職金、出張手当などは含まれません。

Keyword **雇用保険**　労働者が退職、あるいは失業した際に「失業給付」を受け取るための保険。失業者を金銭的にサポートし、再就職を支援する役割がある。

労働保険の対象者

区分	労災保険	雇用保険
基本的な考え方	常用、日雇い、パート、アルバイトなど、名称や雇用形態にかかわらず、賃金を支払っているすべての従業員が対象	常用、パート、アルバイトなど、名称や雇用形態にかかわらず、1週間の所定労働時間が20時間以上であり、かつ31日以上の雇用の見込みがある場合が対象。ただし、以下の従業員は対象外 ・4カ月以内の期間を定めて雇用される季節労働者 ・1週間の所定労働時間が20時間未満の労働者 ・昼間アルバイト学生、および臨時内職的に雇用される労働者
法人の役員（取締役）	代表権・業務執行権を有する役員は対象外。ただし、以下の場合は対象 ・事実上業務施行権を有する取締役や理事などの指揮監督を受けて労働に従事して賃金を得ている場合 ・事実上、一般の労働者と同様に賃金を得て労働に従事している監査役と監事	原則対象外。ただし、取締役と同時に部長や工場長などの従業員としての身分を有し、労働者的性格の強い場合は対象（この場合、役員報酬の部分は保険料の対象とはならない）
事業主と同居している親族	原則対象外。ただし、以下の要件を満たしている場合は対象 ・事業主の指揮命令に従って業務をしていることが明確である ・就労の実態がほかの労働者と同様であり、賃金もこれに応じて支払われている	原則対象外。ただし、以下の要件を満たし、ハローワークに雇用の実態を確認できる書類等を提出している場合は対象 ・事業主の指揮命令に従って業務をしていることが明確である ・就労の実態がほかの労働者と同様であり、賃金もこれに応じて支払われていること ・事業主と利益を一にする地位（役員等）にないこと
出向労働者	対象外	出向元と出向先の2つの雇用関係を有する場合は、その者が生計を維持するのに必要な主たる賃金を受けているほうの雇用関係についてのみ対象（被保険者）
派遣労働者	対象外	対象外
日雇労働者	すべて対象	雇用保険日雇労働被保険者でない日雇労働者は対象外

出典：「令和4年度労働保険年度更新申告書の書き方」（厚生労働省）より作成

ONE

複数の事業所で働く65歳以上が対象 雇用保険マルチジョブホルダー制度とは？

複数の事業所で働く65歳以上の労働者で、2つの事業所（1つの事業所における所定労働時間が5時間以上20時間未満）の労働時間を合計して、1週間の所定労働時間が20時間以上で、2つの事業所のそれぞれの雇用見込みが31日以上の場合、労働者本人がハローワークに申し出を行えば、特例的に雇用保険の被保険者となることができます。

労働保険の年度更新の流れ

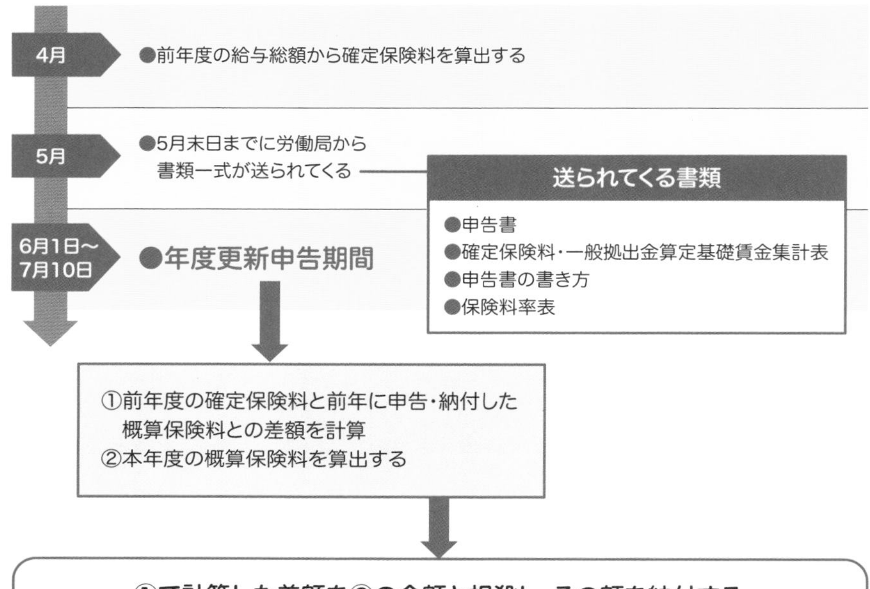

4月
●前年度の給与総額から確定保険料を算出する
5月
●5月末日までに労働局から
書類一式が送られてくる
送られてくる書類
●申告書
●確定保険料・一般拠出金算定基礎賃金集計表
●申告書の書き方
●保険料率表
6月1日〜
7月10日
●年度更新申告期間
①前年度の確定保険料と前年に申告・納付した
概算保険料との差額を計算
②本年度の概算保険料を算出する
①で計算した差額を②の金額と相殺し、その額を納付する

申告書の提出と保険料の納付

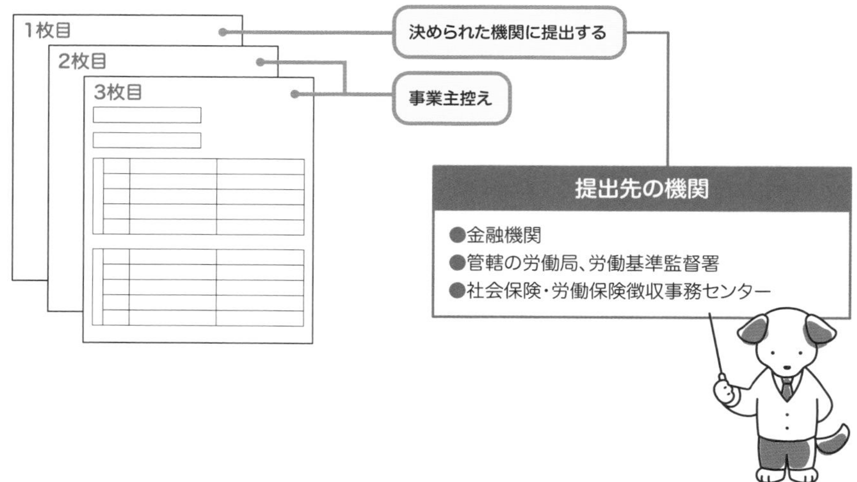

「労働保険 概算・増加概算・確定保険料申告書（様式第６号）」の記入例

書類内容　労働保険料の申告・納付を行う際に提出する書類

届出先　銀行などの金融機関、事業所管轄の労働局または労働基準監督署

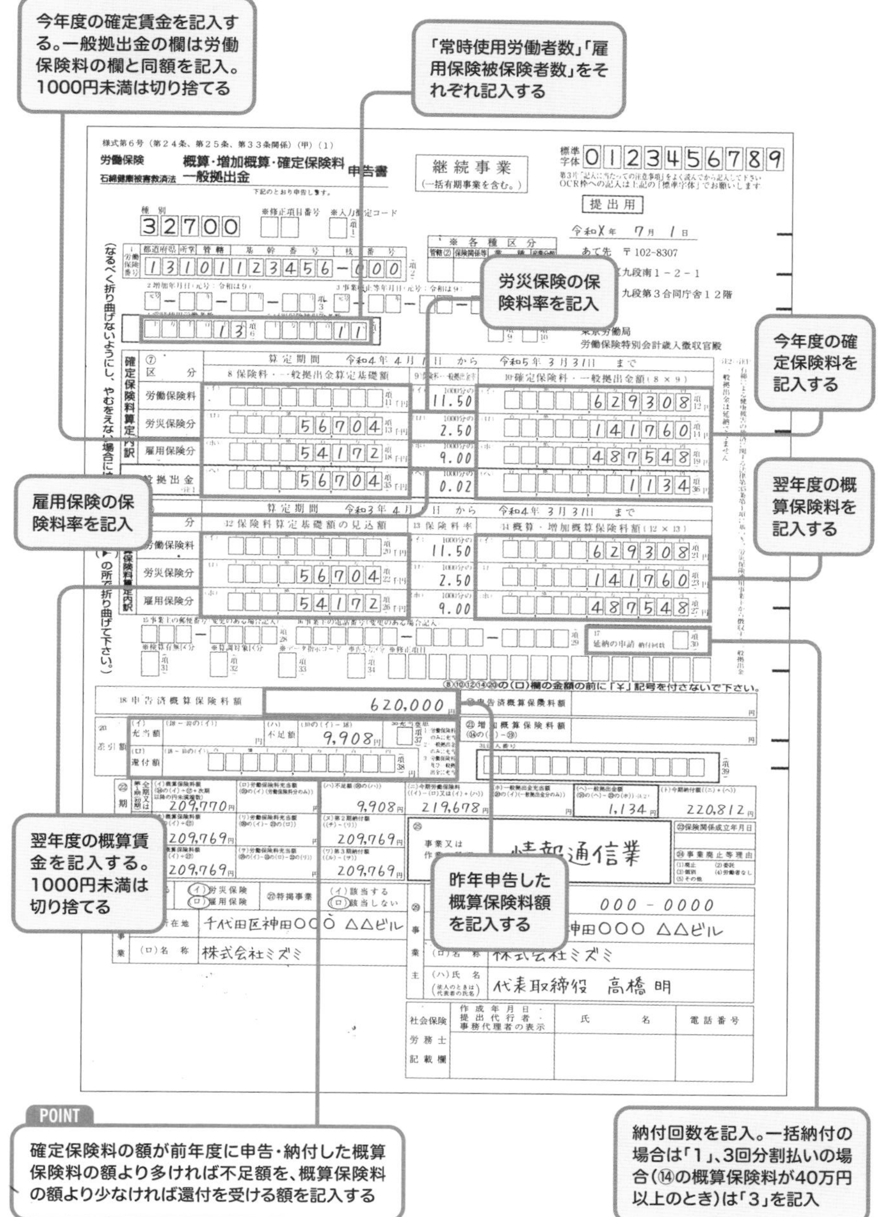

様式第６号（第２４条、第２５条、第３３条関係）（甲）（１）

労働保険　概算・増加概算・確定保険料 申告書
石綿健康被害救済法　一般拠出金

継続事業（一括有期事業を含む。）

標準字体 0123456789

提出用

種別 32700

令和X年 7月 1日

あて先 〒102-8307 千代田区九段南１－２－１ 九段第３合同庁舎１２階

東京労働局 労働保険特別会計歳入徴収官殿

労働保険番号 13101123456-000

常時使用労働者数 13　雇用保険被保険者数 11

確定保険料算定内訳	算定期間 令和4年4月1日 から 令和5年3月31日 まで		
⑦区分	⑧保険料・一般拠出金算定基礎額	⑨保険料率・一般拠出金率	⑩確定保険料・一般拠出金額（⑧×⑨）
労働保険料		1000分の 11.50	629308
労災保険分	56704	1000分の 2.50	141760
雇用保険分	54172	1000分の 9.00	487548
一般拠出金	56704	1000分の 0.02	1134

概算・増加概算保険料算定内訳	算定期間 令和5年4月1日 から 令和6年3月31日 まで		
区分	⑫保険料算定基礎額の見込額	⑬保険料率	⑭概算・増加概算保険料額（⑫×⑬）
労働保険料		1000分の 11.50	629308
労災保険分	56704	1000分の 2.50	141760
雇用保険分	54172	1000分の 9.00	487548

⑰延納の申請 納付回数

⑧⑩⑫⑭⑳の（ロ）欄の金額の前に「￥」記号を付さないで下さい。

⑱申告済概算保険料額 620,000円

⑳差引額（ハ）不足額 9,908円

㉒期別			
第1期	（イ）概算保険料額 209,770円	（ハ）不足額 9,908円	（ニ）労働保険料充当額 219,678円 / （ヘ）一般拠出金額 1,134円 / （ト）今期納付額 220,812円
第2期	（チ）概算保険料額 209,769円	（ヌ）第2期納付額 209,769円	
第3期	（ル）概算保険料額 209,769円	（ワ）第3期納付額 209,769円	

㉓事業又は作業の種類 情報通信業

㉕加入している労働保険 （イ）労災保険 （ロ）雇用保険

㉖特掲事業 （イ）該当する （ロ）該当しない

㉗事業 （イ）所在地 千代田区神田〇〇〇 △△ビル　（ロ）名称 株式会社ミズミ

㉘事業主 〒000－0000 （イ）住所 千代田区神田〇〇〇 △△ビル　（ロ）名称 株式会社ミズミ　（ハ）氏名 代表取締役 高橋 明

社会保険労務士記載欄　作成年月日・提出代行者・事務代理者の表示　氏名　電話番号

今年度の確定賃金を記入する。一般拠出金の欄は労働保険料の欄と同額を記入。1000円未満は切り捨てる
「常時使用労働者数」「雇用保険被保険者数」をそれぞれ記入する
労災保険の保険料率を記入
今年度の確定保険料を記入する
翌年度の概算保険料を記入する
雇用保険の保険料率を記入
翌年度の概算賃金を記入する。1000円未満は切り捨てる
昨年申告した概算保険料額を記入する
POINT
確定保険料の額が前年度に申告・納付した概算保険料の額より多ければ不足額を、概算保険料の額より少なければ還付を受ける額を記入する
納付回数を記入。一括納付の場合は「1」、3回分割払いの場合（⑭の概算保険料が40万円以上のとき）は「3」を記入

04 4・5・6月の給与に基づき社会保険料の定時決定を行う

頻度	年1回	対象	役員・従業員	時期	7月

POINT

- 毎年1回、標準報酬月額を見直さなければならない
- 対象の全従業員の見直しを7月に申請する

標準報酬月額の見直し作業を「定時決定」という

健康保険や厚生年金などの社会保険料の計算に必要な標準報酬月額は、毎年7月に見直さなければならないことになっています。昇給していると、標準報酬月額が変化する可能性があるためです。

この標準報酬月額の見直しを「定時決定」といいます。見直した結果は、7月1日から7月10日までの間に、管轄の年金事務所または健康保険組合に申請します。期限が短いので、計画的に準備しておくことが大切です。

定時決定で申請した標準報酬月額にしたがい、9月に新たな保険料が決まります。

実際に支払った給与が対象となる

定時決定の対象となるのは、原則として7月1日時点で所属している従業員のうち、社会保険に加入している人全員です。厚生年金保険の資格を喪失する70歳以上の従業員も対象となるので注意しましょう。

ただし、例外もあります。6月1日以降に中途入社した人や6月30日以前に退職した人、7月から9月の間に随時改定する予定の人は対象外となります（随時改定については264ページを参照）。標準報酬月額を求めるには、4月から6月の支払い給与額の月平均（報酬月額）を計算します。

ここで注意したいのが、対象となるのは、実際に4月から6月に支払われた給与である点です。たとえば、20日締め・翌月5日払いの場合、3月分の給与を4月に、4月分を5月に、5月分を6月に支払います。このとき、報酬月額算出の対象となるのは、実際に4月から6月に支払われた（3月分から5月分の）給与の額になります。

Keyword 社会保険に加入　社会保険の適用事業所で常時働いている人は加入義務がある。法改正により2024年10月から社会保険への加入が義務化される従業員の範囲が広がる（63ページ）。

給与全般 健康保険 厚生年金 雇用保険 所得税 住民税

定時決定と適用期間

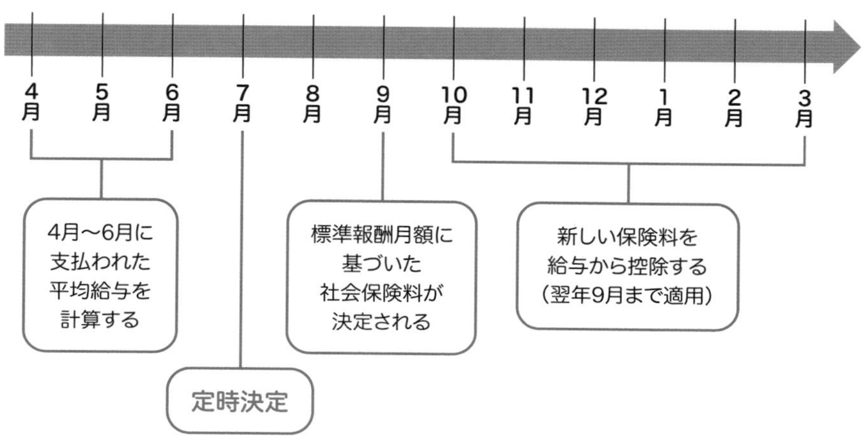

算定対象月と算定方法

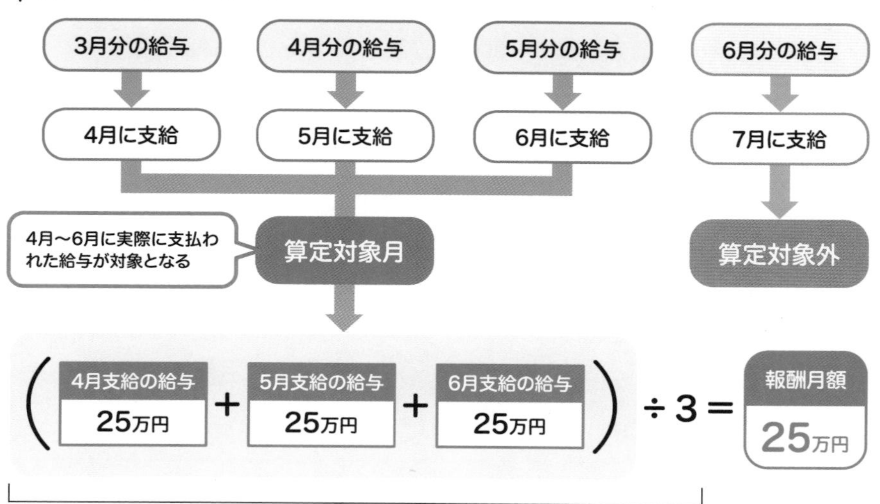

算定基礎届の対象にならない人

6月1日以降に中途入社した従業員	6月30日以前に退職した従業員	7月～9月に随時改定が予定されている従業員

給与には諸手当や現物支給のものも含まれる

報酬月額を計算するときの給与は基本給だけではありません。残業代や通勤手当など、固定的に支払われる諸手当も含まれます。

また、通勤定期券や食事、住宅などを提供していれば、それらを時価で換算して加算します。

食費と住宅については、1日あたりの食費や1カ月あたりの住宅費が都道府県別に決められているので、それらを適用し（現物給与価額といいます）、通勤定期券や自社製品などは実費を加算します。

一方で、加算しないものもあります。賞与（年3回以内）や退職金、祝金や見舞金などは対象外です。

月給制の標準報酬月額の計算方法

4〜6月支給の給与のうち報酬月額の計算対象となるのは、原則、支払基礎日数が17日以上の月です。

支払基礎日数の数え方は給与制度によって異なります。月給制（欠勤控除制度なし）の場合、「支払基礎日数＝暦日数」となります。たとえば、3月分の給与を4月に支払った場合、4月の支払基礎日数は31日（3月の暦日数）です。一方、月給制（欠勤控除制度あり）の場合、「所定日数－欠勤日数」となります。

4、5、6月に支払基礎日数が17日未満の月があった場合、その月を除く残りの月の報酬で算定します。たとえば、4月の支払基礎日数が15日だった場合は、5月と6月の2カ月の合計額を使って平均額を出します。6月だけ17日超の場合、6月の支払い額を標準報酬月額とします。

17日超の月がひとつもないときは、従前の報酬月額で算定します。

なお、4月に中途入社した場合は、5月と6月の2カ月分で計算します。

パートタイマーやアルバイトの標準報酬月額の計算方法

パートタイマーは正社員と扱いが異なります。まず、支払基礎日数は出勤日数で計算します。

4、5、6月で支払基礎日数が17日以上の月がある場合は、月給制と同じく該当する月の報酬月額を合計して平均した額を標準報酬月額とします。

4、5、6月とも支払基礎日数が17日未満の場合は、15日以上の月の報酬月額の平均を報酬月額とします。

15日以上の月もないときは、従前の標準報酬月額で算定します。

Keyword **現物給与価額**　標準報酬月額を求める際に、現物で支給したものも時価に換算して合算するために食費と住宅費の時価を示したもの。日本年金機構が毎年発表している。

報酬月額の計算に使用する給与の範囲

支給形態	給与に含まれるもの	給与に含まれないもの
金銭で支給されるもの	・基本給、能率給、奨励給 ・役付手当、職階手当、特別勤務手当、勤務地手当、物価手当、日直手当、宿直手当、家族手当、扶養手当、休職手当、通勤手当、住宅手当、別居手当、早出残業手当などの諸手当 ・継続支給する見舞金 ・年4回以上の賞与など	・大入袋 ・見舞金(結婚、災害、病気など) ・解雇予告手当 ・退職金 ・傷病手当金 ・出張旅費 ・交際費 ・労災保険の休業補償給付 ・年3回以下の賞与など
現物で支給されるもの	・通期定期券、回数券 ・食事、食券 ・社宅、社員寮 ・被服(勤務服でないもの) ・自社製品など	・制服、作業着(業務に要するもの) ・見舞品 ・食事(本人の負担額が、厚生労働大臣が定める価額により算定した額の3分の2以上の場合)など

支払基礎日数と算定対象月

●正社員、欠勤控除なしの例

支払基礎日数が17日以上の月数	支払基礎日数			報酬月額
	4月	5月	6月	
3カ月とも	31日	30日	31日	(4月支払いの給与額+5月支払いの給与額+6月支払いの給与額)÷3
2カ月	15日	17日	20日	(5月支払いの給与額+6月支払いの給与額)÷2
1カ月のみ	15日	16日	17日	6月支払いの給与額
なし	16日	16日	16日	従前の標準報酬月額を適用する

●パートタイマーの例

支払基礎日数	支払基礎日数			報酬月額
	4月	5月	6月	
3カ月とも17日以上	17日	18日	17日	(4月支払いの給与額+5月支払いの給与額+6月支払いの給与額)÷3
2カ月が17日以上	15日	18日	17日	(5月支払いの給与額+6月支払いの給与額)÷2
1カ月が17日以上	15日	16日	17日	6月支払いの給与額
2カ月が15日以上	15日	7日	16日	(4月支払いの給与額+6月支払いの給与額)÷2
1カ月が15日以上	7日	15日	10日	5月支払いの給与額
15日以上の月なし	7日	14日	10日	従前の標準報酬月額を適用する

05 算定基礎届を作成して提出する(7月)

頻度	年1回	対象	役員・従業員	時期	7月

POINT

- 7月1日から7月10日までの間に提出する
- パートやアルバイトの扱いに注意

算定基礎届を提出しなければならない

定時決定は自社で計算しただけでは終わりません。その結果を年金事務所や健康保険組合に提出しなければなりません。これを算定基礎届といいます。すでに述べましたが、毎年7月1日から7月10日までの提出が義務づけられています。この内容に基づいて新しい保険料が決まります。

算定基礎届は、6月中に年金事務所や健康保険組合から用紙が送られてくるので、そちらに記入します。送られてきた時点で、5月中旬頃までに届け出された従業員の氏名、生年月日、前年の標準報酬月額が印字されています。

パートやアルバイトの日数に注意

算定基礎届に記入する際、いくつかの注意ポイントがあります。前節で述べたように、まず、パートやアルバイトの扱いです。原則として労働日は17日以上の月が計算対象になります。ただし、パートの場合は3カ月すべてが17日未満でも、15日・16日の月があれば、その月が対象となります。

標準報酬月額は4月から6月までの給与から求めた報酬月額で決定しますが、この時期が繁忙期に重なる業種の場合、残業代などがこの時期だけ突出することになってしまうこともあります。この場合、4月から6月までを平均した報酬月額と、年間の平均額から算出した報酬月額を比較し、2等級以上の差がある場合は年間の平均額を使うことができます(ただし、申立書等の提出が必要)。

算定基礎届は年金事務所や健康保険組合に提出しますが、資本金が1億円を超える会社は電子申請で提出しなければなりません。今後は資本金の額が引き下げられることも考えられるので、今から電子申請に対応しておくのもいいでしょう。

Keyword **申立書** 繁忙期の特例を受けたい場合、年間報酬の平均で算定することの申立書と「被保険者の同意」が必要となる。

「健康保険・厚生年金保険 被保険者報酬月額算定基礎届」の記入例

書類内容 社会保険の定時決定を行うときに提出する書類

届出先 事業所管轄の年金事務所・年金事務センターまたは健康保険組合

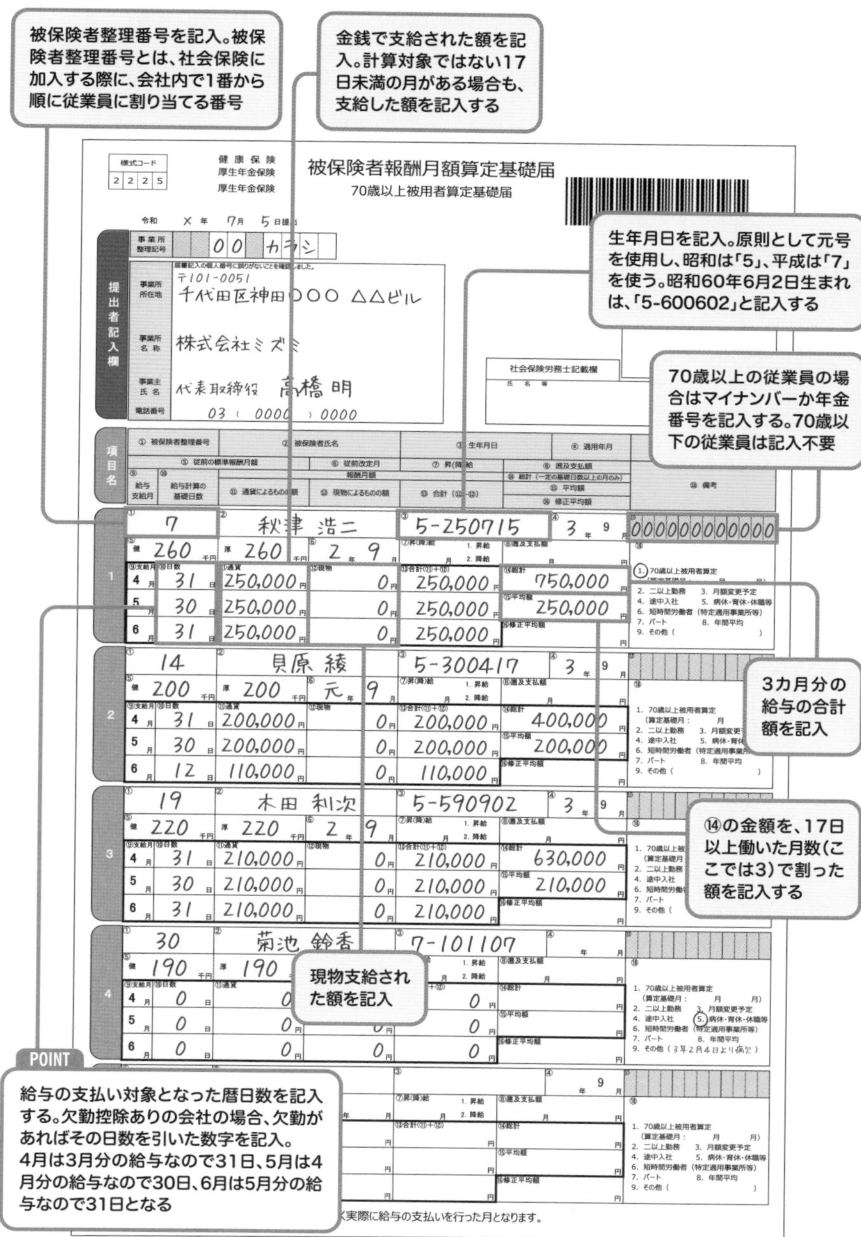

被保険者整理番号を記入。被保険者整理番号とは、社会保険に加入する際に、会社内で1番から順に従業員に割り当てる番号
金銭で支給された額を記入。計算対象ではない17日未満の月がある場合も、支給した額を記入する
生年月日を記入。原則として元号を使用し、昭和は「5」、平成は「7」を使う。昭和60年6月2日生まれは、「5-600602」と記入する
70歳以上の従業員の場合はマイナンバーか年金番号を記入する。70歳以下の従業員は記入不要
3カ月分の給与の合計額を記入
⑭の金額を、17日以上働いた月数(ここでは3)で割った額を記入する
現物支給された額を記入
POINT
給与の支払い対象となった暦日数を記入する。欠勤控除ありの会社の場合、欠勤があればその日数を引いた数字を記入。4月は3月分の給与なので31日、5月は4月分の給与なので30日、6月は5月分の給与なので31日となる

様式コード 2225

健康保険 厚生年金保険 厚生年金保険

被保険者報酬月額算定基礎届
70歳以上被用者算定基礎届

令和 X年 7月 5日提出

提出者記入欄
事業所整理記号 00 カラシ
事業所所在地 〒101-0051 千代田区神田〇〇〇 △△ビル
事業所名称 株式会社ミズミ
事業主氏名 代表取締役 高橋 明
電話番号 03(0000)0000

社会保険労務士記載欄 氏名等

①被保険者整理番号	②被保険者氏名	③生年月日	④適用年月	⑤従前の標準報酬月額	⑥従前改定月	⑨給与支給月	⑩給与計算の基礎日数	⑪通貨によるものの額	⑫現物によるものの額	⑬合計(⑪+⑫)	⑭総計	⑮平均額	⑱備考
7	秋津 浩二	5-250715	3年9月	健260千円 厚260千円	2年9月	4月	31日	250,000円	0円	250,000円	750,000円	250,000円	⑰000000000000
						5月	30日	250,000円	0円	250,000円			
						6月	31日	250,000円	0円	250,000円			
14	貝原 綾	5-300417	3年9月	健200千円 厚200千円	元年9月	4月	31日	200,000円	0円	200,000円	400,000円	200,000円	
						5月	30日	200,000円	0円	200,000円			
						6月	12日	110,000円	0円	110,000円			
19	木田 利次	5-590902	3年9月	健220千円 厚220千円	2年9月	4月	31日	210,000円	0円	210,000円	630,000円	210,000円	
						5月	30日	210,000円	0円	210,000円			
						6月	31日	210,000円	0円	210,000円			
30	菊池 鈴香	7-101107		健190千円 厚190		4月	0日	0		0円			5. 病休・育休・休職等 9. その他(3年2月4日より病欠)
						5月	0日	0円		0円			
						6月	0日	0円		0円			

⑱備考: 1. 70歳以上被用者算定(算定基礎月: 月 月) 2. 二以上勤務 3. 月額変更予定 4. 途中入社 5. 病休・育休・休職等 6. 短時間労働者(特定適用事業所等) 7. パート 8. 年間平均 9. その他( )

…く実際に給与の支払いを行った月となります。

06 入社した従業員の社会保険と雇用保険の資格を取得する

頻度	発生の都度	対象	新入社員	時期	入社後5日以内

POINT
- 健康保険と厚生年金保険の手続きは一緒にできる
- 雇用保険資格取得届はハローワークに提出する

社会保険の加入手続きは入社後5日以内

中途入社などで従業員を新しく雇った場合、その従業員の社会保険（健康保険・厚生年金保険）と雇用保険への加入手続きを行います（加入対象については右ページ）。社会保険と雇用保険に加入することを「資格取得」といい、それぞれの資格取得届を各機関に提出することになります。

健康保険と厚生年金保険の加入手続きは、入社してから5日以内に行わなければならないので速やかに対応する必要があります。雇用保険の手続き期限は入社日から翌月10日までですが、一緒に手続きしたほうがいいでしょう。

資格取得届を各機関に提出する

健康保険と厚生年金保険の資格取得は、協会けんぽの場合は同時に行うことができます。また、健康保険組合も場合によっては年金事務所へ回送してくれるケースもあるので確認しておきましょう。手続きを行うためには被保険者資格取得届を年金事務所に提出します。取得年月日欄には入社日を記入し、報酬月額欄には交通費や残業見込み額などを含めた額を記入します。個人番号欄に従業員のマイナンバーを記入すれば、当該従業員の住所の記入を省略することができます。そのほかに添付書類などはないので、資格取得届を提出するだけです。

雇用保険への加入は、雇用保険被保険者資格取得届を管轄のハローワークに提出します。届け出には雇用保険被保険者番号を記入する欄があるので、従業員から**雇用保険被保険者証**を提出してもらいます。正社員を雇う場合はほぼ間違いなく雇用保険に加入することになりますが、パートやアルバイトは労働時間が週20時間以上で、31日以上雇用見込みの人が加入対象となります（62ページ）。

Keyword **雇用保険被保険者証**　雇用保険に加入していることを証明するもので、退職時に会社が本人に手渡すケースが多い。本来、会社が保管する義務はないが、会社が保管している場合が多い。

社会保険の加入要件

正社員

週の所定労働時間数および月の所定労働日数が正社員の**4分の3以上**のパート・アルバイト

以下の要件をすべて満たせば、労働時間・労働日数が4分の3未満でもよい

- □ 週の所定労働時間が**20時間以上**である
- □ 雇用期間が**2カ月を超える**見込みがある
- □ 賃金月額が**8.8万円以上**である
- □ 学生ではない（夜間・定時制等は除く）

適用事業所は従業員100人超（2024年10月から50人超）

雇用保険の加入要件

- □ 雇用期間が**31日以上**の見込みがある
- □ 週の所定労働時間が**20時間以上**である
- □ 学生ではない（夜間・定時制等は除く）

POINT
内定企業で働く学生で、その後もその会社で働く予定であれば対象となることがある

資格取得届の提出

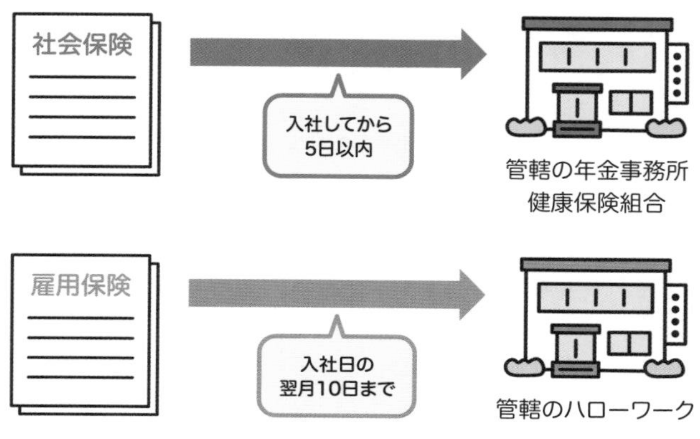

POINT
社会保険・雇用保険ともに提出するのは資格取得届だけで、添付書類などはとくに必要はない

「健康保険・厚生年金保険 被保険者資格取得届」の記入例

書類内容 入社時の健康保険・厚生年金保険加入の書類

届出先 事業所管轄の年金事務所・年金事務センターまたは健康保険組合

マイナンバーを記入。やむを得ず記入できない場合は、基礎年金番号と住所を記入する。マイナンバーを記入する際は本人確認を行うこと

取得年月日を記入。入社日のこと

扶養家族がいる場合は「有」に○をつける。その場合は健康保険被扶養者（異動）届の提出が必要になる

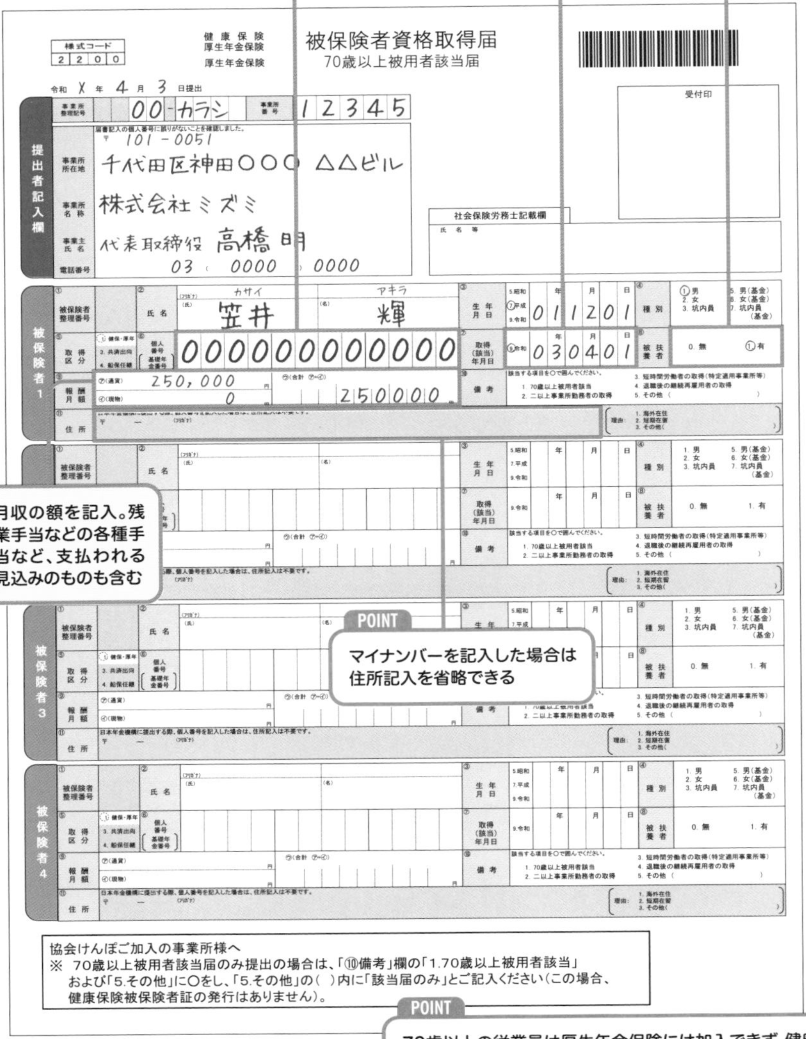

健康保険 厚生年金保険 被保険者資格取得届
厚生年金保険 70歳以上被用者該当届

様式コード 2200

令和 X 年 4 月 3 日提出

事業所整理記号 00-カラシ　事業所番号 12345

事業所所在地 〒101-0051 千代田区神田○○○ △△ビル

事業所名称 株式会社ミズミ

事業主氏名 代表取締役 高橋 明

電話番号 03（0000）0000

被保険者1
- ② 氏名 （フリガナ）カサイ アキラ　（氏）笠井 （名）輝
- ③ 生年月日 7.平成 01 12 01
- ④ 種別 ①男
- ⑤ 取得区分 ①健保・厚年
- ⑥ 個人番号 000000000000
- ⑦ 取得（該当）年月日 9.令和 03 04 01
- ⑧ 被扶養者 ①有
- ⑨ 報酬月額 ㋐（通貨）250,000円 ㋑（現物）0円 ㋒（合計 ㋐+㋑）250000円

月収の額を記入。残業手当などの各種手当など、支払われる見込みのものも含む

POINT マイナンバーを記入した場合は住所記入を省略できる

協会けんぽご加入の事業所様へ
※ 70歳以上被用者該当届のみ提出の場合は、「⑩備考」欄の「1.70歳以上被用者該当」および「5.その他」に○をし、「5.その他」の（ ）内に「該当届のみ」とご記入ください（この場合、健康保険被保険者証の発行はありません）。

POINT 70歳以上の従業員は厚生年金保険には加入できず、健康保険のみの加入となるが、この用紙で同時に申請できる

「雇用保険被保険者資格取得届（様式第2号）」の記入例

書類内容　入社時の雇用保険加入の書類
届出先　事業所管轄のハローワーク

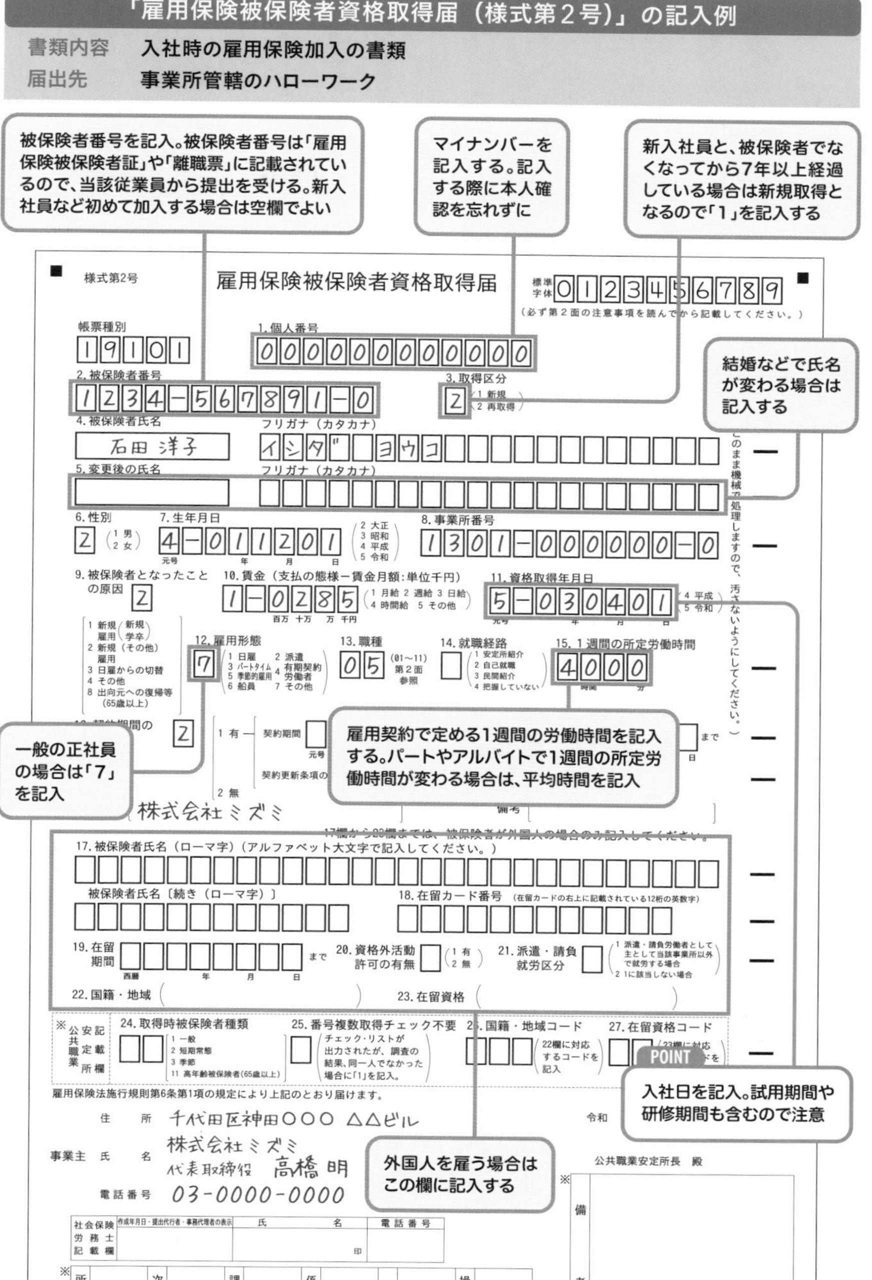

被保険者番号を記入。被保険者番号は「雇用保険被保険者証」や「離職票」に記載されているので、当該従業員から提出を受ける。新入社員など初めて加入する場合は空欄でよい
マイナンバーを記入する。記入する際に本人確認を忘れずに
新入社員と、被保険者でなくなってから7年以上経過している場合は新規取得となるので「1」を記入する
結婚などで氏名が変わる場合は記入する
一般の正社員の場合は「7」を記入
雇用契約で定める1週間の労働時間を記入する。パートやアルバイトで1週間の所定労働時間が変わる場合は、平均時間を記入
POINT
入社日を記入。試用期間や研修期間も含むので注意
外国人を雇う場合はこの欄に記入する
様式第2号
雇用保険被保険者資格取得届
1. 個人番号
2. 被保険者番号
3. 取得区分
4. 被保険者氏名
石田 洋子
イシダ ヨウコ
5. 変更後の氏名
6. 性別
7. 生年月日
8. 事業所番号
9. 被保険者となったことの原因
10. 賃金（支払の態様－賃金月額：単位千円）
11. 資格取得年月日
12. 雇用形態
13. 職種
14. 就職経路
15. 1週間の所定労働時間
株式会社ミズミ
17. 被保険者氏名（ローマ字）（アルファベット大文字で記入してください。）
18. 在留カード番号
19. 在留期間
20. 資格外活動許可の有無
21. 派遣・請負就労区分
22. 国籍・地域
23. 在留資格
雇用保険法施行規則第6条第1項の規定により上記のとおり届けます。
住所 千代田区神田○○○ △△ビル
事業主 氏名 株式会社ミズミ 代表取締役 高橋 明
電話番号 03-0000-0000
公共職業安定所長 殿

07 退職した従業員の社会保険と雇用保険の資格喪失を届け出る

頻度	発生の都度	対象	退職者	時期	退職日翌日から5日・10日

POINT

- 社会保険の喪失届の期限は退職日の翌日から5日以内
- 雇用保険の喪失届の期限は退職日の翌日から10日以内

資格喪失届とともに健康保険証を返却する

従業員が退職した場合、社会保険と雇用保険から脱退することになります。このことを「資格喪失」といい、社会保険については退職日の翌日から5日以内に被保険者資格喪失届を提出して手続きします。退職者からは健康保険被保険者証を回収するとともに、年金手帳や雇用保険被保険者証を預かっていればそれらを返却します。健康保険被保険者証は本人と、扶養家族がいればその分も回収し、資格喪失届と一緒に年金事務所に返却します。

また、退職した従業員が失業給付を受ける際に必要となる離職票を発行します。また、60歳以降の方の再雇用で1日の間もなく雇用する場合は、資格喪失届と資格取得届を同時に提出することになります。その際には、就業規則や雇用契約書などの書類を添付する必要があります。

雇用保険喪失届とともに離職証明書を提出する

雇用保険の資格喪失届はハローワークに提出します。こちらも資格の喪失日は退職日の翌日になります。提出期限は退職日の翌日から10日間で、社会保険のそれより若干余裕はありますが、社会保険の喪失手続きと一緒に行えば忘れることもなく安心です。

雇用保険の喪失届とともに、離職証明書も一緒に提出します。退職者の再就職先が決まっている場合など、本人の希望がない場合は離職証明書の提出は不要ですが、退職者が59歳以上であれば離職証明書の提出は必須です。

離職証明書の「被保険者期間算定対象期間」欄には、退職者が雇用保険に加入していた期間を離職日から1カ月ずつさかのぼって12カ月分記載します。「賃金支払い基礎日数」欄には、上記期間中に賃金が発生した日数を記載します。

Keyword **離職票**　正式には雇用保険被保険者離職票という。退職者が離職したことを証明する書類で、失業給付を受けるのに必要となるので、会社側の手続きは必須となる。

「健康保険・厚生年金保険 被保険者資格喪失届」の記入例

書類内容　健康保険と厚生年金保険の喪失手続きを行う書類

届出先　事業所管轄の年金事務所または年金事務センター

●協会けんぽの例

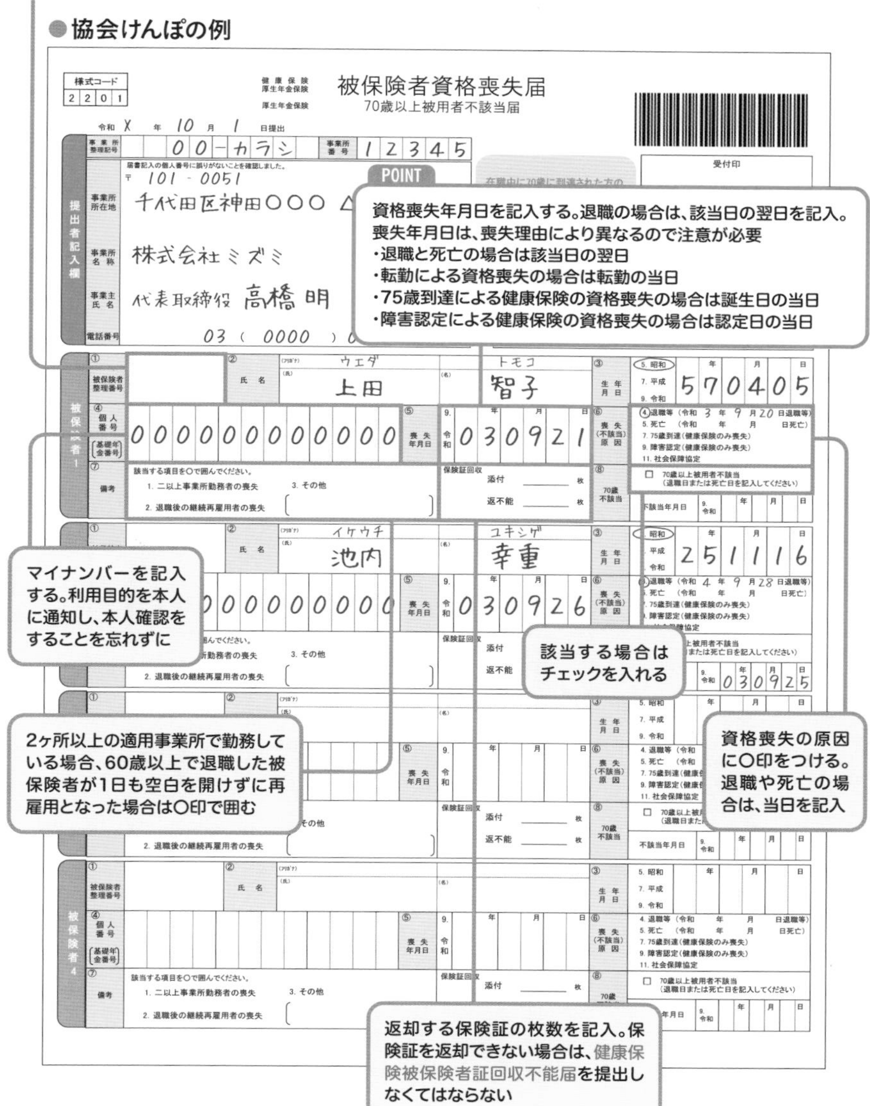

被保険者整理番号を記入。被保険者整理番号とは、社会保険に加入する際に、会社内で1番から順に従業員に割り当てる番号。協会けんぽの場合、保険証の記号の横に記載されている番号になる
健康保険 厚生年金保険
被保険者資格喪失届
70歳以上被用者不該当届
令和 X 年 10 月 1 日提出
00-カラシ
12345
101-0051
千代田区神田〇〇〇
株式会社ミズミ
代表取締役 高橋 明
03 (0000)
POINT
資格喪失年月日を記入する。退職の場合は、該当日の翌日を記入。喪失年月日は、喪失理由により異なるので注意が必要
・退職と死亡の場合は該当日の翌日
・転勤による資格喪失の場合は転勤の当日
・75歳到達による健康保険の資格喪失の場合は誕生日の当日
・障害認定による健康保険の資格喪失の場合は認定日の当日
ウエダ 上田
トモコ 智子
570405
0000000000000
030921
退職等（令和 3 年 9 月 20 日退職等）
イケウチ 池内
ユキシゲ 幸重
251116
030926
退職等（令和 4 年 9 月 28 日退職等）
030925
マイナンバーを記入する。利用目的を本人に通知し、本人確認をすることを忘れずに
該当する場合はチェックを入れる
2ヶ所以上の適用事業所で勤務している場合、60歳以上で退職した被保険者が1日も空白を開けずに再雇用となった場合は〇印で囲む
資格喪失の原因に〇印をつける。退職や死亡の場合は、当日を記入
返却する保険証の枚数を記入。保険証を返却できない場合は、健康保険被保険者証回収不能届を提出しなくてはならない

「雇用保険被保険者資格喪失届（様式第４号）」の記入例

書類内容　雇用保険の資格喪失手続きを行うときに必要な書類

届出先　事業所管轄のハローワーク

離職票の交付を希望する場合は「１」、希望しない場合は「２」を記入する。59歳以上の場合は、本人の希望の有無にかかわらず交付が必須なので「１」を記入

資格取得年月日を記入。基本的に、入社日を記入すればよい

POINT
退職した当日を記入。資格を喪失した日（退職日の翌日）ではないので注意

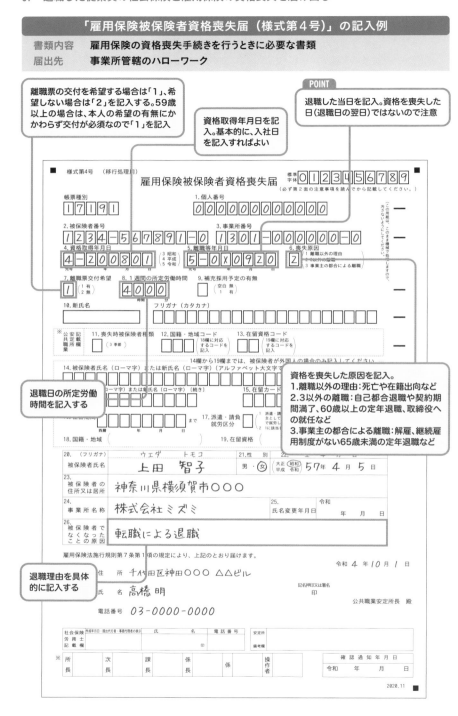

様式第4号　（移行処理用）

雇用保険被保険者資格喪失届

標準字体 0123456789

（必ず第２面の注意事項を読んでから記載してください。）

帳票種別 17191

1.個人番号 000000000000

2.被保険者番号 1234-567891-0

3.事業所番号 1301-000000-0

4.資格取得年月日 4-200801（3 昭和 4 平成 5 令和）

5.離職等年月日 5-0X0920

6.喪失原因 2（1 離職以外の理由　2 3以外の離職　3 事業主の都合による離職）

7.離職票交付希望 1（1 有　2 無）

8.１週間の所定労働時間 4000（時間 分）

9.補充採用予定の有無（空白 無　1 有）

10.新氏名

フリガナ（カタカナ）

※公共職業安定所記載欄　11.喪失時被保険者種類（3 季節）　12.国籍・地域コード（18欄に対応するコードを記入）　13.在留資格コード（19欄に対応するコードを記入）

14欄から19欄までは、被保険者が外国人の場合のみ記入してください。

14.被保険者氏名（ローマ字）または新氏名（ローマ字）（アルファベット大文字で…

（ローマ字）または新氏名（ローマ字）〔続き〕

15.在留カード…

…まで（西暦 年 月 日）

17.派遣・請負就労区分

18.国籍・地域

19.在留資格

資格を喪失した原因を記入。
1.離職以外の理由：死亡や在籍出向など
2.3以外の離職：自己都合退職や契約期間満了、60歳以上の定年退職、取締役への就任など
3.事業主の都合による離職：解雇、継続雇用制度がない65歳未満の定年退職など

退職日の所定労働時間を記入する

20.（フリガナ）	ウエダ　トモコ	21.性別	22.生年月日
被保険者氏名	上田　智子	男・女	（大正 昭和 平成 令和）57年 4月 5日
23.被保険者の住所又は居所	神奈川県横須賀市〇〇〇		
24.事業所名称	株式会社ミズミ	25.氏名変更年月日	令和　年　月　日
26.被保険者でなくなったことの原因	転職による退職		

雇用保険法施行規則第７条第１項の規定により、上記のとおり届けます。

令和 4 年 10 月 1 日

住　所　千代田区神田〇〇〇　△△ビル

氏　名　高橋 明

記名押印又は署名　印

公共職業安定所長　殿

電話番号　03-0000-0000

退職理由を具体的に記入する

社会保険労務士記載欄	作成年月日・提出代行者・事務代理者の表示	氏名	電話番号
		印	

安定所備考欄

※所長	次長	課長	係長	係	操作者

確認通知年月日
令和　年　月　日

2020.11

●雇用保険被保険者資格喪失届の添付書類

- □ 出勤簿
- □ 退職辞令発令書類（退職日がわかるもの）
- □ 労働者名簿
- □ 賃金台帳
- □ 離職理由が確認できる書類（離職理由によって書類が変わることがあるのでハローワークに確認する）
- □ 離職証明書

離職証明書（雇用保険被保険者離職票）とは？

退職者が希望した場合に雇用保険被保険者資格喪失届とともに提出する。失業給付を受けるために必要となるので、転職先が決まっていない退職者にとっては重要な書類となる。退職者が59歳以上の場合は、本人の希望の有無にかかわらず提出しなければならない。

「雇用保険被保険者離職票」の記入例

書類内容　退職者に提出する書類

届出先　事業所管轄のハローワーク

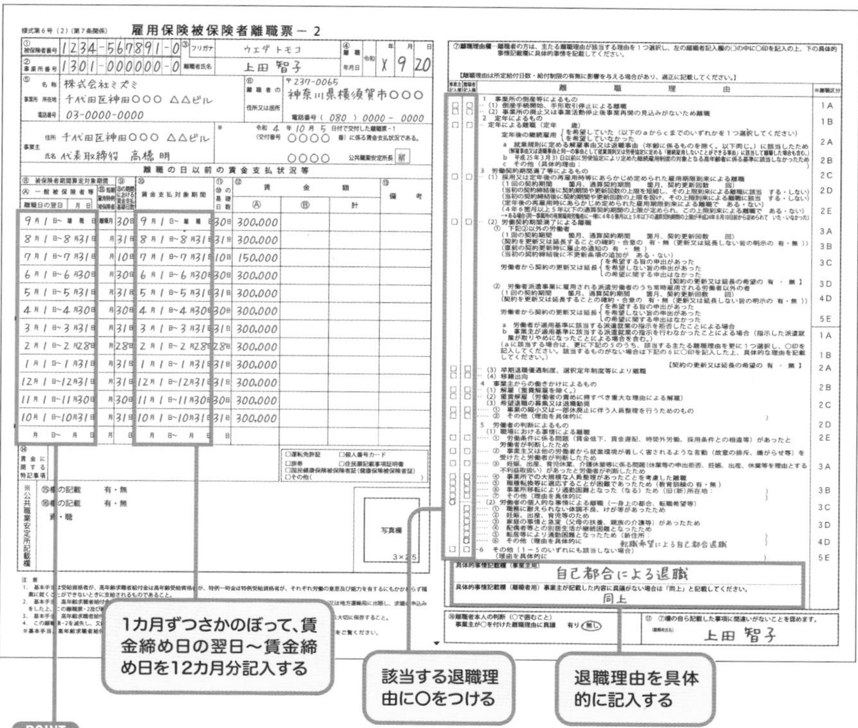

様式第6号（2）（第7条関係）

雇用保険被保険者離職票－2

① 被保険者番号 1234-567891-0
② 事業所番号 1301-000000-0
③ フリガナ ウエダトモコ　離職者氏名 上田 智子
④ 離職年月日 令和 X年 9月 20日
⑤ 事業所 名称 株式会社ミズミ　所在地 千代田区神田○○○ △△ビル　電話番号 03-0000-0000
⑥ 離職者の住所又は居所 〒237-0065 神奈川県横須賀市○○○　電話番号（080）0000－0000
事業主 住所 千代田区神田○○○ △△ビル　氏名 代表取締役 高橋 明
令和 4 年 10 月 5 日付で交付した離職票－1（交付番号 ○○○○ 番）に係る賃金支払状況である。
○○○○ 公共職業安定所長 印

離職の日以前の賃金支払状況等

⑧被保険者期間算定対象期間 Ⓐ一般被保険者等 離職日の翌日	Ⓑ短期雇用特例被保険者	⑨⑧の期間における賃金支払基礎日数	⑩賃金支払対象期間	⑪⑩の基礎日数	⑫賃金額 Ⓐ	Ⓑ	計	⑬備考
9月1日～離職日	離職月	30日	9月1日～離職日	30日	300,000			
8月1日～8月31日	月	31日	8月1日～8月31日	31日	300,000			
7月1日～7月31日	月	10日	7月1日～7月31日	10日	150,000			
6月1日～6月30日	月	30日	6月1日～6月30日	30日	300,000			
5月1日～5月31日	月	31日	5月1日～5月31日	31日	300,000			
4月1日～4月30日	月	30日	4月1日～4月30日	30日	300,000			
3月1日～3月31日	月	31日	3月1日～3月31日	31日	300,000			
2月1日～2月28日	月	28日	2月1日～2月28日	28日	300,000			
1月1日～1月31日	月	31日	1月1日～1月31日	31日	300,000			
12月1日～12月31日	月	31日	12月1日～12月31日	31日	300,000			
11月1日～11月30日	月	30日	11月1日～11月30日	30日	300,000			
10月1日～10月31日	月	31日	10月1日～10月31日	31日	300,000			

⑭ 賃金に関する特記事項

□運転免許証　□個人番号カード　□旅券　□住民票記載事項証明書　□国民健康保険被保険者証（健康保険被保険者証）　□その他（　）

※公共職業安定所記載欄　⑮欄の記載 有・無　⑯欄の記載 有・無　資・聴

写真欄 3×2.5

⑦離職理由欄…離職者の方は、主たる離職理由が該当する理由を1つ選択し、左の離職者記入欄の□の中に○印を記入の上、下の具体的事情記載欄に具体的事情を記載してください。

【離職理由は所定給付日数・給付制限の有無に影響を与える場合があり、適正に記載してください。】

離職理由

1 事業所の倒産等によるもの
2 定年によるもの
3 労働契約期間満了等によるもの
4 事業主からの働きかけによるもの
5 労働者の判断によるもの
(1) 職場における事情による離職
(2) 労働者の個人的な事情による離職（一身上の都合、転職希望等）
⑥ その他（理由を具体的に　転職希望による自己都合退職）
6 その他（1－5のいずれにも該当しない場合）

具体的事情記載欄（事業主用）　自己都合による退職

具体的事情記載欄（離職者用）事業主が記載した内容に異議がない場合は「同上」と記載してください。　同上

⑯離職者本人の判断（○で囲むこと）事業主が○を付けた離職理由に異議　有り・（無し）

⑰ ⑦欄の自ら記載した事項に間違いがないことを認めます。（離職者氏名）上田 智子

1カ月ずつさかのぼって、賃金締め日の翌日～賃金締め日を12カ月分記入する
該当する退職理由に○をつける
退職理由を具体的に記入する

POINT

雇用保険加入期間のうち、離職日から1カ月ずつさかのぼった期間を12カ月分記入する。被保険者期間は、賃金支払基礎日数が11日以上の月と、労働時間数が80時間以上ある月

08 給与改定による月額変更届を提出する（随時改定）

頻度	発生の都度	対象	対象の役員・従業員	時期	昇降給後4カ月目

POINT

- 標準報酬月額が2等級以上変動したら随時改定を行う
- 育児休業や産前産後休業後は1等級の変動でも随時改定を行える

突発的な昇給・降給があったら保険料を見直す

社会保険料は原則として年に1回、定時決定（9-4）で見直します。しかし、1年の途中で昇給・降給するなど、大幅に給与が変動することもあります。すると、9月に改定した標準報酬月額と大きな差が出て、負担の公平性が保てません。そのため、給与に大幅な変動があったときは、その都度、標準報酬月額を見直し、改めて申請し直す必要があります。これを「随時改定」といいます。具体的には、9月に改定した標準報酬月額と2等級以上の変動があった場合に随時改定を行います。ただし、定時決定と同様に3カ月の給与の平均額から標準報酬月額を出すので、給与に変動があってから4カ月目に標準報酬月額の変更を届け出ます。

また、産前産後休業や育児休業を終えて復職したばかりの場合、子育てや体調などの事情でフルタイム働くことが難しいことがあります。そういうときは、3歳未満の子どもを養育している場合に限り、3カ月間を平均した報酬月額が1等級の変動でも随時改定が行える特例があります。特例を受けるためには厚生年金保険養育期間標準報酬月額特例申出書を年金事務所に提出する必要があります。

固定給だけでなく時間給や諸手当の変動にも注意

随時改定を行うのは、固定給が大幅に変動したときだけではありません。給与体系が時給から月給に変更されたり、パートやアルバイトの時給単価が大幅に変更されたり、役付手当などの固定的な諸手当が新たに支給されるようになったりした場合も、2等級以上の変動があれば申請が必要です。ただし、固定的賃金が上がっても、残業代などの変動的賃金が下がって標準報酬月額が下がる場合は、随時改定は行いません。

Keyword **産前産後休業**　出産前6週間（双子などの多胎妊娠の場合は14週間）と出産後8週間、女性に認められる休業期間。産後6週間は就業させてはならないとされている。

給与全般　健康保険　厚生年金　雇用保険　所得税　住民税

随時改定を行うための要件

- □ 昇給または降給などにより固定的賃金が変動した
- □ 昇給または降給があった月から3カ月間の支払基礎日数がそれぞれ17日以上ある
- □ 変動月から3カ月間の標準報酬月額の平均と、それまでの標準報酬月額との間に2等級以上の差がある

4カ月目に月額変更届を提出、標準報酬月額を改定

固定的賃金
基本給や各種手当など支給額・支給率が決まっているもの

変動的賃金
残業手当・日直手当など支給額・支給率が決まっていないもの

随時改定を行わない場合

残業代が大きく減ったり増えたりしたケースなど

上記3点の要件を満たしていても、以下の場合は随時改定を行わない

- ▶ 固定的賃金が上がっても、変動的賃金が下がることで逆に標準報酬月額が下がる場合
- ▶ 固定的賃金が下がっても、変動的賃金が上がることで逆に標準報酬月額が上がる場合

随時改定を行う月

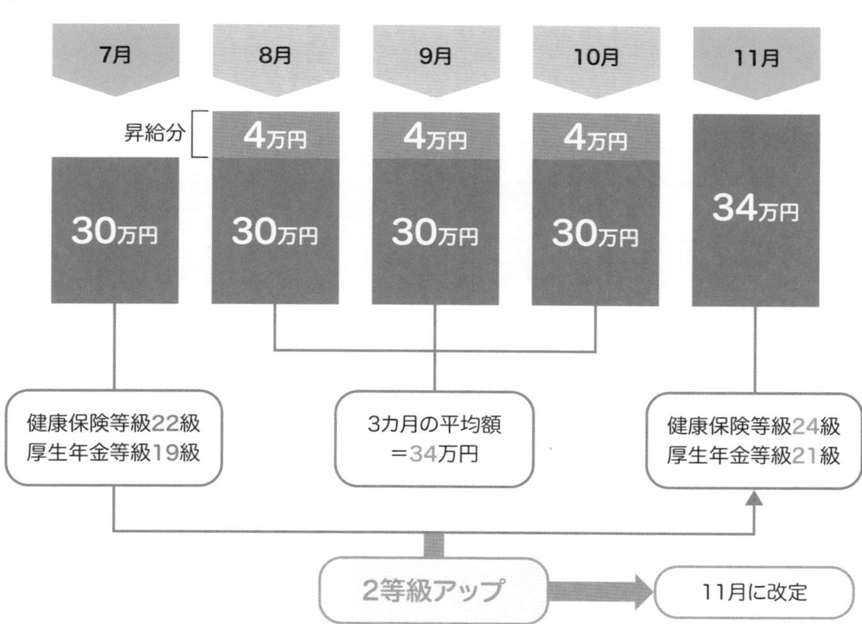

第9章 年間スケジュールと社会保険の届け出・手続き

「健康保険・厚生年金保険 被保険者報酬月額変更届・厚生年金保険 70歳以上被用者月額変更届」の記入例

書類内容	標準報酬月額が2等級以上変動し、随時改定を届け出る書類
届出先	事務所管轄の年金事務所・年金事務センターまたは健康保険組合

改定前の標準報酬月額を記入する

被保険者整理番号を記入。被保険者整理番号とは、社会保険に加入する際に、会社内で1番から順に従業員に割り当てる番号。協会けんぽの場合、保険証の記号の横に記載されている番号になる

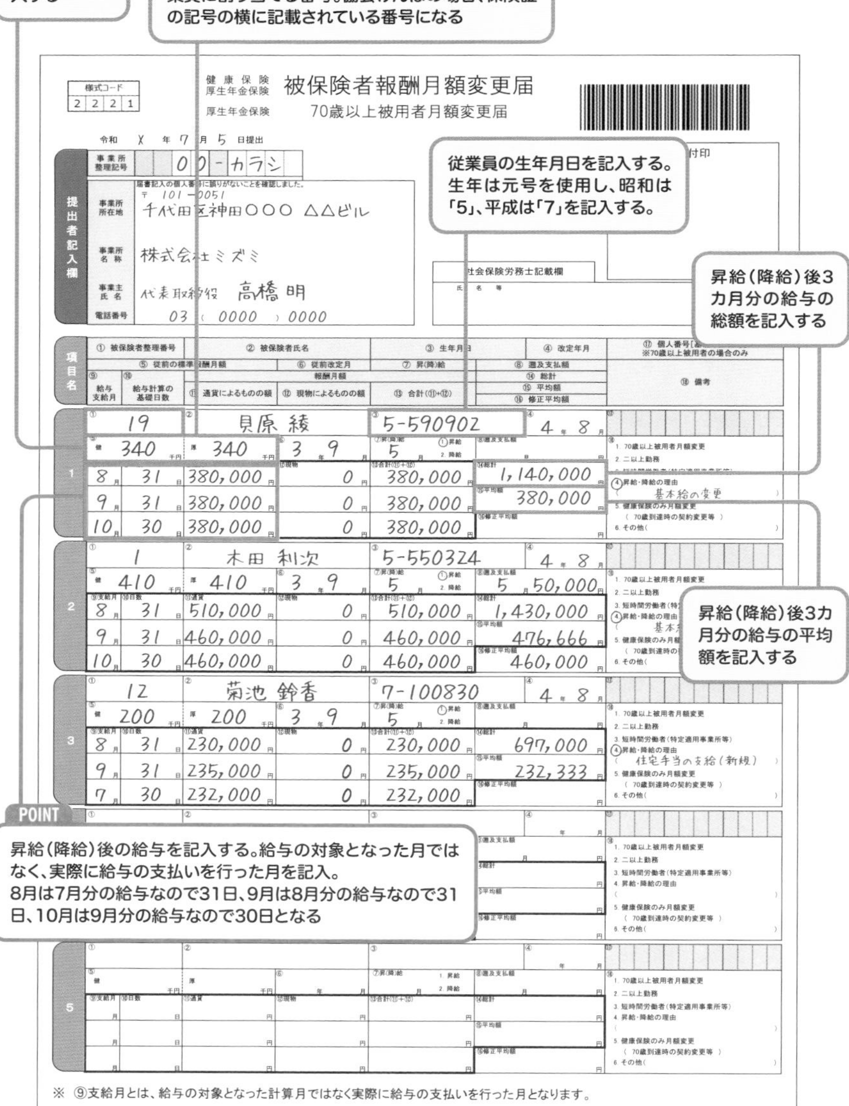

様式コード 2221

健康保険
厚生年金保険 被保険者報酬月額変更届
厚生年金保険 70歳以上被用者月額変更届

令和 X 年 7 月 5 日提出

受付印

提出者記入欄

事業所整理記号	00-カラシ
事業所所在地	届書記入の個人番号に誤りがないことを確認しました。 〒 101-0051 千代田区神田○○○ △△ビル
事業所名称	株式会社ミズミ
事業主氏名	代表取締役 高橋 明
電話番号	03（0000）0000

社会保険労務士記載欄
氏名等

項目名：① 被保険者整理番号 ② 被保険者氏名 ③ 生年月日 ④ 改定年月 ⑤ 従前の標準報酬月額 ⑥ 従前改定月 ⑦ 昇(降)給 ⑧ 遡及支払額 ⑨ 給与支給月 ⑩ 給与計算の基礎日数 報酬月額 ⑪ 通貨によるものの額 ⑫ 現物によるものの額 ⑬ 合計（⑪+⑫） ⑭ 総計 ⑮ 平均額 ⑯ 修正平均額 ⑰ 個人番号[基礎年金番号] ※70歳以上被用者の場合のみ ⑱ 備考

	①	②	③	④	⑤ 健	⑤ 厚	⑥	⑦	⑧
1	19	貝原 綾	5-590902	4年8月	340千円	340千円	3年9月	5月 ①昇給 2.降給	月 円
2	1	木田 利次	5-550324	4年8月	410千円	410千円	3年9月	5月 ①昇給 2.降給	5月 50,000円
3	12	菊池 鈴香	7-100830	4年8月	200千円	200千円	3年9月	5月 ①昇給 2.降給	月 円
4				年 月					月 円
5				年 月	千円	千円	年 月	月 1.昇給 2.降給	月 円

	⑨ 支給月	⑩ 日数	⑪ 通貨	⑫ 現物	⑬ 合計（⑪+⑫）	⑭ 総計	⑮ 平均額	⑯ 修正平均額
1	8月	31日	380,000円	0円	380,000円	1,140,000円	380,000円	円
	9月	31日	380,000円	0円	380,000円			
	10月	30日	380,000円	0円	380,000円			
2	8月	31日	510,000円	0円	510,000円	1,430,000円	476,666円	460,000円
	9月	31日	460,000円	0円	460,000円			
	10月	30日	460,000円	0円	460,000円			
3	8月	31日	230,000円	0円	230,000円	697,000円	232,333円	円
	9月	31日	235,000円	0円	235,000円			
	7月	30日	232,000円	0円	232,000円			
5	月	日	円	円	円	円	円	円

⑱ 備考（各欄共通）：1. 70歳以上被用者月額変更 2. 二以上勤務 3. 短時間労働者（特定適用事業所等） 4. 昇給・降給の理由（ ） 5. 健康保険のみ月額変更（70歳到達時の契約変更等） 6. その他（ ）

- 1：④昇給・降給の理由（基本給の変更）
- 2：④昇給・降給の理由（基本給の変更）
- 3：④昇給・降給の理由（住宅手当の支給（新規））

※ ⑨支給月とは、給与の対象となった計算月ではなく実際に給与の支払いを行った月となります。

従業員の生年月日を記入する。生年は元号を使用し、昭和は「5」、平成は「7」を記入する。

昇給（降給）後3カ月分の給与の総額を記入する

昇給（降給）後3カ月分の給与の平均額を記入する

POINT

昇給（降給）後の給与を記入する。給与の対象となった月ではなく、実際に給与の支払いを行った月を記入。
8月は7月分の給与なので31日、9月は8月分の給与なので31日、10月は9月分の給与なので30日となる

産前産後休業・育児休業等終了後の改定

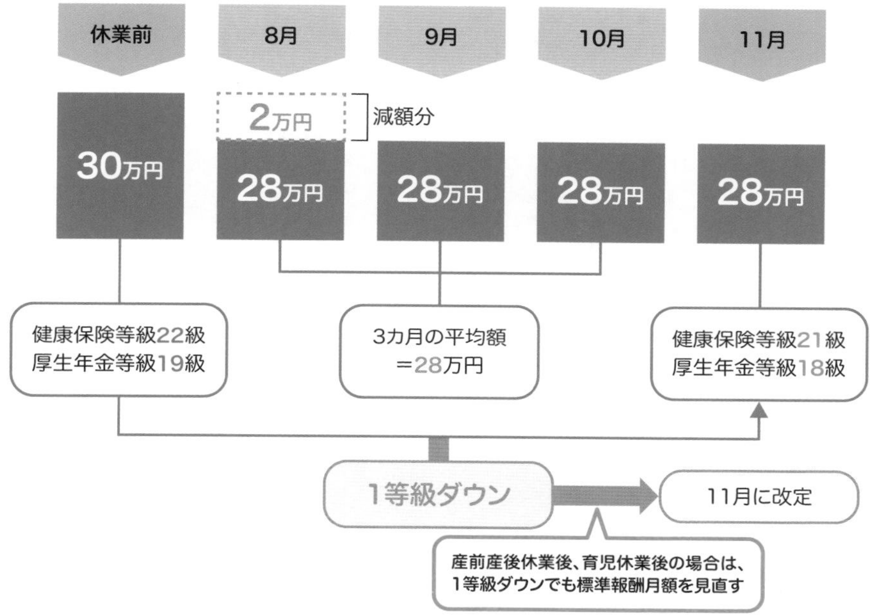

「産前産後休業・育児休業等終了時改定」と「随時改定」の違い

	産前産後休業・育児休業等終了時改定	随時改定
基礎期間	産前産後休業または育児休業終了日の翌日が属する月以後の3カ月間	固定的賃金に変動があった月以後の3カ月間
標準報酬の対象となる月の支払基礎日数	支払基礎日数が17日未満の月があっても改定を行うことはできるが、17日未満の月を除く。 パートタイム労働者で3カ月いずれも17日未満の場合は、15日以上17日未満の月を適用	支払基礎日数が17日未満の月があるときは随時改定を行わない
2等級以上の差	2等級以上の差が生じない場合でも改定	原則として2等級以上の差が生じることが必要
改定月	産前産後休業または育児休業終了日の翌日が属する月から起算して4カ月目に改定手続き	固定的賃金に変動を生じた月から起算して4カ月目に改定手続き
届け出方法	被保険者の申し出に基づき、事業主を経由して届け出る	随時改定に該当する場合、事業主が届け出る

出典：「算定基礎届・月額変更届の手引き」

09 社会保険と雇用保険の変更（氏名・住所・扶養）手続き

頻度 発生の都度 / 対象 対象の役員・従業員 / 時期 発生日から5日以内

POINT

- マイナンバーと基礎年金番号が紐づいていれば氏名・住所の変更届は不要
- 扶養家族が増えたり減ったりした場合は届け出が必要

原則として氏名・住所の変更手続きは不要

従業員が結婚するなどして氏名が変わったり、引っ越して住所が変わったりした場合、社会保険と雇用保険の登録情報を変更する必要があります。協会けんぽと厚生年金保険に関しては、マイナンバーと基礎年金番号が紐づいていれば自動的に手続きが行われるので、会社側は特にすることはありません。新しい健康保険被保険者証が送られてくるので、従業員から返却された保険証を年金事務所に郵送するだけです。ただし、マイナンバーカードを紛失するなどしてマイナンバーが変わったあとに紐づけるのを忘れている場合は、年金事務所に変更届を提出しなければなりません。また、会社が健康保険組合に加入している場合は、氏名・住所ともに変更届の提出が必要です。

雇用保険は、各人の住所を登録していないので住所の変更はそもそも必要なく、氏名変更の手続きもいりません。資格喪失届や転勤届などの手続きが発生したときに氏名の変更を行えば大丈夫です。

扶養家族が増えた場合は要件を確認する

結婚したり子どもが産まれたり、子どもが独立して扶養家族が増えたり減ったりしたら、被扶養者（異動）届を年金事務所に提出します。

健康保険の被扶養者の対象となるには、被保険者の3親等以内の親族で、年間収入が130万円未満（60歳以上は180万円未満）などの要件が必要になります。厚生年金保険における第3号被保険者は20歳以上60歳未満の配偶者で、年間収入が130万円未満の場合です。被扶養者（異動）届を提出する際には、要件を満たしていることを証明する書類を添付します。

Keyword **転勤届**　勤務地が変更となる異動のうち、引っ越しを伴う場合は、転勤のあった日から10日以内にハローワークに転勤届を提出しなければならない。

従業員の氏名・住所の変更手続き

協会けんぽ	マイナンバーと基礎年金番号が紐づいていれば、健康保険と厚生年金保険の氏名と住所の変更手続きは必要ない
健康保険組合	原則として変更手続きが必要。加入している組合に確認する
雇用保険	雇用保険では住所を管理していないので住所の変更手続きは必要ない。氏名変更も単独での手続きは必要なく、ほかの申請時と一緒にすればよい

雇用保険の氏名変更

●資格喪失届と同時に氏名変更をする場合

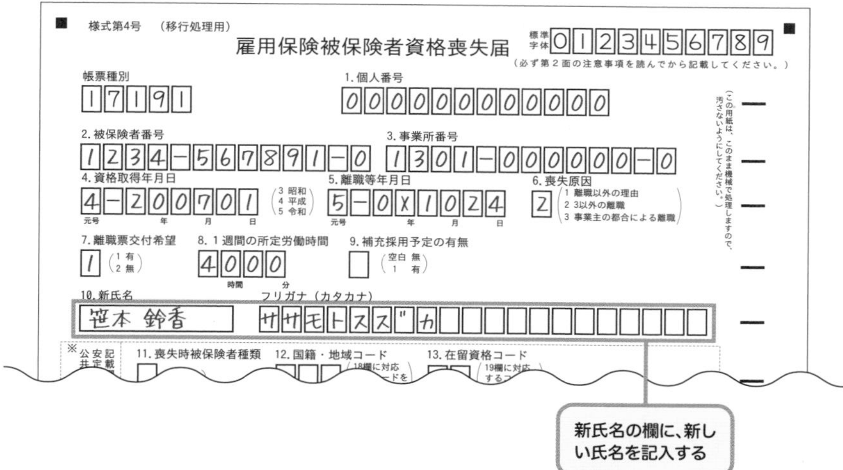
様式第4号 （移行処理用）
雇用保険被保険者資格喪失届
標準字体 0123456789
（必ず第２面の注意事項を読んでから記載してください。）
帳票種別 17191
1.個人番号 000000000000
2.被保険者番号 1234-567891-0
3.事業所番号 1301-000000-0
4.資格取得年月日 4-200701（3 昭和 4 平成 5 令和）
5.離職等年月日 5-0X1024
6.喪失原因 2（1 離職以外の理由 2 3以外の離職 3 事業主の都合による離職）
7.離職票交付希望 1（1 有 2 無）
8.１週間の所定労働時間 4000
9.補充採用予定の有無（空白 無 1 有）
10.新氏名 笹本 鈴香 フリガナ（カタカナ） ササモトスズカ
11.喪失時被保険者種類 12.国籍・地域コード 13.在留資格コード
（この用紙は、このまま機械で処理しますので、汚さないようにしてください。）

新氏名の欄に、新しい氏名を記入する

●育児休業給付金支給申請と同時に氏名変更をする場合

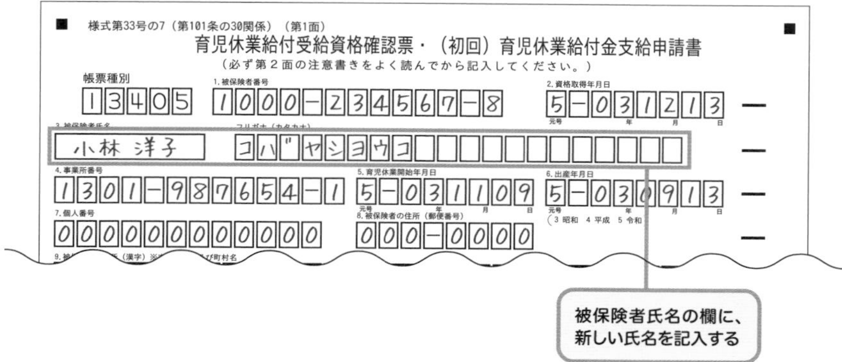
様式第33号の7（第101条の30関係）（第1面）
育児休業給付受給資格確認票・（初回）育児休業給付金支給申請書
（必ず第２面の注意書きをよく読んでから記入してください。）
帳票種別 13405
1.被保険者番号 1000-234567-8
2.資格取得年月日 5-031213
3.被保険者氏名 小林 洋子 フリガナ（カタカナ） コバヤシヨウコ
4.事業所番号 1301-987654-1
5.育児休業開始年月日 5-031109
6.出産年月日 5-030913（3 昭和 4 平成 5 令和）
7.個人番号 000000000000
8.被保険者の住所（郵便番号） 000-0000

被保険者氏名の欄に、新しい氏名を記入する

健康保険の被扶養者の要件

- □ 被保険者の直系尊属・配偶者・子・孫・兄弟姉妹で、被保険者に生計を維持されている人
  （必ずしも同居している必要はない）
- □ 被保険者と同居して家計をともにし、被保険者に生計を維持されている以下の人
  ①被保険者の三親等以内の親族
  ②事実婚・内縁関係の配偶者の父母と子
  ③②の配偶者が亡くなった後のその父母と子
- □ 年間収入が130万円未満（60歳以上または一定の障害をもつ人の場合は180万円未満）
  （同居している場合は被保険者の年間収入の2分の1未満）

健康保険の被扶養者の範囲

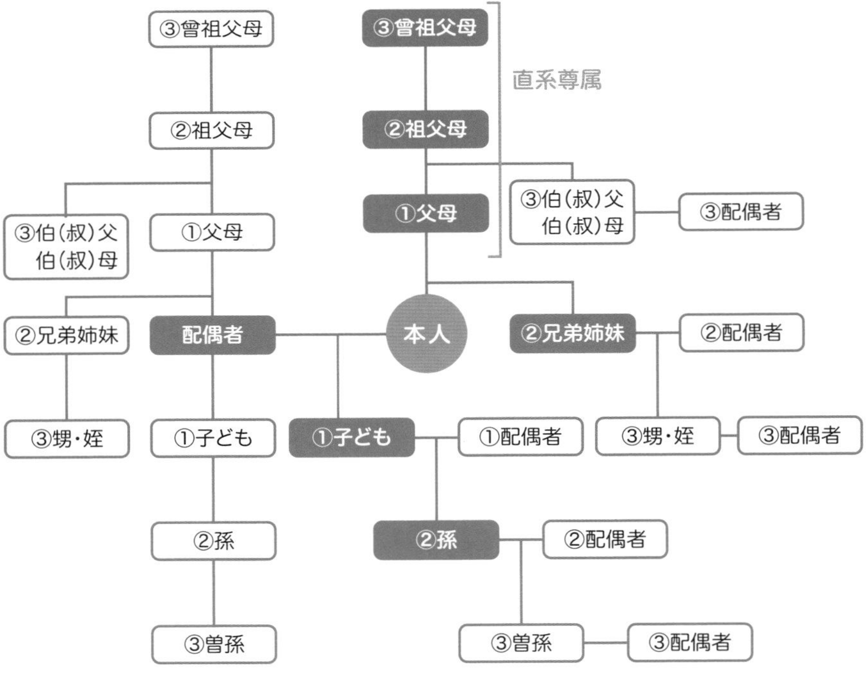

数字は親等数

■ 同居していなくてもよい
□ 同居していることが条件

「健康保険 被扶養者（異動）届・国民年金 第3号被保険者関係届」の記入例

書類内容　従業員の被扶養者に増減があったときに提出する書類

届出先　事業所管轄の年金事務所・年金事務センターまたは健康保険組合

被保険者の今後1年間の年間収入の見込み額を記入する

扶養認定を受ける人が所得税法上の控除対象の配偶者・扶養親族であることを事業主が確認した場合は、「確認」を○で囲む

配偶者が働いている場合は、配偶者の今後1年間の年間収入の見込み額を記入する

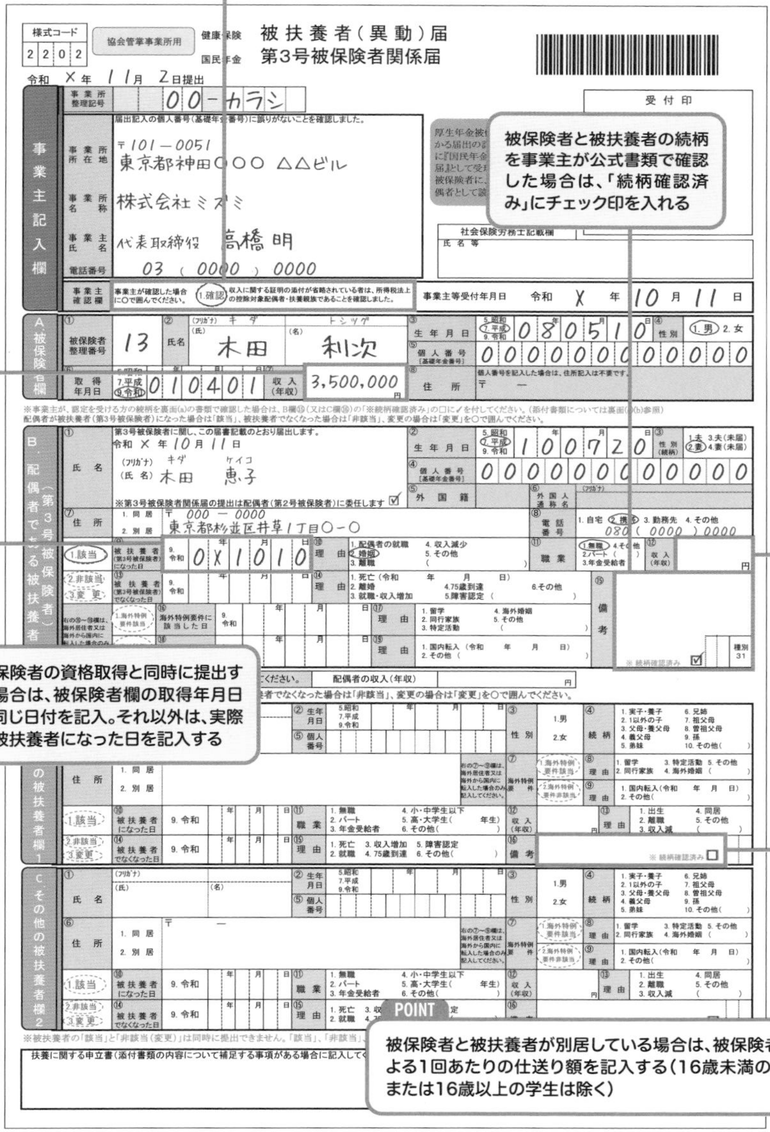

健康保険 被扶養者（異動）届
国民年金 第3号被保険者関係届

様式コード 2202　協会管掌事業所用

令和 X年 11月 2日提出

事業所整理記号：00－カラシ

事業主記入欄
届出記入の個人番号（基礎年金番号）に誤りがないことを確認しました。
事業所所在地：〒101－0051 東京都神田○○○ △△ビル
事業所名称：株式会社ミズミ
事業主氏名：代表取締役 高橋 明
電話番号：03（0000）0000

受付印

社会保険労務士記載欄 氏名等

事業主確認欄：事業主が確認した場合に○で囲んでください。 1.確認 収入に関する証明の添付が省略されている者は、所得税法上の控除対象配偶者・扶養親族であることを確認しました。
事業主等受付年月日 令和 X年 10月 11日

A 被保険者欄
① 被保険者整理番号：13
② 氏名：（フリガナ）キダ トシツグ（氏）木田（名）利次
③ 生年月日：7.平成 080510
④ 性別：1.男
⑤ 個人番号［基礎年金番号］：000000000000
⑥ 取得年月日：9.令和 010401
⑦ 収入（年収）：3,500,000円
⑧ 住所：個人番号を記入した場合は、住所記入は不要です。

※事業主が、認定を受ける方の続柄を裏面(a)の書類で確認した場合は、B欄⑮（又はC欄⑯）の「※続柄確認済み」の□に✓を付してください。（添付書類については裏面(b)参照）
配偶者が被扶養者（第3号被保険者）になった場合は「該当」、被扶養者でなくなった場合は「非該当」、変更の場合は「変更」を○で囲んでください。

B 配偶者である被扶養者（第3号被保険者）
第3号被保険者に関し、この届書記載のとおり届出します。令和 X年 10月 11日
① 氏名：（フリガナ）キダ ケイコ（氏名）木田 恵子
※第3号被保険者関係届の提出は配偶者（第2号被保険者）に委任します ✓
② 生年月日：7.平成 100720
③ 性別（続柄）：2.妻
④ 個人番号［基礎年金番号］：000000000000
⑤ 外国籍
⑥ 外国人通称名
⑦ 住所：1.同居 〒000－0000 東京都杉並区井草1丁目○－○
⑧ 電話番号：2.携帯 080（0000）0000
1.該当 ⑨ 被扶養者（第3号被保険者）になった日：9.令和 0X1010
⑩ 理由：2.婚姻
⑪ 職業：1.無職
⑫ 収入（年収）：円
⑬ 被扶養者（第3号被保険者）でなくなった日
⑭ 理由：1.死亡 2.離婚 3.就職・収入増加 4.75歳到達 5.障害認定 6.その他
⑯ 海外特例要件に該当した日 ⑰ 理由：1.留学 2.同行家族 3.特定活動 4.海外婚姻 5.その他
⑱ 海外特例要件に非該当となった日 ⑲ 理由：1.国内転入 2.その他
⑮ 備考 ※続柄確認済み ✓ 種別 31

配偶者の収入（年収） 円

C その他の被扶養者欄
① 氏名 ② 生年月日 ③ 性別 1.男 2.女 ④ 続柄 1.実子・養子 2.1以外の子 3.父母・養父母 4.義父母 5.弟妹 6.兄姉 7.祖父母 8.曾祖父母 9.孫 10.その他
⑤ 個人番号 ⑥ 住所 1.同居 2.別居 ⑦ 海外特例要件 ⑧ 理由 ⑨ 理由
⑩ 被扶養者になった日 ⑪ 職業 1.無職 2.パート 3.年金受給者 4.小・中学生以下 5.高・大学生 6.その他 ⑫ 収入（年収） ⑬ 理由 1.出生 2.離職 3.収入減 4.同居 5.その他
⑭ 被扶養者でなくなった日 ⑮ 理由 1.死亡 2.就職 3.収入増加 4.75歳到達 5.障害認定 6.その他 ⑯ 備考 ※続柄確認済み

※被扶養者の「該当」と「非該当（変更）」は同時に提出できません。

扶養に関する申立書（添付書類の内容について補足する事項がある場合に記入してください）

被保険者と被扶養者の続柄を事業主が公式書類で確認した場合は、「続柄確認済み」にチェック印を入れる

被保険者の資格取得と同時に提出する場合は、被保険者欄の取得年月日と同じ日付を記入。それ以外は、実際に被扶養者になった日を記入する

POINT

被保険者と被扶養者が別居している場合は、被保険者による1回あたりの仕送り額を記入する（16歳未満の人、または16歳以上の学生は除く）

10 電子申請（e-Gov）を利用する

頻度 発生の都度　対象 役員・従業員　時期 通年

POINT

- 電子申請を導入すると業務負担が大幅に軽減する
- GビズIDのアカウントを取得するか、e-Gov対応ソフトの利用がお勧め

e-Govで事務手続きの負担を軽減

社会保険や労働保険の手続きの多くが、インターネットを介して電子申請できます。資本金1億円超の法人など特定法人事業所については、一部手続きの電子申請が義務化されています。

電子申請の窓口となるのが、総務省が運営するポータルサイトe-Gov（イーガブ）です。「電子政府の総合窓口」とも呼ばれていて、各省庁の情報やサービスを横断的に利用できます。

小規模事業者にとっても電子申請は、「書き損じによるミスを防げる」「24時間365日申請できる」「行政期間に出向く時間や郵送代を削減できる」「申請書類の喪失や情報漏洩を防止できる」など、多くのメリットがあります。2022年11月時点で電子申請が可能な主な手続きは右ページのとおりです。

複数の行政サービスにストレスフリーでアクセス

e-Govを利用するには、初めにe-Govアカウント、Microsoftアカウント、GビズIDのいずれかを取得します。すでにアカウントを保有している場合、再取得の必要はありません。

e-Govアカウント、Microsoftアカウントは取得が簡単な半面、電子申請を行う際に、電子証明書の取得が必要になります。電子証明書とはデジタル上で本人確認を行うための書類です。

一方、GビズIDは取得時に印鑑証明書などが必要になるなど、2週間程度かかりますが、一度取得すれば、電子申請の際に電子証明書は必要ありません。1つのIDで複数の行政サービスにログインできます。これから利用する人はGビズIDがお勧めです。

また、電子申請API対応のソフトを利用すると、アカウントの取得なしで電子申請が行えます。普段使用する人事管理ソフトなどが対応していないか確認してみましょう。

Keyword **GビズID**　「gBizIDエントリー」「gBizIDプライム」「gBizIDメンバー」の3種類がある。事業者はgBizIDプライムを申請し、実務を担当する従業員にgBizIDメンバーを付与する。

GビズIDで可能な社会保険・労働保険の電子申請手続き

保険の種類	電子申請可能な手続き	
健康保険・厚生年金保険	被保険者報酬月額算定基礎届	被保険者報酬月額変更届
	被保険者資格取得届	被保険者資格喪失届
	被保険者賞与支払届	被扶養者（異動）届
	育児休業等取得者申出書（新規・延長）・終了届	
	育児休業等終了時報酬月額変更届	
	産前産後休業取得者申出書・変更（終了）届	
	産前産後休業終了時報酬月額変更届	
	介護保険適用除外等該当・非該当届	国民年金第3号被保険者関係届
雇用保険	被保険者資格取得届	被保険者資格喪失届
	被保険者転勤届	高年齢雇用継続給付支給申請
	育児休業給付金支給申請	
労働保険	年度更新に関する申告書（概算保険料申告書、確定保険料申告書、一般拠出金申告書）	
	増加概算保険料申告書	

e-Govを使うと、各省庁のホームページに個別にログインする必要がなくなります。

e-Govでの電子申請の手順

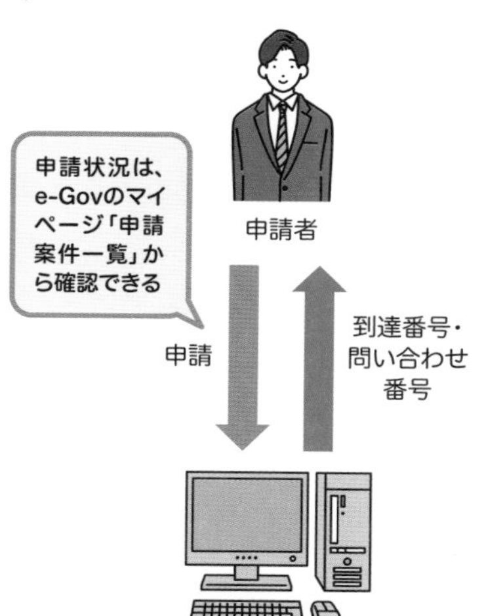

【手順】

①e-Govのホームページ（e-GOVポータル）にアクセス
▶https://www.e-gov.go.jp/

②e-Gov電子申請をクリックし、開いた画面で行いたい手続きが申請可能か検索

③申請可能な場合、目的の手続きを選択

④「申請書入力へ」をクリックして、e-Govアプリケーションが起動したら申請書を作成

⑤電子署名を付与 ▶ ⑥申請データを送信

11 電子申告（e-Tax、eLTAX）を利用する

頻度	発生の都度	対象	役員・従業員	時期	通年

POINT

- 国税・地方税ともにオンラインで納税ができる
- e-Taxは国税、eLTAXは地方税に対応

税金に関する手続きもオンラインで行える

税金に関する手続きの多くも、インターネットによる電子申告が可能です。その際に利用するのが、e-TaxとeLTAX（エルタックス）というシステムです。

e-Taxは国税に、eLTAXは地方税に対応しているという違いがあります。利用する際には、利用届を提出し、利用者識別番号（eLTAXは利用者ID）を取得します。どちらもオンライン上で開始手続きを完結できます。

申告から納税まで行える

e-Taxで可能な手続きとしては、所得税・法人税・消費税などの申告と、全税目の納税があります。eLTAXでは、法人都道府県民税・法人事業税・法人市町村民税などの申告と、全税目の納税、法人設立届・異動届などの手続きが可能です。e-TaxとeLTAXを使って、年末調整の申告をすることもできます。

また、eLTAXは提出先を設定すれば、1回の手続きで複数の自治体への手続き・納税が可能になります。たとえば、東京と大阪に事業所がある場合、書面で申告する場合は自治体ごとに納付書を作成して納税する必要がありますが、eLTAXを使えば1回の手続きで完了します。また、税目別に一括で納税ができるので、非常に便利です。

e-Taxを通じて納税する場合、都市銀行のほか、ほとんどの地方銀行、信用金庫、信用組合を利用できますが、ネット専用銀行はGMOあおぞらネット銀行のみ利用可能です。eLTAXも同様の金融機関に対応しているほか、ネット専用銀行ではPayPay銀行、楽天銀行、GMOあおぞらネット銀行に対応しています（2023年5月現在）。

なお、e-Tax、eLTAXともに、データを送信する際には電子証明書が必要になります。

e-TaxとeLTAXの電子申告の流れ

▶e-Taxの場合

①利用者識別番号の取得

オンライン上で所轄の税務署に開始届出書を送信すると、即時に利用者識別番号と暗証番号が通知される

▶eLTAXの場合

①利用者IDの取得

オンライン上で利用届を送信すると、利用者IDと暗証番号を取得できる。マイナンバーカードを用いてもログインできる

②申告データを準備する

POINT

データ送信の際には電子証明書を添付しなければならない。マイナンバーカードに登載された電子証明書の利用もできる

③申告データを送信する

電子署名を付与して申告データを送信する

④送信結果を確認する

e-TaxとeLTAXのいずれもメッセージボックス機能があり、送信したデータが正常に受信されたかどうかが通知されるので、必ず確認すること

メッセージボックスには税務署やe-Tax、eLTAXからのお知らせも届くので、チェックしておこう

⑤納税する

事前に税務署へ届け出をしておけば、預貯金口座からの口座振替で納付することができる「ダイレクト納付」を利用できる。そのほか、ペイジーによる納付、クレジットカードによる納付も可能（eLTAXの場合、クレジットカード納付に対応していない自治体もある）

POINT

電子申告をした場合でも、今までどおりの方法で納税することもできる

索引

記号・アルファベット・数字

あ行

か行

さ行

た行

な行

は行

監修者紹介

南　栄一（みなみ　えいいち）

みなみ社会保険労務士事務所・代表　特定社会保険労務士

明治大学卒業後、大手電機メーカーに入社。一貫して法人事業部門に携わり、在職中に社会保険労務士資格を取得。その後、労働衛生・産業保健を専門とするアウトソーシング企業にて、大手から中小企業まで様々な会社の労務コンサルティングに携わる。

平成24年に独立して事務所設立。当初より中小企業の就業規則、労務相談から給与計算、各種手続きまで人事労務の一連の業務支援に携わることを大切にし、現在は業界のデジタル化への対応も視野に入れ、顧客の働く環境づくりに常に最適な支援ができるよう活動している。

事務所ホームページ：http://www.msroffice.com/

■装丁　　　　井上新八
■本文DTP　　cyklu
■本文イラスト　こつじゆい
■担当　　　　和田規
■執筆協力　　上田里恵、小野憲太朗
■編集　　　　株式会社ノート

図解即戦力
給与計算の手続きが
これ1冊でしっかりわかる本

2023年　1月10日　初版　第1刷発行
2024年10月30日　初版　第4刷発行

監修者	南 栄一
発行者	片岡　巌
発行所	株式会社技術評論社
	東京都新宿区市谷左内町21-13
	電話　03-3513-6150　販売促進部
	03-3513-6185　書籍編集部
印刷／製本	株式会社加藤文明社

ISBN978-4-297-13214-9　C0036　　Printed in Japan

◆ **お問い合わせについて**

- ご質問は本書に記載されている内容に関するもののみに限定させていただきます。本書の内容と関係のないご質問には一切お答えできませんので、あらかじめご了承ください。
- 電話でのご質問は一切受け付けておりませんので、FAXまたは書面にて下記問い合わせ先までお送りください。また、ご質問の際には書名と該当ページ、返信先を明記してくださいますようお願いいたします。
- お送りいただいたご質問には、できる限り迅速にお答えできるよう努力いたしておりますが、お答えするまでに時間がかかる場合がございます。また、回答の期日をご指定いただいた場合でも、ご希望にお応えできるとは限りませんので、あらかじめご了承ください。
- ご質問の際に記載された個人情報は、ご質問への回答以外の目的には使用しません。また、回答後は速やかに破棄いたします。

◆ **お問い合せ先**

〒162-0846
東京都新宿区市谷左内町21-13
株式会社技術評論社　書籍編集部
「図解即戦力
給与計算の手続きが
これ1冊でしっかりわかる本」係

FAX：03-3513-6181

技術評論社ホームページ
https://book.gihyo.jp/116
またはQRコードよりアクセス